CORRESPONDANCE INÉDITE

DE

VICTOR JACQUEMONT

I

CALMANN LÉVY, ÉDITEUR

DU MÊME AUTEUR :

Format grand in-18

Correspondance avec sa famille et ses amis pendant son voyage dans l'Inde, avec Étude par M. Cuvillier-Fleury. 2 vol.

F. Aureau. — Imprimerie de Laguy.

CORRESPONDANCE INÉDITE

DE

VICTOR JACQUEMONT

AVEC SA FAMILLE ET SES AMIS

1824 — 1832

PRÉCÉDÉE D'UNE NOTICE BIOGRAPHIQUE PAR V. JACQUEMONT NEVEU

ET D'UNE INTRODUCTION

PAR

PROSPER MÉRIMÉE

De l'Académie française

TOME PREMIER

DEUXIÈME ÉDITION

C - L

PARIS

CALMANN LÉVY, ÉDITEUR

ANCIENNE MAISON MICHEL LÉVY FRÈRES

RUE AUBER, 3, ET BOULEVARD DES ITALIENS, 15

A LA LIBRAIRIE NOUVELLE

—

1877

INTRODUCTION

Paris, le 20 octobre 1867.

CHER MONSIEUR MICHEL LÉVY,

Vous me demandez une notice biographique sur Victor Jacquemont pour l'édition de sa *Correspondance inédite* que vous préparez. J'y ai quelques objections. Et d'abord, pour le bien connaître, ses lettres ne suffisent-elles pas amplement? Mort à trente-deux ans, Victor Jacquemont n'a pas laissé matière à ce qu'on appelle une biographie. Ses recherches assidues, ses efforts incessants pour rassembler les matériaux d'un grand travail scientifique, son long et périlleux voyage, voilà sa vie. Il la raconte à ses amis mieux que personne ne pourrait le faire. Pour moi, je crois inutile, je ne sais même s'il serait convenable, d'entretenir le public d'un certain nombre de faits sans importance, d'anecdotes d'un caractère tout à fait privé, qu'une longue intimité avec sa famille et lui ont pu m'apprendre. Je ne veux pas cependant que vous m'accusiez de paresse, et, pour vous prouver ma bonne volonté, je vais essayer de vous dire quelques mots de son caractère et de ses habitudes. En entrant dans un salon, l'homme le plus aimable a besoin qu'on le présente. Je vais présenter Victor Jacquemont à ceux qui n'ont encore rien lu de sa *Correspondance*. Ceux qui connaissent les précédentes éditions feront bien de passer cette Introduction et de commencer par la lettre première.

Victor Jacquemont était très-grand; il avait cinq pieds dix pouces, et sa taille paraissait d'autant plus haute qu'il était maigre et avait

la tête petite. De longs cheveux châtain obscur
et bouclés naturellement lui couvraient le front
en partie. Il avait les yeux gris foncé, et, comme
il avait la vue très-basse, on trouvait quelque
chose de vague dans son regard. Quant à l'expression de sa physionomie, elle variait tellement, qu'il était difficile de la définir, et les avis
à ce sujet étaient très-partagés; les uns lui
trouvaient l'air ouvert et prévenant, d'autres
prétendaient qu'il avait une mine hautaine et
de mauvaise humeur. Pour ma part, j'aurais eu
assez médiocre opinion de ceux qui portaient
ce dernier jugement, et j'en aurais conclu que
Jacquemont s'était ennuyé avec eux. En effet,
je n'ai connu personne aussi peu habile que lui
à cacher les sentiments qu'il éprouvait. Autant
il était aimable et causeur charmant avec les
gens qui lui plaisaient, autant il se montrait
taciturne et distrait avec ceux qui lui inspiraient
quelque répugnance. Avec les premiers, il dé-
ployait une sorte de coquetterie aimable, « il
faisait des frais », pour me servir d'une de ses

expressions, et il réussissait sans peine à les intéresser et à gagner leur confiance. Les autres voyaient trop clairement qu'ils l'ennuyaient, et le prenaient en grippe.

Je vais vous donner un exemple de cette espèce de séduction qu'il exerçait, pour ainsi dire, à la première vue. Avant de partir pour l'Inde, il dut aller en Angleterre afin de s'y procurer des lettres de recommandation, sans lesquelles il lui eût été à peu près impossible de voyager dans les vastes domaines de l'honorable Compagnie. Il apportait à Londres des recommandations du ministre des affaires étrangères, des professeurs du Jardin-des-Plantes, des principaux membres de l'Académie des sciences. On lui donna sur-le-champ des passe-ports et des lettres pour les autorités, et quelques dîners en outre. Il était déjà reparti pour Paris, lorsqu'un des directeurs de la Compagnie alla trouver M. Sutton Sharpe, membre distingué du barreau anglais et fort ami de Victor Jacquemont. « Pourriez-vous, lui dit-il, me donner votre parole de gentleman que votre ami n'est pas un espion du gouvernement français? — Assurément! s'écria Sharpe. Mais pourquoi cette question? — Parce que, s'il en est ainsi, je vais vous donner une lettre de recommandation pour lui. — Mais vous lui en avez déjà donné une douzaine pour des officiers de la Compagnie. — Oui, des lettres comme on en donne quelquefois; maintenant, il en aura comme on n'en donne jamais. » Jacquemont n'avait vu que deux fois ce directeur obligeant et soupçonneux.

Son procédé pour plaire consistait à ne rien cacher de ses idées et de ses sentiments, à être parfaitement naturel. Peu de gens sont insensibles à cette franchise, lorsqu'elle est accompagnée d'un esprit original et d'une solide instruction. Je l'ai quelquefois entendu accuser de penchant pour le paradoxe. A mon avis, ce n'était nullement son défaut. Au contraire, dans toute discussion où il prenait part, il était, ou du moins croyait être, du côté de la vérité;

mais il donnait souvent à sa pensée un tour singulier, auquel pouvaient se méprendre ceux qui
font plus d'attention à la forme qu'au fond. Le
charme de son esprit était précisément de
n'être jamais ni cherché ni apprêté. J'ajouterai que le timbre remarquablement agréable
de sa voix était peut-être pour quelque chose
dans ses succès de conversation. Je n'ai jamais
entendu de voix plus naturellement musicale.
Quand je l'entendais parler, je me rappelais ces
vers de Shakspeare :

> « Oh! it came on my ears like the sweet south
> That breathes upon a bank of violets [2]. »

Je ne veux pas oublier ses défauts. La bêtise —
la sottise surtout — l'irritait d'une manière
étrange. Il ne pouvait la supporter et s'en in-
dignait. Beyle, qui, bien que très-intolérant lui-
même en cette matière, gardait toutefois plus
de ménagements, lui reprochait d'en vouloir

---

[1] « Sa voix arrivait à mon oreille comme le doux vent du midi qui
murmure en passant sur un lit de violettes »

sérieusement à des gens qui avaient le malheur d'être bêtes. « Croyez-vous donc, ajouta-t-il, qu'ils le fassent exprès? — Je n'en sais rien, » dit Jacquemont d'un ton farouche. Il eût été de l'avis de M. de M..., qui soutenait que le mauvais goût mène au crime.

Je n'ai jamais connu de cœur plus vraiment sensible que celui de Jacquemont. C'était une nature aimante et tendre, mais il apportait autant de soin à cacher ses émotions que d'autres en mettent à dissimuler de mauvais penchants. Dans notre jeunesse, nous avions été choqués de la fausse-sensibilité de Rousseau et de ses imitateurs. Il s'était fait une réaction, exagérée, comme c'est l'ordinaire. Nous voulions être forts, et nous nous moquions de la sensiblerie. Peut-être Victor cédait-il involontairement à cette tendance de sa génération. Je crois pourtant que ses dehors d'impassibilité tenaient moins à une mode qu'à une conviction. Il était stoïcien dans toute la force du terme, non par nature, mais par raisonnement, et, s'il ne niait

pas la douleur, il croyait qu'un homme devait
toujours trouver en lui la force de la supporter;
en outre, qu'il devait s'exercer sans cesse à se
vaincre lui-même. Plus d'une fois j'ai assisté à
des combats entre ses nerfs et sa volonté, et je
crois que la victoire lui coûtait cher.

Il tenait de son père ce pouvoir de dominer
ses émotions, et ce n'était pas leur seul point
de ressemblance. Le dernier jour qu'il passa à
Paris, je dînai avec lui, son père et son frère
Porphyre. Le repas fut loin d'être gai; mais un
étranger ne se serait pas douté, je pense, que
cette famille si unie allait se séparer pour longtemps d'un de ses membres. Lorsque l'heure du
départ fut venue, Victor embrassa son père en
lui disant : « Je compte que vous aurez soin de
vous. Évitez les rhumes. — N'aie pas peur;
donne-nous de tes nouvelles quand tu pourras, »
répondit le père en ôtant ses lunettes et en
prenant un volume de Walter Scott qu'il lisait
alternativement avec quelque ouvrage de métaphysique. Une vieille servante fondait en

larmes. Victor descendit l'escalier un peu plus
vite qu'à l'ordinaire. Lorsqu'il fut installé dans
la malle-poste de Brest, il me prit la main et me
dit d'une voix aussi ferme qu'il put : « Vous
irez le voir souvent... » Il était si jeune, sa
santé me semblait si robuste, il y avait en lui
un si heureux mélange de détermination et de
prudence, que pas un pressentiment sinistre
ne me vint à l'esprit.

Cette insensibilité de commande, qui, d'ailleurs, ne faisait illusion qu'à ceux qui ne le
connaissaient pas intimement, était beaucoup
plus apparente dans sa conversation que dans
ses lettres. Le contraste m'a souvent surpris.
Mais d'abord Jacquemont ne s'est jamais douté
que ses lettres seraient lues par d'autres que
ses amis. Devant une feuille de papier, il n'avait
pas l'inquiétude de surprendre un sourire iro-
nique répondant à un mouvement de sensibilité. Seul, il n'avait plus de mauvaise honte.
Probablement encore, éloigné de ses amis, il
était plus accessible à toutes les inquiétudes

qui accompagnent une affection vraie, et il exprimait avec plus de force ses sentiments naturels.

Il ne s'était jamais occupé sérieusement de littérature. Il avait beaucoup lu, mais jamais en vue de se former le style. Jamais l'idée d'offrir au public ses pensées et ses impressions ne lui était venue à l'esprit ; je crois même qu'il y répugnait complétement. De sa part, il n'y avait ni orgueil ni modestie ; mais s'adresser au public lui eût paru aussi étrange que de parler de ses affaires à un inconnu. Je me souviens qu'à propos d'une scène d'amour dans un roman qu'on trouvait belle, quelqu'un disait que l'auteur avait si bien réussi parce qu'il racontait une aventure qui lui était arrivée : « Que penseriez-vous, dit Jacquemont, d'un chirurgien qui ferait une préparation anatomique de sa maîtresse, et l'exposerait dans le cabinet de l'École de médecine ? » Chacun se récriant d'horreur, Jacquemont dit que l'anatomiste valait pourtant mieux que l'homme de lettres : «Le roman de celui-ci n'apprendra à personne à faire l'amour, tandis que la femme disséquée sera utile aux étudiants. »

Victor Jacquemont a écrit quelques articles dans des revues sur des sujets scientifiques, un entre autres fort remarquable, en 1825 ou 1826, où il faisait le tableau des connaissances géologiques à cette époque. C'était un résumé fort exact, à ce que j'entendais dire à des savants, de tous les travaux déjà publiés en Europe. Le sujet était traité avec tant de méthode et de clarté, qu'il offrait de l'intérêt même aux gens du monde. Jacquemont me parut surpris de son succès. Il avait fait un article, comme M. Jourdain faisait de la prose, sans le savoir. Sa facilité était extraordinaire. J'ai eu entre les mains le manuscrit de son *Journal de voyage*, qui, imprimé, forme quatre volumes in-quarto. Malgré la rapidité avec laquelle il a été écrit, au jour le jour, souvent au bivac ou sous une mauvaise tente, on a peine à y découvrir quelques ratures; et, en revoyant les épreuves, je n'ai eu à corriger que les fautes d'impression. Ce talent d'écrire bien, sans ratures, était un talent de famille. Son père n'a jamais biffé un mot, que je sache, dans ses volumineux ouvrages. Victor se servait indifféremment de la première plume venue; tout papier lui était bon, depuis le *foolscap* anglais jusqu'aux immenses feuilles semées de paillettes d'or sur lesquelles il écrivait à Cachemire. Son manuscrit, toujours très-lisible, ferait un spécimen curieux de toutes les variétés de papier en usage dans les Indes.

Il ne me semble pas qu'il eût pour les sciences naturelles une vocation particulière. Je crois qu'il aurait réussi dans toutes les carrières qu'il eût embrassées; car dans toutes il aurait apporté son esprit pénétrant, ainsi que l'application et la persévérance qu'il mettait à tout ce qu'il considérait comme un devoir. Plusieurs circonstances le déterminèrent à se consacrer exclusivement à l'étude de la botanique et de la géologie.

Très-jeune encore, travaillant dans le la-

boratoire de M. Thénard, il faillit être em-
poisonné dans une expérience faite sans les
précautions convenables. Sa santé en fut fortement altérée, et ne se rétablit qu'après plusieurs
années d'un régime sévère. On lui avait recommandé de vivre le plus possible en plein air et
de voyager à pied ou à cheval. Le remède réussit. La botanique et la minéralogie, qui d'abord
n'avaient été pour lui qu'une distraction au
milieu de ses courses souvent très-pénibles,
devinrent bientôt l'occupation sérieuse de sa
vie. Dans ses explorations, il se lia avec des
naturalistes distingués, dont la conversation,
mieux que tous les livres, abrégea pour lui
l'ennui des premières études. Une excellente
mémoire, une heureuse disposition à bien observer, comparer, analyser les objets qui passaient sous ses yeux, lui firent faire de rapides
progrès et prendre un intérêt véritable à ce qui
n'avait été d'abord qu'un amusement pour sa
solitude. En même temps, il étudiait la médecine, plutôt avec une curiosité philosophique

qu'en vue d'en faire un jour sa profession, car il y trouvait deux objections considérables : en premier lieu, l'incertitude de la science et la responsabilité qu'on ne peut éviter d'encourir dans la pratique, où les erreurs sont très-faciles; puis le charlatanisme à peu près inévitable, peut-être même nécessaire au succès du médecin, répugnait complétement à sa nature fière, honnête et vraie. Il se dit qu'en se livrant tout entier à l'étude des sciences naturelles, il n'aurait ni à redouter des distractions dangereuses, ni à s'occuper de se faire une clientèle, et que cependant il pourrait être utile.

Être utile était pour lui un principe absolu dont il était pénétré et dont il n'admettait plus l'examen. Esclave de ce qu'il considérait comme le premier devoir de l'humanité, il tenait pour coupable celui qui ne faisait pas emploi pour le bien général des facultés qu'il possédait. Cette opinion était chez lui le résultat d'un instinct généreux beaucoup plus que d'un raisonnement philosophique, encore moins d'une

croyance religieuse, car en bien d'autres matières il était complétement sceptique.

En partant pour l'Inde, il ne se dissimulait
pas qu'il allait employer les plus belles années
de sa vie seulement à recueillir des matériaux
qu'à son retour il aurait à mettre en œuvre.
Bien qu'il ne fût pas insensible à la gloire, il ne
se faisait pas d'illusion sur celle qu'il pouvait
espérer. « Le mérite d'un savant, disait-il, demeure toujours à peu près incompréhensible à
la foule. Elle n'y croit que sur le passe-port que
lui donnent quelques savants patentés; mais
leurs arrêts sont bien incertains. Beaucoup, par
jalousie, maltraitent ceux qui se distinguent;
et, parmi les plus honnêtes, il y en a peu qui
voient avec plaisir qu'on découvre quelque
chose de nouveau dans le sentier qu'ils ont
parcouru. Combien plus heureuse est la carrière
d'un homme de lettres! C'est à tout le public
qu'il s'adresse ; tout le monde le comprend
et peut l'apprécier, sans aller demander
l'opinion de tel ou tel juge plus ou moins

suspect. Mais l'homme de lettres est-il aussi utile que le savant? L'inconnu qui inventa la hache ou la scie n'a-t-il pas plus de droits qu'Homère à notre reconnaissance? » Quant à la fortune, Jacquemont savait qu'il n'en prenait pas le chemin ; mais il n'estimait l'argent que pour la liberté qu'il donne. Avec ses goûts simples et son mépris pour les jouissances de vanité, il ne demandait qu'à s'assurer une existence de philosophe.

Prosper Mérimée.

VICTOR JACQUEMONT

En plaçant en tête de ce volume quelques mots sur Victor Jacquemont, je ne prétends ni démontrer la valeur de ses œuvres, ni le mettre en parallèle avec d'autres écrivains de son temps.

L'homme qu'une nouvelle génération entoure de tant d'estime et de sympathie n'a pas besoin désormais de défenseur ou de panégyriste. Je veux seulement faire connaître à grands traits sa vie, son caractère, ses travaux ; tracer enfin le portrait rapide d'un homme qui, né pour les douces affections de la famille, vécut sept années en des contrées éloignées, et mourut loin des siens, victime de son dévouement à la science, et alors presque ignoré.

Victor Jacquemont naquit à Paris le 8 août 1801. Ses frères Porphyre et Frédéric étaient plus âgés que lui, l'un de dix ans, l'autre de deux. Plus tard, il trouva dans Porphyre plus qu'un parent: un guide et un ami qui ne lui firent jamais défaut.

Son père, ancien tribun du peuple, directeur de l'instruction publique et membre correspondant de l'Institut, lui donna une solide instruction. — Ses études littéraires terminées, il se livra aux sciences, et fut admis par le baron Thénard dans son laboratoire. Un accident grave interrompit ses travaux pour quelque temps. Dérangé par un oisif comme il se livrait à une expérience, il brisa entre ses mains un vase plein de cyanogène dont les émanations lui firent éprouver bientôt les premiers symptômes d'une phthisie laryngée qui, bien que combattue dès le principe, mit ses jours en danger. Il alla, pour se rétablir, passer quelque temps à La Grange, propriété du général de la Fayette, ami de sa famille. Sa convalescence fut occupée par l'étude de la botanique, de l'agriculture et de la zoologie. Des voyages dans le nord de la France, dans l'Auvergne, le Nivernais, les Cévennes, les Alpes du Dauphiné et de la Suisse, entrepris quelquefois seul, quelquefois avec des hommes de son âge, le mirent à même de contrôler, de modifier, de redresser ce qu'il avait appris dans les cours publics et dans les livres.

De ses différentes excursions, Victor, avec son esprit rapide et son cœur aimant, rapportait des notions en même temps que des amitiés nouvelles. Je ne m'étendrai pas sur ces dernières. Je rappellerai simplement que MM. de la Fayette, de Péray, Victor de Tracy,

Prosper Mérimée, Henry Beyle, Jules Cloquet, le chérirent les uns comme un fils, les autres comme un frère.

Son naturel franc et généreux, son esprit qui s'exerçait sur les choses, et non aux dépens des hommes, comme il arrive trop souvent aux mieux partagés, lui conciliaient l'estime et l'amitié de tous. On ne pouvait le voir une fois sans désirer le connaître, et le connaître sans désirer prendre place dans son affection. Une ardente imagination, portée à s'éprendre trop facilement de l'idéal qu'il se créait lui-même, devait malheureusement troubler les débuts de cette brillante existence et le déterminer à chercher loin de Paris le calme qu'un attachement romanesque lui avait fait perdre.

A la fin de l'automne de 1826, ses amis apprirent avec surprise qu'il était allé s'embarquer au Havre pour les États-Unis. Il n'avait confié ce projet et les chagrins qui le forçaient à l'exécuter qu'à ses deux meilleurs amis, son père et son frère Porphyre.

Un changement qui n'avait pas échappé à ceux qui vivaient habituellement avec lui s'était, d'ailleurs, manifesté dans son caractère, et avait substitué la contrainte à la franchise habituelle de ses relations. La tendresse de quelques-uns s'en était offensée, et le sentiment de cette situation accroissait encore, chez Victor, la souffrance à laquelle son âme était en proie.

Il était atteint d'un mal profond, comme tant de grands cœurs en ont porté : car c'est là un des priviléges douloureux des élus de l'intelligence, de ressentir davantage et d'être d'autant plus souvent esclaves de leurs sentiments que ces sentiments sont plus exquis. Vainement il eût voulu, aux yeux du monde, dissimuler les efforts pleins d'amertume qu'il faisait pour en triompher.

Je dois ici repousser énergiquement l'accusation d'égoïsme et d'indifférence portée contre lui. Évidemment le philosophe et le savant laissaient peu de place à l'homme de foi et de sentiments; mais je ne veux, comme témoignage de sa profonde affection et de son réel attachement pour les siens, que la lettre qu'il écrivit, à son lit de mort, à Porphyre, et dont je cite textuellement les dernières lignes:

« Ma fin, si c'est elle qui s'approche, est douce et tranquille. Si tu étais là, assis sur le bord de mon lit, avec notre père et Frédéric, j'aurais l'âme brisée, et je ne verrais pas venir la mort avec cette résignation et cette sérénité. — Console-toi, console notre père; consolez-vous mutuellement, mes amis.

« Mais je suis épuisé par cet effort d'écrire. Il faut vous dire adieu! — Adieu! Oh! que vous êtes aimés de votre pauvre Victor! — Adieu pour la dernière fois! »

Assurément, celui qui écrivit ces lignes était un homme de cœur. Qui de nous les relirait sans pleurer!

Il se rendit donc au Havre, accompagné de son frère Porphyre, et partit de là pour l'Amérique. Une affaire d'honneur le retint quelque temps à New-York; puis il se rendit à Haïti, où il trouva son frère Frédéric, alors industriel, et plus tard consul de France à Panama. C'est à Saint-Domingue qu'il reçut, des administrateurs du Jardin des plantes, la proposition d'entreprendre dans l'Inde un voyage scientifique ayant pour but une étude approfondie de ce pays aux points de vue si variés de l'histoire des races, de la géologie et de la botanique.

Il dut à M. Cordier, professeur au Muséum, le choix dont il était l'objet pour cette mission si vaste et si périlleuse. On sait comment il la remplit.

Jacquemont hésita cependant quelque temps à accepter l'offre qui lui était faite. La tâche était immense, et il ne s'y croyait pas suffisamment préparé. Toutefois, il consentit. Il revint donc aux États-Unis, dont il parcourut le nord.

C'est dans cette exploration que, par un caprice où se retrouve son caractère aventureux, il voulut se baigner dans les eaux du Niagara, et faillit y perdre la vie. Entraîné par le courant, il fut heureusement sauvé par un nègre.

De retour à New-York, il fit voile pour la France, revint à Paris, où ses amis le retrouvèrent tout entier, et se consacra aux études préparatoires de son voyage scientifique, renonçant, pour s'y livrer exclusivement, à se faire recevoir docteur en médecine.

Il en arrêta exactement le plan ou comme l'itinéraire, et le communiqua aux professeurs du Jardin
des plantes, qui l'approuvèrent. Enfin, pour s'assurer
la protection anglaise dans les immenses colonies
qu'il devait parcourir, il alla passer quelques semaines
à Londres, où il fut accueilli par les hommes d'État et
par les savants avec une bienveillance de bon augure.
Il revint touché particulièrement de l'affectueuse obligeance d'un avocat distingué, M. Sutton Sharpe, et de
sir Alexander Johnston, ancien gouverneur de Ceylan.
Deux amis de plus, le titre protecteur de membre de
la Société royale, et des lettres sans nombre pour les
hauts fonctionnaires anglais dans l'Inde, furent les
heureux fruits de cette excursion.

Victor ne revint à Paris que pour prendre congé
des siens. Il alla s'embarquer à Brest, après avoir res-
senti cruellement les douleurs d'une séparation dont
le terme, incertain pour lui, n'était pas marqué dans
ce monde.

A partir de cette époque, les lecteurs de la Correspondance précédemment publiée connaissent les
impressions et les événements des dernières années
de sa vie. Ils peuvent le suivre au milieu de cette
société anglaise dont la glace venait se fondre à son
affectueuse sensibilité, et qui, à l'exemple de lord et
de lady Bentinck, des Fraser, des Fagan, des Pearson,
lui offrit partout l'hospitalité la plus cordiale et la
plus délicate.

Jacquemont a parcouru un grand nombre de ré-

gions inconnues des savants, et où n'avaient pénétré
avant lui que quelques militaires anglais, plutôt par
esprit d'aventure que par curiosité scientifique. Entouré
de privations sans nombre, condamné, pendant de
longs mois, à l'isolement absolu, soumis aux rigueurs
d'un campement périlleux sur des monts de glace ou
dans des plaines brûlantes, nulle part, en aucun
temps, sa constance ne s'est démentie; on le voit insensible à ces fatigues, à ces souffrances de tous les
jours, comme aux séductions de la vice-royauté de
Cachemyr, que lui offrait son ami Runjet-Sing. Une
récompense méritée, un glorieux souvenir de la patrie
vint à cette époque soutenir ses forces : il reçut la
croix de la Légion d'honneur.

Mais il ne devait pas rapporter aux siens ce noble
prix de ses rudes travaux. Après trois ans et demi de
voyages, il mourut à Bombay, le 7 décembre 1832,
ayant puisé dans les marais empestés de l'île de Sal-
sette le germe de la maladie qui devait si rapidement
l'emporter.

Telle fut cette existence à la fois et si courte et si
pleine.

Ce savant qui enrichissait la science, ce causeur qui
créait en se jouant une œuvre hors ligne en littérature,
repose sur cette terre brûlante des Indes. Une simple
pierre marque son tombeau; mais sur cette pierre on
voit un nom entouré du respect et de la sympathie du
monde entier, et que les siens ont recueilli avec fierté,
comme un patrimoine de noblesse. Ni louanges ni

énumération de titres ne suivent le nom du voyageur, et on ne lit que cette simple inscription digne d'un philosophe :

VICTOR JACQUEMONT
NÉ A PARIS LE 8 AOUT 1801
MORT A BOMBAY
Après avoir voyagé pendant trois ans et demi dans l'Inde.

VICTOR JACQUEMONT [1].

---

[1] L'auteur de cette notice est un neveu du voyageur.

CORRESPONDANCE INÉDITE

DE

VICTOR JACQUEMONT

I

A MADAME VICTOR DE TRACY, A PARAY (Allier).

Paris, le 28 juin 1824.

Votre aimable lettre, chère madame, et celle bien bonne et bien tendre de votre mari, me sont parvenues la semaine dernière, comme je commençais un peu à douter de votre promesse : j'ai passé une soirée tout entière à lire vos neuf pages, et cette soirée a été charmante. *Ce manque d'événements* dont vous jouissez dans vos bruyères, et je le dis très-sincèrement, vous a obligée à parler de vous, à ne parler que de vous seulement, et de ce qui touche immédiatement à votre existence, à votre bonheur, d'intérêts bien chers que mon amitié partage entièrement... Vous m'avez rappelé ce calme si doux qui me fait tant aimer votre sauvage retraite ; mon imagination s'est mise en route pour vos bruyères, et ce voyage a fini assez tristement par quelques regrets et un peu d'envie. Un nouveau cours très-important pour mes études, et que j'ai commencé

il y a peu de temps, me retiendra ici beaucoup plus
tard que je ne l'avais pensé d'abord, et je ne sais plus
maintenant quand je pourrai voir ces nouvelles prairies que vous dites si belles.

J'ai été charmé d'apprendre que vous aviez repris
votre herbier; et, à propos de peinture, je vous rappellerai que vous m'avez promis le pendant d'une jolie
vue d'Angleterre qui m'a été donnée par un de mes
amis, très-supérieur à M. Undervood; son dessin
est au bistre et à la sépia. Je ne vous demande pas
d'aller plus loin que le perron du jardin, ou le banc
qui est sous le grand acacia, au bord du *précipice*.
La vue de la prairie qui s'enfonce derrière les champs
Quentin et l'avenue de peupliers me plaît autant que
celle des montagnes bleues derrière la tuilerie. Vous
vous souvenez peut-être aussi de ma passion pour les
chaussées d'étang, avec des bouleaux dans les bois.
Ainsi donc, je compte sur un joli paysage, et, d'autre
part, sur un bel air que je connaisse déjà, et chanté
dans la perfection, comme nous en sommes aussi convenus. Aidez-vous, au lieu de vous décourager, par les
souvenirs, et essayez l'air de Roméo, qui me paraît
parfaitement dans votre voix. Mais soyez bien difficile
pour vous-même.

Vous désirez, chère madame, que je vous parle du
Ricciardo et des nouveautés de notre Opéra. Il n'y a
vraiment pas d'amour-propre de ma part à vous répondre; car je crains bien, en vous écrivant musique,
d'être ennuyeux ou obscur. Toutefois ne vous dirai-je

pas, comme M. de Stendhal, que je serais beaucoup plus clair si nous étions ensemble auprès d'un
piano. — Pour le drame, le mérite absolu a la couleur
particulière de la musique ; le *Ricciardo* n'est que
l'Italienne à Alger mise en tragédie. Cela est bien pâle
auprès des autres ouvrages de Rossini que nous con-
naissons. L'ouverture est très-bizarre, et n'a pas même
le mérite d'une grande richesse instrumentale ; il n'y a
rien de beau dans l'introduction, qu'une marche qui
ouvre la scène ; dans tout l'opéra, pas un air superbe,
pas un duo comparable à ceux de *Tancrède*, de *Moïse*,
du *Barbier*, etc. Vous connaissez sûrement le fameux
trio qu'on chantait cet hiver aux concerts ; c'est, à
mon gré, le plus beau morceau de tout l'opéra, et ce
que j'en aime le mieux avec le quintetto et le finale du
premier acte. D'ailleurs, tous les morceaux me plaisent
bien plus par les effets originaux d'une harmonie
piquante que par la beauté ou la nouveauté des chants.
L'opéra tout entier est plein de réminiscences ; on
dirait un homme poursuivi par de vieilles idées, les
reproduisant malgré lui, et s'impatientant de n'en pas
trouver de nouvelles. Souvent, un motif, soit dans un
air, soit dans un duo ou dans un morceau d'ensemble,
commence par les premières mesures d'un motif
connu de quelque autre opéra, de *la Gazza ladra* et
du *Mosè* surtout ; mais bientôt Rossini, de mauvaise
humeur lui-même contre vous, change tout à coup
d'idée et achève sa phrase de la manière la plus impré-
vue ; ce brusque changement d'idée surprend et ne

touche pas, parce qu'il n'y a pas unité d'expression ;
et le but de l'art est manqué. Je dois vous dire maintenant que je n'ai vu que deux représentations de cet
opéra, que mon attention y était partagée entre la
musique et un ténor nouveau, et qu'il est joué avec
une médiocrité pleine d'ensemble. Ce ténor, qu'on
appelle Mari, est mauvais ; il ne sait pas chanter, et n'a
pas même une belle voix. Bonoldi valait mieux, et Bor-
dogni, comme acteur, est auprès de lui un volcan.
Celui-ci joue Ricciardo, et y est à faire mourir de rire.
C'est avec une véhémence terrible et tout le geste de
la fureur et du désespoir qu'il s'écrie en revoyant son
amante :

Di piacer mi muoro!

et, plus tard, quand on le mène au supplice, il chante :

Se vado alla morte...

en mettant sur le mot *vado* un agrément délicieux quoique un peu long, disant aussi clairement que la musique le peut exprimer : « Je vais à la noce. »

Mademoiselle Mombelli, qui fait toujours plus de
plaisir dans *la Cenerentola*, est bien médiocre dans
Zoraïde, et comme actrice et comme cantatrice. Fina-
lement, cet opéra fait peu de plaisir et n'a aucun succès, et je doute que vous le voyiez l'hiver prochain.
Cela devait être : il n'y a plus d'*opera seria* possible
sans madame Pasta, à moins qu'on n'ait eu deux ans
pour l'oublier : elle nous a habitués à trouver dans le
seria des émotions qu'elle seule peut exciter et que la

Mombelli est aussi inhabile à rappeler que mademoiselle Cinti et tous les autres. Cependant la manie
jugeante est si grande, qu'elle fait faire des comparai-
sons tout à fait naïves, et je découvre tous les jours
beaucoup de gens, même parmi ceux qui aiment véritablement la musique, qui, tout à fait dépourvus du
sentiment du beau dans les arts, ne comprennent aucunement la différence du sublime d'avec ce qui est bien,
de ce qui est digne d'admiration d'avec ce qui mérite
des éloges; et puis il y a aussi une quantité de gens
qui prennent l'étonnement pour le plaisir. Ce n'est pas
que je veuille dire que mademoiselle Mombelli ne fasse
qu'étonner : sans l'approuver absolument et la trouver toujours supérieure, comme M. Stefanini, par
exemple, j'avoue que, dans le bouffe, elle me fait infiniment de plaisir, et je vais toujours l'entendre quand
elle chante *la Cenerentola*; mais ce plaisir, pour être vif,
n'est pourtant que superficiel, il n'est guère que physique. Le but évident de mademoiselle Mombelli dans
son chant est de flatter l'oreille, et elle y parvient le
plus souvent. Il faut absolument ne pas comprendre
les arts pour la comparer à madame Pasta. Elle, qui
les sent si admirablement, ne voit dans le chant qu'un
moyen d'exciter dans l'âme de ceux qui l'entendent les
émotions qu'elle-même éprouve et que le maestro a
voulu exprimer; voilà le but pour elle; mais elle sait
qu'elle n'y peut atteindre que par la production du plaisir physique, et de celui-ci seulement, qui n'est pour
elle que le moyen de l'art, comme la couleur sur la

palette du peintre; elle en produit beaucoup, et elle
s'étudie sans cesse à en produire davantage. — Dans
tous les arts, que les méprises sont communes! Que de
poëtes ne voient dans la poésie que la pureté et l'harmonie de la versification! Que de peintres ne voient
dans la peinture que la sûreté du dessin ou la beauté
du coloris! Qu'arrive-t-il ainsi? C'est que, possédant à
un degré très-remarquable plusieurs des moyens de
leur art, ils en manquent tout à fait le but dans leurs
ouvrages. Sans doute le dessin des *Sabines* de David est
superbe; son *Mars* a, de plus, un beau coloris; *j'admire* ces tableaux, mais ils ne me *touchent* pas. J'admire
également la magnificence poétique du *Paria* de Dela
vigne, mais il ne me touche pas davantage, et c'est un
sentiment assez froid que cette admiration. C'en est un
bien différent qu'excite en moi le *Bélisaire* de Gérard
cinq ou six *Vierges* de Raphaël, dont je ne connais
pourtant que des gravures; et plusieurs scènes de
Roméo et de l'*Othello* de Shakspeare, dont je n'ai lu
qu'une froide traduction.

En sortant du théâtre, où j'ai entendu avec un ex
trême plaisir les chants brillants de mademoiselle Mom
belli, je me les rappelle en vain pour tâcher de goûter
encore ce plaisir qu'ils m'ont fait: je me les rappelle
fort bien, mais leur souvenir n'excite en moi aucune
sensation agréable. Si, au contraire, je viens à me rap
peler quelque phrase de *Tancrède* ou de *Roméo*, que
je n'ai pas entendue depuis deux mois, le souvenir du
chant de madame Pasta me rendra une partie de

jouissances que ce chant me faisait éprouver. Voici pourquoi :

Un de mes amis, riche et très-gourmand, me rencontra hier revenant à pied de Montmorency, et il me mena dîner chez Tortoni avec une recherche dont je n'avais aucune idée. J'avais bon appétit, le dîner était délicieux; j'eus pendant une demi-heure un plaisir très-vif. En déjeunant ce matin avec un morceau de pain et un verre d'eau, je voulus me rappeler le plaisir de mon dîner d'hier; mais je ne pus jamais me rappeler que les qualités des mets exquis qui m'avaient procuré ce plaisir; ce plaisir lui-même, le souvenir de ces mets ne me le rendit pas.

Il y a deux ans, je voyageais par les plus beaux jours de l'été sur les bords du lac Majeur; vingt paysages ravissants et des caractères les plus divers s'offraient chaque jour à mes yeux; marchant sous ce beau ciel d'Italie à l'ombre des oliviers et des orangers, traversant les sites les plus enchanteurs, je découvrais au loin par intervalles les sommets déchirés des Alpes couverts de neiges éternelles. Je n'essayerai pas plus de vous peindre ces lieux que les sensations si variées, si vives et si profondes de plaisir que leur vue me faisait éprouver. Hier, à Montmorency, ici même sur mon canapé, en cherchant à me rappeler ces paysages ravissants d'Italie, en les recomposant par le souvenir et les replaçant devant mon imagination, leur image, comme celle des chants de madame Pasta, me rendrait une partie des jouissances qu'eux-mêmes m'avaient données.

Le plaisir que j'avais hier en dînant chez Tortoni
n'était autre chose que la sensation ou conscience d'une
certaine impression physique produite en moi sur l'organe du goût : il est donc bien évident que, la même
impression physique ne pouvant être excitée de nouveau que par les mêmes mets, ma mémoire et mon
imagination ne peuvent me rendre ce plaisir; au contraire, ces jouissances si vives et si profondes que
j'éprouvais en contemplant les paysages des bords du
lac Majeur, n'étaient point la simple sensation de l'impression physique produite en moi par les objets qui
les composaient sur l'organe de la vision; car l'œil
est, de tous les organes des sens, celui dont la sensibilité est la plus obtuse; l'impression physique la plus
agréable qu'il puisse éprouver, c'est un tapis vert bien
uni qui la produit en lui, comme la plus pénible est
excitée par une grande pièce d'étoffe écarlate éclairée
par le soleil. Sans doute il y a bien une certaine harmonie des formes qui plaît physiquement à l'œil et
un désaccord entre elles qui lui déplaît aussi; mais ces
sensations de peine et de plaisir physiques sont si
faibles, qu'on ne peut les comparer à celles éprouvées
par l'oreille, que l'harmonie ou la discordance des
sons flatte ou offense si vivement. Ces jouissances n'a-
vaient donc presque rien de physique; elles étaient
presque entièrement morales; la vue de ces beaux lieux,
à peu près indifférente à mes yeux, agissait sur mon
âme par une inexplicable sympathie, et excitait en
elle des pensées grandes et généreuses, des sentiments

tendres qui se sont liés dans mes souvenirs à l'idée des formes de ces montagnes, de ces rivages; et, maintenant, quand ma mémoire me rappelle l'idée de ces formes, quand elle en replace dans mon âme le tableau idéal, cette image agit sur elle, comme lorsqu'elle parut pour la première fois devant elle, quand les objets physiques qu'elle retrace étaient présents devant mes yeux; elle excite en elle les mêmes pensées, les mêmes sentiments; elle réveille enfin le même plaisir.

Rien de plus facile maintenant que d'apprécier la nature et la quantité de plaisirs que peuvent nous procurer les arts. Ceux du dessin nous apporteront des jouissances évidemment très-semblables à celles que donne un très-beau paysage dans la nature; l'âme et l'esprit seront intéressés par eux dans l'indifférence des sens. La musique sera quelquefois bien plus puissante; d'abord elle nous donnera toujours le plaisir physique, et, enfin, elle pourra, de plus, faire éprouver en même temps à notre âme les jouissances profondes et durables qu'excite en elle la vue des chefs-d'œuvre de la peinture, ou des beautés sublimes de la nature.

La plupart des chanteurs n'atteignent qu'à produire e plaisir physique : mademoiselle Mombelli ne va guère u delà; ils ne doivent laisser rien dans les souvenirs.

Je plains les gens qui ne demandent et ne sentent pas utre chose dans le chant; ils ignorent la plus étonnante 'éunion de plaisirs que les arts puissent nous donner.

Je vous ai dit que j'aimais à me rappeler les chants le *Tancrède* et de *Roméo*. Ce n'est pas pour jouir de nouveau du plaisir physique que j'ai éprouvé à les entendre, car la mémoire est inhabile à reproduire ce genre de plaisir; quel est donc celui que je retrouve dans ce souvenir? Le voici :

Un homme qui se sent courageux et vertueux éprouve un sentiment secret, très-vif, de bonheur à s'avouer à lui-même et à faire connaître à autrui son propre courage et la noblesse de son cœur, à dire par exemple :

> *Pura ho l'alma, ho il cuor sincero,*
> *Non pavento un vil timor.*

Eh bien, madame Pasta chantant ces deux vers à son entrée dans *Roméo* me les fait appliquer à moi-même; elle me fait jouir de tout le plaisir que l'on retire du sentiment intime de sa force et de sa vertu.

L'homme courageux qui, dans un généreux enthousiasme, promet le sacrifice de sa vie, éprouve sans doute alors une jouissance du cœur bien profonde. Qui n'a pas connu cette jouissance en se sentant plein de mépris pour le danger et animé d'une noble confiance à la veille d'une entreprise aventureuse? Eh bien, c'est là ce que je sens en entendant le

> *Si, morte affronterò !*

dans *Tancrède*. — Dans un ordre de sentiments plus doux, ces deux vers, chantés par madame Pasta :

> *Ah! chi puo mirarla in vollo*
> *E non ardire d'amor !*

ne font-ils pas éprouver ce bonheur céleste d'une ad-

miration passionnée, irrésistible, pour la personne que
l'on aime? Voilà ces jouissances vives d'enthousiasme
qui se lient dans mes souvenirs à la forme des chants
de madame Pasta, et que mes souvenirs peuvent me
rendre avec l'image de ces chants.

Je m'arrête là pour ne pas écrire un volume, et,
d'ailleurs, ces exemples suffisent pour que ma pensée
vous soit rendue très-claire. Et même, en était-il besoin pour vous, chère madame, qui sentez si bien le
beau dans les arts! Comme vous avez lu l'idéologie de
M. de T..., j'espère que ces deux pages de métaphysique ne vous ennuieront pas trop, et, si vous voulez
vous donner la peine d'y songer une demi-heure,
peut-être même vous aideront-elles à vous faire une
idée plus précise de la nature des diverses espèces de
plaisir et d'illusion produites par les arts. — M. Victor *est digne de nous;* aussi peut-être voudra-t-il lire
ce bavardage un peu sérieux; mais je crains que
par défiance, il ne m'accuse d'*essences réelles*[1].
Veuillez donc le bien assurer, chère madame, qu'il n'y
en a point dans tout ceci : mon père aime beaucoup
la musique; mais nous en parlons rarement ensemble,
parce que nous la sentons l'un et l'autre d'une manière
très-différente.

Je voulais vous écrire dix lignes sur l'opéra nouveau, puis vous amuser ensuite d'une foule de contes

---

[1] Terme de métaphysique employé par M. Jacquemont père, et que
nous ne nous chargeons pas d'expliquer.

ayant tous leur petite morale comme des fables. J'aurais mieux fait sans doute que de m'exposer ainsi à
vous ennuyer de *mon cru*; mais j'ai rencontré un inci-
dent qui m'a servi de transition et dont je ne puis me
défendre de parler avec les gens que j'aime; une autre
fois, je serai moins personnel et tâcherai d'être plus
aimable. Vraiment, ce début m'effraye.

— Ne me dites pas, chère madame, que je ne regrette
pas lord Byron; j'ai lu plusieurs de ses poésies en m'ai-
dant d'une traduction française, et j'y ai trouvé de
bien grandes beautés. Enfin, je le comprends et l'aime
assez pour regretter de n'avoir pu lire un mot de deux
lignes d'anglais que vous m'avez écrites comme deux
vers de lui. — Adieu, chère madame; dites à M. Victor
que je lui écrirai sous peu de jours. Faudra-t-il attendre de vous une réponse? ne me direz-vous pas
que les choses ne changent point autour de vous dans
vos bruyères? Qu'est-ce que les choses vraiment?

Adieu; je suis, avec un attachement bien tendre et
bien respectueux, votre ami dévoué.

II

A LA MÊME.

Paris, dimanche 25 juillet 1824.

J'ai reçu hier, chère madame, votre aimable lettre
du 16 avant le départ de madame de Tracy, et je n'ai

rien à vous en dire, après vous en avoir remercié mille
et mille fois, si ce n'est qu'en toutes choses vous avez
raison. Comme vous n'aviez aucun motif pour ne pas
me dire que la mienne fût du galimatias, je crois donc
tout naïvement les choses aimables que vous m'en dites, et désormais, quand nous causerons des arts, soit
de près, soit de loin, je ne craindrai pas de vous dire
de ces idées dont la plupart des gens se moquent en
les appelant métaphysiques, si je trouve qu'elles peuvent nous avancer à quelque chose. Cette douce confiance m'est infiniment précieuse; car on a tant de
plaisir à parler de ce qu'on aime! et il est réellement
si pénible d'en parler et de n'être pas compris du tout!
C'est ce qui m'arriverait ici si je ne me taisais. Je vois
cependant, depuis quinze jours, une aimable personne
avec laquelle je m'entends parfaitement bien sur tout
cela; mais elle éprouve comme moi le même embarras
à causer musique devant trois ou quatre personnes
qu'elle ne connaît pas, et il en résulte que, pour en
causer ensemble, nous nous parlons à l'oreille comme
si nous nous disions des secrets, et l'on croit que nous
parlons d'autre chose assurément.

Je suis retourné voir le *Ricciardo* à votre intention,
et j'avoue que j'étais trop injuste; cependant je reste
d'avis que c'est, avec *l'Italiana in Algeri*, le moins bel
ouvrage que je connaisse de Rossini. Il est, d'ailleurs,
chanté avec art, avec talent, mais sans génie et sans
passion. Après trois mois, Micheroux et moi, nous avons
raison. La Mombelli, toujours supérieure dans *la Ce-*

nerentola, n'a aucun succès dans les autres opéras
qu'elle a joués. Ce qui n'est qu'original cesse bientôt
de plaire, quand l'habitude a fait disparaître l'idée
d'originalité ; le plaisir qui n'est que de l'étonnement
s'use promptement avec le sentiment qui le produit.
— Rossini arrive cette semaine, et nous aurons dans
douze jours *la Donna del Lago* pour le début d'un contralto qui est bien beau. Dans le même temps reviendra madame Pasta, et l'on répétera la *Sémiramide*,
qu'elle vient de jouer à Londres avec le plus grand
succès. Le nouveau contralto chantera Arsace, et il en
résultera les plus beaux duos du monde. Vous me demandez, chère madame, de la musique nouvelle puisque Conseil ne vous en a pas envoyé. Je vous en promets beaucoup et de très-belle, d'abord quand *Tancrède*, comme vous l'appelez, sera de retour, et auparavant peut-être, quand... il n'importe quoi! Mais
celle-ci même vous conviendra mieux, celle de madame Pasta étant généralement un peu haute pour
vous. Il y a beaucoup d'airs fort beaux de Generali,
de Niccolini, quelques-uns de Caraffa et d'autres maîtres peu connus chez nous. Je me ferai chanter les
plus beaux pour contralto, et je vous achèterai chez
Carli, s'il les a gravés, ceux qui me paraîtront convenir à votre voix. Peut-être serait-il facile et peu dispendieux de faire copier ceux que Carli n'aurait pas? Mais
je vous consulterai sur tout cela. Faites des gammes
en attendant, et menez au degré de perfection que
vous pouvez atteindre nos vieux amis de cet hiver, que

votre amour des nouveautés vous avait fait un peu né-
gliger.

J'ai fait une bêtise en commençant plus haut une
phrase que je n'ai pas achevée, et il serait tout à fait
sot de ne pas la finir. Afin donc que vous ne fassiez
aucune supposition inexacte, et maligne peut-être, je
vous dirai tout uniment et sans détour que.... (c'est
ici la difficulté, après ce *que!*) je vous enverrai cette
musique nouvelle quand mademoiselle S... aura reçu
la sienne de Munich. Mademoiselle S... est le nouveau contralto en question. C'est une jeune Milanaise
bien élevée, d'une figure assez agréable, aimable et
très-spirituelle. Elle a une fort belle voix et chante
très-bien; je crois même que, sur la scène, elle aura
quelques étincelles du feu sacré... Mais je ne l'ai entendue encore que dans la chambre. Notre romantique
baron de Stendhal était fort lié avec son père, qui était
un officier général extrêmement brave, et il connaît
beaucoup la jeune personne et sa mère, qui sont ici
ensemble depuis quinze jours. Cependant, comme,
dans tous les temps et tous les lieux, il est un original
inconcevable, et que, dans son faubourg Saint-Denis,
il en est présentement à quelque numéro fort avancé
de ses *cristallisations* [1], il ne les a pas encore vues.
C'est un Italien de notre connaissance commune, et
comme lui grand ami de cette famille, qui m'a voulu
mener chez elles. Il les a logées au-dessus de ma-

---

[1] Voir *De l'Amour*, de Beyle.

dame Pasta, que la jeune personne a beaucoup connue
à Milan et qu'elle aime et admire comme il convient.
Elle est gaie et aimable; et elle me plaît beaucoup,
peut-être parce que nous parlons souvent de madame Pasta; je vais passer la soirée chez elle quand
je ne reste pas chez moi. — La nuit, quand le soleil
est couché, nous aimons la lueur des étoiles. Le matin,
quand il se lève, les pauvres étoiles n'ont pas bougé,
mais on ne les voit plus. Depuis trois mois, le soleil
nous a quittés; dans quinze jours, il reparaîtra et nous
l'aimerons davantage encore après cette longue nuit;
mais, moi, je promets de ne pas oublier tout à fait les
étoiles.

Je ne manquerai pas de dire à M. de Stendahl que vous
le trouvez amusant, même quand il écrit des livres : il
est cependant très-résolu, et moi aussi je l'ai fort engagé à ne publier cette fois qu'une brochure un peu
superficielle. Un livre profond sur cette question, et il
en a un tout fait, n'aurait aucun succès. Le public
n'est pas mûr sur ces idées; il faut au moins l'y préparer. Si le manuscrit du livre était lisible, je le lui
demanderais pour moi, pour vous et un très-petit
nombre d'amis auxquels il plairait extrêmement, et que
lui appelle des gens de l'an 1860. — Adieu, chère madame; quand vous voudrez bien perdre quelques instants à m'écrire, ne le faites pas en même temps que
votre mari, afin que j'aie plus souvent de vos nouvelles.
Sa dernière lettre était bien aimable, et je lui répondrai au premier jour. Veuillez, en attendant, l'en re-

mercier bien tendrement pour moi, *and believe me your friend.*

III

A LA MÊME.

Paris, 20 septembre 1824.

J'ai été bien touché, chère madame, de votre dernière lettre et de celle de votre mari, venue sur la même feuille. Il est infiniment doux de se rencontrer dans ses sentiments avec les gens que l'on aime; mais je suis bien plus assuré encore que vous partagerez ceux que j'éprouve maintenant. Nous avons reçu hier une lettre de mon frère, du 7 août, qui nous a remplis de joie : le ministère public ayant eu la sottise de porter son affaire aux tribunaux, et d'y traduire aussi les témoins, il était impossible qu'il ne fût pas déclaré coupable; c'est ce qui est arrivé, et, comme tel, il a été condamné à la déportation[1]. Mais ce jugement n'a été prononcé absolument que pour la forme; Frédéric a été mis tout de suite en liberté, et le président Boyer lui a renouvelé, à ce propos, l'assurance de sa bienveillance toute-puissante. Cette affaire n'a donc eu pour lui d'autres suites qu'une détention de quinze jours, dans une saison où ses occupations commerciales

---

[1] A Port-au-Prince, au sujet d'un duel.

I.   2

sont plus nombreuses; mais ses intérêts n'ont point souffert pour cela, et, maintenant, nous n'y songeons plus.

Il y a bien *du gris* dans le tableau que vous me faites de Paray cet été; il est vrai que tout ce qui vous entoure est bien sévère; j'espérais cependant que quelques intérêts nouveaux réveillés sous votre toit, et excités par ceux qu'un de vos jeunes hôtes y a portés, auraient donné quelque vie à votre intérieur. Je ne pense pas moins pour cela à vous aller voir, et je suis bien sûr de trouver de la douceur dans votre sombre Paray; je voudrais vous dire que je pars demain, mais voici quelque temps déjà que je suis libre et que je recule sans cesse le jour de mon départ. Quand je serai décidé, j'écrirai à M. de Tracy.

Au reste, je m'arrêterai d'abord en Berry; ce repos coupera cette longue route, si longue de Paris à Moulins. Laissant beaucoup derrière moi et allant trouver beaucoup, les regrets et l'impatience me tiendront fidèle compagnie en voyage, et cette ennuyeuse perspective est un peu cause de mon immobilité. Une bonne pluie bien froide qui gâterait le chemin d'Auteuil et rendrait peu agréable la promenade des Champs-Élysées, le soir à minuit, serait une raison déterminante. Ce n'est pas que je ne passe encore dans Paris de charmantes soirées; — oh! oui, bien charmantes, car j'aime jusqu'à leur monotonie, et elles me paraissent bien courtes quoique fort longues réellement. Les souvenirs sont à mes yeux un des biens les plus précieux

de la vie; on les porte partout avec soi, on en jouit
partout, et on ne peut les perdre; aussi, chère madame, ai-je toujours fait comme vous me dites, et cette
pensée de l'avenir embelli par eux me fait jouir doublement du bonheur présent.

Je lus, il y a un mois, la belle traduction de *Don
Carlos* de Schiller par M. de Barante, un soir que j'é-
tais un peu souffrant et que je n'étais pas sorti. Mademoiselle S... me demanda le lendemain à quoi j'avais
passé ma soirée : je le lui dis, et tout le ravissement
que j'avais eu à lire cette tragédie. Je ne sais si vous la
connaissez; il y a dedans un personnage appelé *Posa*,
qui me semble la plus belle des conceptions humaines.
— Elle avait lu aussi en Italie cette même traduction
de Barante, et cette lecture lui avait fait absolument
la même impression qu'à moi. Ce soir-là, nous ne fîmes
pas notre partie accoutumée; il vint du monde, nous
ne nous en aperçûmes pas, et nous restâmes jusqu'à
minuit à ne parler que de Posa, ravis l'un et l'autre
par le sentiment délicieux d'une admiration commune.

J'appelle cela, non du plaisir, mais du véritable bonheur; la tendresse est active dans cette admiration
passionnée, et l'on est tout prêt de s'aimer quand on
partage ainsi avec la même nuance, la plus délicate, un
même sentiment si fort et si profond. Depuis, je lui ai
fait lire les plus belles tragédies de Shakspeare, qu'elle
ne connaissait pas, et que je connais depuis peu de
temps moi-même, les ayant lues seulement ce printemps
pendant l'absence de madame Pasta. Chemin faisant,

pour la convertir tout à fait au romantisme, je lui ai
donné le plat *Roméo* de Ducis et le *Brutus* de Voltaire
à lire, après ceux de Shakspeare. C'est elle maintenant
qui me fait lire Alfieri; c'est notre occupation du soir
pendant une heure ou deux : vous pensez combien elle
est douce pour moi, et si toute ma vie je me souviendrai de cet Alfieri. Nous avons repris nos échecs, qui
nous piquent souvent très-vivement l'un et l'autre; on
ne dissimule ni le plaisir de gagner, ni la peine de
perdre, et cette sincérité va quelquefois presque jusqu'à nous brouiller. Nous ne nous en corrigeons pas,
parce qu'après les querelles, il y a le plaisir des rac-
commodements et d'aimables caresses pour le perdant.

Le plus beau duo qui ait été chanté depuis la création du monde, c'est celui d'Arsace et de Sémiramis
que j'ai entendu, il y a trois jours, à Auteuil, par madame Pasta et mademoiselle S..., qui pour la première
fois chantaient ensemble, et toutes deux de mémoire, et mademoiselle S... jouant encore l'accompagnement. Je n'ai jamais rien vu non plus qui m'ait fait
autant de plaisir que ces deux figures lisant dans les
regards l'une de l'autre la note suivante, qu'elles ne savaient pas bien, et y mesurant la force et l'accent qu'il
fallait lui donner pour que la voix de l'une soutînt et
fît briller celle de l'autre. Je n'avais aucune idée de
cette perfection d'exécution dès une première épreuve,
entre des voix qui ne s'étaient jamais mariées, et dont
l'une ignorait l'autre presque entièrement. Je ne vous
parle pas de *la Donna del Lago*, ni du chant de made-

moiselle S..., ce serait trop long, et, pour le faire à
fond, il faudrait entrer dans des détails techniques qui
donneraient à mon bavardage l'air pédant d'un feuil-
leton; nous causerons de tout cela à Paray, et ce sera
pour moi un plaisir très-doux.

En attendant, je vous embrasse bien tendrement,
ainsi que M. de Tracy, auquel j'écrirai avant mon
départ. Adieu.

Vraiment, je veux partir cette semaine.

IV

A LA MÊME.

Paris, dimanche 21 novembre 1824.

Nous étions convenus, chère madame, que je vous
dirais les premières paroles du duetto en question de
la Sémiramide, et que j'aurais, tout de suite après,
l'honneur d'être, etc., etc. ; eh bien, je vous avouerai,
quelque mauvaise grâce qu'ait cet aveu, que je ne sais
pas ces deux précieuses paroles, et que j'ai toujours
oublié de les demander, ayant eu plus de vingt fois
l'ocasion de le faire. Cet oubli est d'autant plus im-
pardonnable, qu'il y a aujourd'hui huit jours, nous
avons chanté, de cette *Sémiramide*, un autre duetto —
entre une basse et un contralto. — Hier, en pensant
que je vous écrirais aujourd'hui, j'avais bien fermement résolu de m'en ressouvenir le soir; mais cette se-

conde représentation de *l'Italiana in Algeri* avait été
si froide, que je n'eus pas le courage de passer chez
elle, et Micheroux, qui aurait pu me servir de sa mémoire, n'était pas au théâtre. Je suis fort triste de cet
insuccès dans le début d'un nouveau genre, le bouffe.
Le lendemain de notre arrivée ici, je vis la première
représentation de cette *Italiana in Algeri* remise par
mademoiselle S... en contralto, comme Rossini l'a écrite,
et elle manqua d'effet; hier, ç'a été la même chose. Ce
qu'on demande aux voix de femme, ce sont des *si*, des
ut, des *ré* et, si faire se peut, des *mi*. Or, toutes ces
notes-là ne sont pas à l'usage de la pauvre petite S...,
et elle ne plaît point pour cette raison. Il est vrai de
dire aussi qu'elle a chanté faux une fois, et négligem-
ment quelques bouts de phrase, — comme M. Scheffer peint les mains de ses portraits. Des choses extrêmement belles ont été vivement goûtées, mais par
un petit nombre de personnes. Rossini a écrit pour des
contralti non-seulement le rôle d'Isabella, mais aussi
celui de Rosina du *Barbier* et de *la Cenerentola*. Depuis
plusieurs années que ces opéras sont joués à Paris, ces
parties ont toujours été haussées de deux tons et chan-
tées par des soprani. — Le souvenir piquant nous en
est resté, et il n'est plus possible de plaire en les faisant redescendre à leur gravité native.

D'ailleurs, je n'ai pas reconnu le public. Jeudi, madame Pasta jouait *la Nina*, qui excitait au printemps un
enthousiasme si fou; elle le joua à son ordinaire, c'est-
à-dire admirablement, et le chanta mieux, et l'on ne

manifesta que de *l'approbation*. Il s'agissait bien de
cela ! Nous la verrons après-demain dans *Otello* : si
c'est encore aussi froid, je croirai que quelques grandes
montagnes de glace se sont détachées du pôle et sont
poussées vers nos côtes.

Il faudra, chère madame, que vous chantiez cet hiver un grand air allemand, du *Freischütz*; c'est le plus
bel ouvrage de Weber; cet air me plaît infiniment, et
je me le fais chanter souvent par cette charmante jeune
personne, qui le chante à mon gré dans la perfection,
comme le Mozart et généralement la musique tendre.
Elle vaut aussi dix fois mieux dans la chambre, à son
piano, qu'au théâtre, où elle a une peur horrible, et on
la fait jouer trop rarement pour qu'elle s'y habitue.
Hier, en revenant de mes travaux, j'ai passé chez elle
dans le jour : elle avait véritablement la fièvre, et elle
l'a ainsi toutes les fois qu'elle doit jouer le soir. Le roi,
pour vos menus plaisirs, devrait me nommer ministre
de sa maison ; les choses iraient mieux ; mais il n'aura
certainement pas cet esprit, et, moyennant M. Sos-
thène de la Rochefoucauld, nous n'aurons pas *la Sémiramide* avant deux mois. La grande raison de ce
retard, c'est que la partition coûtait trop cher à faire
venir d'Italie ; et elle coûte cinq cents francs.

La belle madame Merlin est bien aimable pour mademoiselle S... : elle l'a invitée l'autre semaine à une de
ses soirées à huis clos du mercredi, et il me revient de
toutes parts qu'elle la *posa* beaucoup. Un de ses secrets
pour avoir de la voix, *c'est de fumer !!!*... d'excellents

cigares de la Havane, qui ne tirent pas à conséquence, car ce n'est guère que de la paille de maïs; vous pourrez essayer, chère madame, de cet agréable moyen, lequel m'a réussi fort bien avec les cigares de madame Merlin, qui en avait donné un paquet à mademoiselle S...

J'ai passé hier chez madame de Tracy, dont je sais tous les jours des nouvelles par Jules Cloquet; elle avait été mieux pendant deux jours, et la nuit avait été moins bonne. Madame de Laubépin était arrivée de la veille; mais elle était sortie, et je n'ai pu voir dans la maison que son mari. Jules Cloquet doit revoir aujourd'hui madame de Tracy et essayer un remède chirurgical peu douloureux dans son application, et dont il espère un prompt soulagement aux maux cruels qu'elle souffre. M. de Tracy est fort affecté. — Mademoiselle Nancy, que j'ai rencontrée hier chez vous, m'a dit que M. de Tracy avait reçu des nouvelles de M. Victor, et je l'ai appris avec plaisir; car votre silence à tous, depuis mon départ, me laissait quelque inquiétude.

Adieu, chère madame. Recevez l'expression bien vive de mes tendres respects et de mon attachement.

Your friend.

V

A M. HENRY BEYLE[1], A PARIS.

Paris, 28 mai 1825, à midi et demi.

Je lisais hier votre manuscrit[2] quand un de mes amis entra chez moi, me rapportant *Racine et Shakspeare*[3], que je lui avais prêté il y a quinze jours ; il l'a gardé tout ce temps, l'ayant fait lire à d'autres et l'ayant lu lui-même trois fois pour sa part, avec un plaisir extrême.

Cet ami est un jeune homme de mon âge qui est sorti, il y a quelques années, le premier de l'École polytechnique ; il a beaucoup d'esprit, une sensibilité qui n'a pas été desséchée par l'étude. Il a au plus haut degré le sentiment des beaux-arts, et point du tout de littérature ; car, jusqu'ici, il n'a pas eu le temps de lire. Tout son loisir, depuis deux ans, il l'a employé aux choses de son métier (il est officier d'artillerie), afin de devenir très-promptement le plus habile de son corps, et de n'avoir plus ensuite à s'en occuper. Il n'avait jamais réfléchi aux systèmes littéraires. Votre pamphlet me l'a ramené complétement romantique.

---

[1] De Stendhal.
[2] De l'ouvrage de Stendhal intitulé *De l'Amour.*
[3] Brochure littéraire de Beyle.

L'extrême délicatesse de son esprit et sa force peu commune, unies à la sensibilité de son âme, en font, malgré son ignorance littéraire, un homme plein de goût. Comme il était tout à fait étranger à la querelle du *romantisme* et du *classicisme*, beaucoup d'idées de votre pamphlet, connues de nous depuis plusieurs années, étaient complétement neuves pour lui ; c'est pourquoi il l'a lu trois fois.

A présent que vous savez quel est cet ami, dites-moi si j'ai eu tort de faire sur lui l'expérience suivante. Est-ce une indiscrétion ?

Je lui ai dit : « Si tu as une heure à passer avec moi, couche-toi sur ce canapé et écoute. »

Et je lui ai lu tout le manuscrit que j'ai à vous, en lui expliquant d'abord que le mérite de ce manuscrit était de rendre intelligible et parfaitement clair le mot *cristallisation*[1] et les sept périodes de l'amour, employées et exposées dans un livre sur l'amour, que le public n'avait pas compris à cause de cela.

Comme je l'ai prévenu aussi que le manuscrit était du même Stendhal qu'il avait trouvé si spirituel, si neuf, si piquant dans le pamphlet, il a écouté avec un intérêt extrême. Voici le résultat de mon expérience :

D'abord, il est devenu amoureux de la belle madame Gherardi[2]. Il m'a dit, aux premières pages : « Très-cer-

[1] Mot employé par Stendhal pour exprimer l'espèce de fascination qui fait voir tout en beau dans l'objet aimé.

[2] Citée dans l'ouvrage sur l'amour.

tainement ce n'est pas un portrait de fantaisie que celui de cette femme. »

Malgré toutes mes brutalités à l'encre rouge, je ne
trouve pas moins charmant que mon ami Éblé votre
roman (*le Voyage à Hallein*).

Il a compris parfaitement bien le mot *cristallisation*.
Quelques légères redites, quelques longueurs qui m'a-
vaient d'abord frappé, lui-même aussi les a remar-
quées.

Aussi, tout en me rappelant fort bien qu'un paragraphe doit être un paragraphe et non pas une analyse
métaphysique, je vous conseille en quelques lieux diverses suppressions qui ne nuiront en rien à la clarté
de votre explication.

Il y a, parmi les passages à supprimer, des choses
pleines de grâce et d'esprit. Supprimez-les, aux dépens
de votre amour-propre d'auteur, au profit de la clarté ;
car je vais jusque-là. En abrégeant de sept ou huit
pages, si vous ne faites tomber les retranchements que
sur les choses étrangères à la *cristallisation*, celle-ci
sera encore plus claire.

Votre voyage à Salzbourg l'a particulièrement préparé à lire le livre sur l'amour, puisqu'il lui a donné
l'idée la plus nette du mot *cristallisation ;* de plus,
comme roman, il l'a extrêmement *amusé*.

L'histoire du peintre Sciarra lui a fait également bien
comprendre le développement des sept périodes de
l'amour ; mais elle l'a beaucoup moins amusé. — Elle
me fait aussi cet effet ; je la voudrais décidément plus

amusante. Il faudrait là un *crescendo* pour soutenir l'intérêt jusqu'au bout de cette introduction.—Il y a trop souvent dans le roman de *Sciarra* le *vous* inutilement mis en scène. Cette histoire de *Sciarra* ressemble trop à quelque chose que l'on pourrait intituler : *Mœurs italiennes.*

Le *royaume de* TENDRE n'est pas admissible; effacez-le partout. — Mon ami Éblé trouve que votre dessin

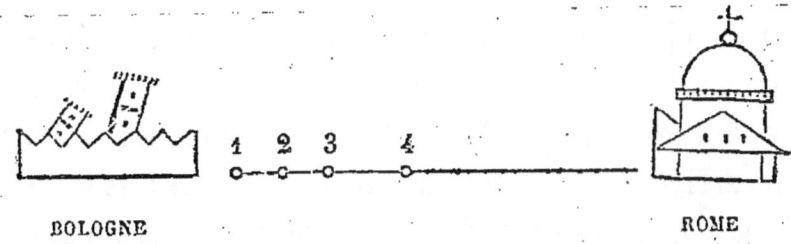

BOLOGNE   ROME

ne ressemble pas mal au jeu de l'oie. Je vous engage à le supprimer. Le lecteur (qui est généralement un peu bête) ne prendra pas cela au sérieux, il croira que vous plaisantez. — D'ailleurs, il vous oblige à des répétitions; des répétitions ne sont pas des éclaircissements.

— Mais je vais faire de l'encre bleue pour écrire quelques mots sur le manuscrit de *Sciarra*; je reviendrai aussi sur celui du voyage à Salzbourg.

A deux heures, l'affaire de *Sciarra* est faite. A propos, si *Sciarra* est un nom de fantaisie, changez-le. Les Français qui ne savent pas l'italien ne savent comment prononcer ce mot-là.

VI

A M. VICTOR DE TRACY, A PARAY.

Paris, 10 avril 1856.

Cher et excellent ami, c'était bien mon désir de vous
écrire, et je le voulais faire aussitôt après votre départ;
et puis le temps a passé je ne sais comment, et je croyais
que vous étiez pour plus de temps à Paray; aussi nous
voilà arrivés au moment de votre retour sans que je l'aie
fait encore. La raison de ce silence inaccoutumé entre
nous, et qui m'est bien pénible souvent, vous l'avez de-
vinée sans doute. A vous, cher ami, je ne sais pas parler de choses indifférentes, ou je ne sais en parler qu'a-
près toutes les autres dites; et voilà bien des mois déjà
que nous n'avons usé de cette ancienne intimité
si douce. Pour me taire, cependant, il me faut encore
faire un effort, et je cède à ce qui me fait la moindre
contrainte.

Vous me parliez autrefois de vos intérêts les plus
chers; moi-même, souvent je vous en parlais le premier.
Mais, alors aussi, les miens ne vous étaient pas cachés.
A présent, je n'aurais que de la peine à vous les dire,
et je me tais; je me renferme en moi-même. Mais cette
disposition triste passera; il faut qu'elle s'use d'elle-
même, je ne puis la surmonter. Elle me donne quelquefois l'air de me retirer de mes amis; c'est là ce qui

me fait le plus de peine, car je ne les ai jamais tant aimés que depuis que je le leur témoigne si rarement.

Adieu, adieu, cher et respectable ami; je vous aime et vous embrasse de tout mon cœur, d'un cœur tout à vous et pour jamais.

VII

A MADAME VICTOR DE TRACY, A PARAY.

Paris, 18 août 1826.

Vous êtes vraiment bien aimable, chère madame, d'écrire à un sauvage comme moi, et sauvage muet. Je puis vous dire cependant, dans toute la sincérité de mon âme, que ça a été souvent mon désir de vous répondre, et que je me suis souvent reproché ma paresse de la veille, tout en me préparant de pareils reproches pour le lendemain. Ce qui a empêché que mon *intention*, comme dit Hamlet, *ne devînt une action*, je ne saurais trop vous le dire; mais j'étais triste, et je crois que c'est là la cause.

Je vais vous mettre à l'avenir une adresse longue d'une page, afin que les gens de la poste ne se trompent plus. Je ne puis comprendre comment cela a pu arriver pour ma dernière lettre; car j'avais écrit aussi le nom du département, et il n'y a qu'un Paray dans celui de l'Allier. Vous me demandez des nouvelles du salon grec: en somme, il est inférieur au premier (je vous

dis ma sensation); les amateurs n'y brillent pas. Ce
n'est pas qu'il y manque non plus de vilains tableaux
peints par des habiles; par exemple, cet ignoble *Mars
et Vénus* de David, et bien d'autres. M. Delacroix n'a
exposé qu'un petit tableau représentant une scène du
Giaour de Byron : ce sont deux hommes à cheval, en
habit oriental, qui se battent à coups de sabre. Il y a
un des chevaux admirablement bien peint, un coloris
brillant dans tout le tableau, et une grande absurdité
dans toute la composition.—Vous voyez que c'est toujours M. Delacroix.—J'avais vu d'abord dans son atelier les tableaux que M. Scheffer a exposés; ils m'avaient
paru beaucoup moins mal peints. Je le lui ai dit, car il
me l'a demandé; et il m'a répondu que le jour de l'a-
telier faisait cet effet pour tous les tableaux. Il n'y a
pas d'air entre ses personnages, et un vilain ton de
couleur brunâtre; restent pour lui de très-belles expressions de tête. Vous vous rappelez sans doute qu'il
avait donné à toutes les figures de sa *Retraite de Russie*
un teint de bohémien. C'était fidélité à l'histoire, puisqu'il est vrai que la misère et le froid excessif avaient
noirci tous les visages; mais le public, qui ignore ce fait
généralement, se demande le pourquoi de cette tête de
suie, et passe sans s'arrêter. — Les Gudin sont charmants, selon l'habitude du faiseur. Mais remarquez
que Gudin n'a jamais peint que notre mer du Nord,
notre mer verte, et, s'il est le seul qui la rende avec
cette perfection, beaucoup d'autres, sans nom, l'imi-
tent aussi heureusement, tandis que vous ne voyez

jamais une marine passable de la mer bleue, de la Méditerranée, que j'aime bien mieux. Rien n'est triste comme les bords de la mer quand ils sont déserts; mais, avec la mer verte du Nord, c'est *laid* en même temps que triste, tandis qu'avec la mer bleue, c'est une tristesse tendre et où l'on se complaît. Vous n'avez qu'à vous rappeler une marine du Lorrain pour sentir cela. Les Gudin me donnent un peu le plaisir du Diorama; il n'a aucune ressemblance avec celui que j'éprouve quand j'ai été deux ou trois minutes devant un Claude Lorrain. Cet homme-ci me touche avec son eau et ses arbres; l'autre pas: je l'approuve, voilà tout.

Je ne finirai pas de vous parler tableaux sans vous remercier, chère madame, de l'aimable et généreuse offre que vous me faites. Si vous voulez me remplacer celui que j'ai donné, cela vous est facile; vous n'avez qu'une copie à faire, car c'est de l'*Étang Champion* que je me suis privé. Si je n'avais pas pensé que vous aviez peut-être des motifs particuliers de tenir à la petite aquarelle que vous aviez prêtée à la S..., je ne la lui aurais pas demandée. C'est dans ce doute que je l'ai fait. Si vous vouliez me faire un présent encore plus agréable, il faudrait me faire une vue des montagnes bleues avec la haie de l'Ouche et la tuilerie sur le devant: vous avez déjà dessiné cette vue, la plus jolie de Paray, peut-être; — ou bien les champs Quentin, avec la prairie qui les sépare du champ des Noyers, au bout de votre jardin, et cette belle allée de grands peupliers.

Vous me demandez si je vais à l'Opéra. — Non, ou bien peu. Je sais les pièces par cœur, et puis je n'aime pas à y aller seul, et, maintenant, je n'ai personne avec qui y aller. J'y ai mené mon père à la rentrée de madame Pasta dans *Otello*. Il l'avait entendue quelquefois déjà, mais pas depuis deux ans ; et, ce soir là, elle était admirablement en voix. Aussi me disait-il n'avoir aucune idée de cette perfection de chant. Il est vrai qu'elle va toujours se perfectionnant davantage : c'est lent maintenant et peu sensible, parce qu'elle touche presque à la perfection absolue. Le mal est qu'elle grossit beaucoup. Elle a dû jouer hier la *Sémiramide* ; la semaine prochaine, elle jouera *Médée*, de Mayer. La Cinti revient aux Bouffons. Ce sera votre primo soprano pour l'hiver, où vous n'aurez sans doute qu'un bien triste Opéra.

M. de Péray est parti un beau jour pour Avignon comme un coup de pistolet. Votre sœur est à La Grange depuis dix jours, jusqu'à demain. M. de Tracy y est assez gai, me dit-elle.

La S... garde votre souvenir et vous écrira quand elle sera un peu établie dans sa nouvelle patrie, qui est bien laide. Adieu, chère madame ; recevez l'hommage de mes tendres respects.

VIII

A M. HENRY BEYLE.

Paris, 2 septembre 1826.

Nous jouissons, mon cher ami, d'une telle absence
d'événements, que, si j'attendais, pour vous écrire,
qu'il m'arrivât quelque petite nouvelle à vous conter,
j'attendrais peut-être jusqu'à votre retour ici; et il y
en a si peu cet été, que j'aime mieux, à la manière des
journalistes, parler pour ne rien dire, que rester me
taisant. Au moins, de cette façon, verrez-vous l'intention de dire quelque chose. Et qui sait? N'est-ce pas
en cherchant qu'on a le plus de chance de trouver?

Si vous étiez ici, vous vous réjouiriez du dernier arrêt de la Cour royale sur M. de Montlosier : parce
que, depuis lors, tout le monde, à peu près content, ce me semble, se tait enfin sur les éternels jésuites. Nos honnêtes journaux libéraux (je ne lis pas
le Constitutionnel) n'en parlent plus, ou que rarement;
et M. de Montlosier est retourné dans ses États; c'est
une campagne finie. Son mérite me paraît se réduire
à avoir parfaitement démontré ce qui n'avait besoin
d'aucune démonstration : qu'il y a beaucoup de jésuites
en France. Le mérite de l'arrêt de la Cour royale est
d'avoir établi et affirmé ce qui n'avait, pour être uni-
versellement reconnu, aucun besoin de son témoi-

gnage, savoir : que les jésuites sont des animaux très-
détestables et très-nuisibles, bons à chasser de partout ;
— et, tout cela démontré, prouvé par $a + b$, on les
garde comme devant. Personne non plus ne doute que
les loups enragés ne soient très-dangereux et bons à détruire ; ni qu'il n'y en ait de temps en temps l'hiver
dans ce pays-ci. C'est un fait du même genre à peu
près que M. de Montlosier s'est chargé d'établir. Belle
découverte qu'il a faite là, ma foi ! — mais pas si
bête pourtant, puisque son libraire la lui a payée
vingt mille francs, indépendamment de la gloire, non
petite, que lui a adjugée le public pour le courage
qu'il a eu de dire qu'il y avait en France des loups enragés qu'il fallait chasser. L'essentiel est de trouver des
chasseurs ; c'est de donner aux gens le courage de mettre
un fusil sur leur épaule... Si Courier vivait, il ferait de
cela un piquant et séditieux pamphlet. M'est avis que,
faisant tant que nous mettre en chasse après les loups,
nous devrions, par la même occasion, la donner à une
multitude d'autres animaux plus ou moins nuisibles,
les renards, les sangliers, les ours, etc., etc... ; mais,
comme ils peuvent mordre, et même très-fort, chacun
se tient coi prudemment et préfère les laisser dévaster
un peu son jardin, son poulailler, plutôt que de s'exposer à une chasse dangereuse pour s'en débarrasser
tout à fait.

Vous m'avez demandé, dans votre dernière lettre,
des nouvelles du salon grec. Je pense que M. Scheffer, en lisant *le Globe* d'aujourd'hui, ne trouvera pas

que les journalistes parlent sans rien dire ; car M. Vitet lui fait de beaux compliments, et véritablement il y en a beaucoup de justes, à mon gré. Il est certain qu'il a des expressions de figure et des airs de tête superbes. Quant à la monotonie qu'on lui reproche, ce qu'on appelle ainsi est un défaut qui n'appartient qu'aux artistes doués de talent, qu'à ceux qui ont un style. Qui ne reconnaît tout de suite un Poussin, un Claude Lorrain, un Titien, un Vinci, un Raphaël ? Il me semble que ce qu'on appelle *monotonie* chez M. Scheffer existe au même degré chez les grands peintres. Toutes les femmes du Titien ne rappellent-elles pas le portrait de sa maîtresse ? N'est-ce pas toujours une sœur, ou une cousine germaine, ou une cousine plus éloignée de Monna Lisa (*la Joconde*) que vous reconnaissez dans toutes celles de Léonard de Vinci ? Ses enfants Jésus se ressemblent bien plus entre eux que les enfants de M. Scheffer ne ressemblent tous, par leur air de tête, à Oscar. Chaque peintre a ainsi dans la pensée un modèle idéal qu'il marie en mille façons, mais comme on varie un air. Le thème est toujours reconnaissable dans ses variations ; pour voir cela de la manière la plus frappante, regardez un très-grand tableau avec beaucoup de figures : par exemple, *les Sabines* ou le *Léonidas* de David, la gravure de l'*Ossian* de Gérard. Il semble que ce soit une seule famille très-nombreuse qui ait posé pour toutes les figures de chacun de ces tableaux.

Quand on a vu et bien vu quelques statues de Ca-

nova, on en reconnaîtrait une entre cent autres ; moi,
du moins — qui les trouve délicieuses et supérieures
à tout, y compris l'antique. Tandis que, sans le livret,
je ne pourrais reconnaître les ouvrages de cinq ou six
sculpteurs médiocres qui fleurissent, comme on dit,
maintenant.

Cela est vrai de tous les arts et de tous les grands
artistes. Voyez Mozart ! Comme il a manqué son personnage de Figaro ; comme il l'a fait lourd ! — Pou-
vait-il composer de bonne musique pour la comédie
très-gaie, très-fine du *Barbier de Séville ?* Lui repro-
che-t-on pour cela d'être monotone ? Voyez madame
Pasta, pour vous citer des artistes de toute espèce,
n'est-elle pas aussi monotone ? Elle ne joue que dans
l'opéra seria. — Qui pense à le lui reprocher ?

D'ailleurs, M. Vitet trouve quelque ressemblance
entre le talent de M. Scheffer et celui de M. de Lamar-
tine ; moi, aucune ; et vous ?

Je suis allé ces jours derniers à Mortefontaine et à
Ermenonville, que je ne connaissais pas. De mes voyages
d'autrefois, il m'est resté la très-agréable propriété de
faire trente lieues à pied, en deux jours, sans fatigue, et
je l'ai mise à profit pour faire cette jolie promenade, en
toute liberté, ne dépendant de personne, m'arrêtant où
et quand et combien cela me plaisait. Ermenonville
est gâté par les inscriptions niaises que M. de Gi-
rardin le père y a fait placer en mille endroits ; mais
c'est un beau lieu, comme Mortefontaine. Ce qui me
plaît le mieux, c'est une petite contrée sablonneuse cou

verte de bruyères, çà et là marécageuses, ailleurs sèches et arides, avec de petites montagnes de sable blanc
et nu comme les dunes au bord de la mer, quelques
bouleaux et de vieux genévriers, grands comme des arbres, mais bien tortus, bien sauvages ; d'autres collines
formées de blocs de grès comme à Fontainebleau, mais
entourés d'eau à leur pied ; — enfin de vraies horreurs
pour le benoît département de Seine-et-Oise. Ce qu'il
y a de piquant, c'est que j'ai mis six heures à traverser
cette contrée, marchant vite, nageant même une fois
(au risque de compromettre mon chapeau) pour éviter
un détour immense auquel m'eût forcé la rencontre
d'une sorte de rivière profonde dans son milieu..., et
que je n'ai trouvé sur aucune carte le lieu de la
scène ; qu'il n'y a que deux petites lieues de Mortefontaine à Ermenonville, et qu'enfin aucun des gens de
ces deux villages (entre lesquels me sont arrivées toutes
ces aventures) n'a compris mon récit de bruyères, de
marais, de rivières, etc., etc. ; en sorte que je crois
avoir découvert un pays nouveau. Mais, quelque bon
marcheur que l'on soit, ces découvertes sont plus
agréables à faire avec les jambes d'un cheval qu'avec
les siennes ; surtout quand on a commencé par venir le
matin, en se promenant de Paris à Mortefontaine, par
les jolies allées vertes de pommiers qui coupent dans
tous les sens la campagne au nord de Paris, mais n'a-
brégent point les distances, au contraire, si elles vous
épargnent l'ennui de la grande route et des villages à
traverser.

On remet ce soir à l'Opéra *la Zelmira*, et je vous quitte pour aller chez madame Pasta, que je n'ai pas vue depuis ce grand voyage de deux jours, et aussi pour m'assurer une place au théâtre ce soir, quoique je me sois bien ennuyé à la première représentation de cet ouvrage; mais, enfin, il est presque nouveau pour moi, — et c'est un mérite que malheureusement n'ont plus *Tancrède*, *Otello*, *le Barbier* et autres chefs-d'œuvre du même genre.

IX

A MADAME VICTOR DE TRACY, A PARAY.

Paris, 11 octobre 1826.

Chère madame, j'ai reçu hier au soir une petite lettre de M. Victor, qui me demande un petit service que j'espère pouvoir lui rendre tout à l'heure sans le moindre embarras; — dites-le-lui d'abord. Ensuite il a été très-exact à me dire de votre part que je suis bien paresseux, et que je ne mérite pas que vous peigniez pour moi mes premières amours de montagnes, ces montagnes bleues que, vous aussi, vous aimez. Tout cela est vrai, et j'aurais mauvaise grâce à vouloir m'en excuser; cependant, dans votre dernière lettre (qui était un peu plus courte qu'à l'ordinaire), vous me promettiez de m'écrire très-prochainement après la foire et le départ de M. de Schonen, que vous aviez alors;

et j'attendais... sans préméditation de silence contre vous, je vous le jure.

Je voudrais bien pouvoir vous donner de ces nouvelles que vous me demandiez ; mais je n'en sais aucune, et j'ai lieu de croire malheureusement qu'il n'y a, au sujet que vous savez bien, absolument rien de nouveau, et pourtant voilà encore un été passé, et passé tout autrement sans doute que dans la solitude ! Vous savez qu'on attendait un retour d'Angleterre. Je ne sais ce qu'y fait le voyageur en question ; mais il n'en revient pas. Et puis, d'ailleurs, ce n'est pas même là une probabilité ; cela ne me paraît qu'une simple possibilité, c'est-à-dire peu de chose. Le voyage peut avoir changé ses idées ;... qui sait ?... Et surtout quelques jours passés à cette campagne pourront peut-être le détourner du projet qui l'y aura conduit. On se fait tant d'illusions sur soi-même ! Je n'ai pas été à La Grange cet automne. Je suis comme vous. L'idée d'être quarante à table ne me sourit nullement ; et pourtant c'est à table qu'une société si nombreuse me déplairait le moins, parce qu'alors on n'a plus que deux voisins ; tandis qu'au salon, on en a vingt.

Prenez-vous quelque intérêt au *Siége de Corinthe* de Rossini ? Je l'ai vu, commodément placé, — sans attendue, — sans trop de chaleur, — sans payer, — enfin dans la disposition la plus convenable pour jouir de la musique, — et je m'y suis ennuyé. — C'est un homme plus usé que je ne le croyais, car cette musique est un échantillon de ce qu'il peut faire ; elle est presque toute nouvelle. Il y a horriblement de bruit. Pourtant il reste à Rossini ce mérite, que, dans ce tapage étourdissant, il n'y a point de charivari; l'oreille distingue dans cette masse de sons des chutes d'accord qui ne sont point de la mélodie, du chant, mais qui plaisent néanmoins. Il fait encore valoir, avec un art que lui seul possède, le plus petit motif, la page la plus courte. — En un mot, Rossini ne me semble plus qu'un admirable *arrangeur* de musique. Son *Siége de Corinthe* est volé de *l'Italiana in Algeri*, du *Tancredi*, de *la Donna del Lago*, de *la Semiramide*, et il a fait comme les voleurs qui gâtent les objets qu'ils ont volés, afin qu'on ne les reconnaisse pas sur eux. — J'aurais mieux aimé qu'il se fût volé lui-même hardiment. — Du reste, il a pris avec *le Crociato* de Meyerbeer les mêmes libertés que Meyerbeer avait prises avec sa *Semiramide*, c'est-à-dire un chœur tout entier et presque sans changement.

Cet *arrangement*, correctement et médiocrement chanté par mesdemoiselles Cinti et Nourrit, aboyé par les autres, dont je ne sais pas le nom, à l'exception de Dérivis, qu'on avait dit n'avoir été chargé qu'*à poudre* pour cette représentation, mais qui l'était réellement à boulet, et à double charge; cet arrangement, dis-je, a eu le plus grand succès. Il est vrai que les éternels et fades agréments de mademoiselle Cinti étaient une chose nouvelle pour mademoiselle Cinti, et tout le système d'instrumentation aussi... Je n'y retournerai pas.

Aux Bouffons, il y a eu un début assez heureux d'une demoiselle Cesari. Je ne l'ai pas entendue. Ma-

dame Pasta jouera la *Médée* de Mayer samedi; pour
deux fois tout au plus, car elle part d'aujourd'hui en
huit, le 18 de ce mois, avec une grande frayeur de ce
qui lui arrivera à Naples, où on s'accorde à dire qu'elle
plaira médiocrement. Au reste, qui sait?... Il y a tant
de hasard dans le succès des artistes!

Adieu, chère madame; remerciez pour moi M. Victor de sa lettre d'hier; dites-lui que je l'aime de
tout mon cœur, et que je lui écrirai prochainement,
aujourd'hui peut-être, quand j'aurai fait pour lui ce
qu'il me demande. Je joindrai ma lettre pour lui aux
livres que je lui enverrai.

A peine me reste-t-il la place de vous renouveler l'expression de mon sincère et respectueux attachement.

X

A M. PORPHYRE JACQUEMONT, A PARIS.

Samedi 10 novembre 1826, à bord du *Cadmus*, 41° de latit.,
35° de long., à l'ouest de Greenwich.

Me voici habitué au mouvement du navire; le vent,
d'ailleurs, aujourd'hui est plus doux, et je profite de
ce jour de repos relatif pour t'écrire, mon cher ami;
car, demain, après-demain et les jours suivants, ce
sera peut-être impossible.

Il y a eu hier quinze jours, mon bon ami, que j'ai
quitté le Havre. Notre fidèle *Journal du Commerce*

t'aura appris mon départ en même temps que celui du
Général-Foy, qui venait immédiatement après nous;
peut-être aussi aurez-vous eu de mes nouvelles, ou
plutôt des nouvelles du *Cadmus*, avant de recevoir
cette lettre; car, le huitième jour de notre voyage,
étant déjà fort loin de l'Europe, nous avons parlé à un
brick anglais allant en Écosse, et ainsi nous avons
fourni la matière de deux lignes à l'article des nouvelles
de mer du *Journal du Commerce*.

La première semaine de notre navigation a été fort
heureuse. En trente-six heures, nous étions déjà hors
de la Manche par un vent du nord-est très-violent. Il
m'a éprouvé, mais bien moins que je ne le craignais,
et surtout bien moins que les autres passagers; je n'ai
été malade que le premier jour, et violemment que
pendant une heure. Le lendemain, j'ai paru à table et
ailleurs. L'air de la mer, l'exercice que je me suis toujours imposé de faire, m'ont tenu en santé depuis. J'ai
même eu d'abord un redoublement d'appétit, et maintenant, depuis quelques jours déjà, me voilà retombé
dans ma manière d'être accoutumée. Trois d'entre les
sept passagers que nous sommes sont loin d'être aussi
heureux. Ils paraissent être destinés à rester malades
tout le voyage. Les autres l'ont été plusieurs jours.

La mer est presque toujours fort grosse, et, depuis
une semaine, c'est par des vents contraires. Il y a trois
jours, notre grande voile a été mise en pièces; le lendemain, il y a eu du calme et on l'a raccommodée. Le vent,
depuis, s'est relevé, et nous revoici en route. D'abord

nous avons marché sous le parallèle du Havre, à peu près ; depuis, les vents du nord-ouest nous ont jetés au midi ; nous sommes aujourd'hui près des Açores. Hier soir, nous sommes entrés dans le grand courant du golfe du Mexique, insensible ici quant à la vitesse, mais reconnaissable encore par sa température. En même temps, un *flying-fish*, poisson volant, est venu s'abattre sur le pont. On ne le trouve à cette latitude, en cette saison surtout, que dans l'eau chaude du courant. Cette capture, du reste, améliorera notre dîner d'aujourd'hui, et ne sera peut-être pas superflue ; car, depuis que nos provisions fraîches du Havre sont épuisées, nous ne mangeons plus guère que de la volaille amaigrie, durcie, etc., etc., par le mal de mer.

Le voyage ne réussit guère mieux aux moutons, dont nous avons emporté cinq, tristement enfermés dans le grand canot sous la chaloupe. Il y a aussi quelques cochons que l'usage est de réserver pour la fin de la traversée, parce que ce sont les animaux qui supportent le mieux la mer. Au reste, quel que soit notre dîner, je le trouve fort bon habituellement, parce que j'ai de l'appétit, et j'admire toujours comment, dans cette petite maison si tourmentée, on peut en faire un pareil. On déjeune à neuf heures et demie, on dîne à trois heures. On goûtait à sept, et, à dix, on prenait du punch. Nous avons supprimé le goûter et mis le punch à huit heures. On y joint quelques friandises du goûter supprimé, des fruits, etc., etc. La partie liquide est la plus distinguée dans tous nos repas. Il y a du vin de

Bordeaux, de Graves, de Sauterne, de Porto, de Madère,
de Pomard, de Chablis, de Champagne; de la bière anglaise et du cidre d'Amérique, qui est bon comme celui
de Barly au temps de mon enfance. Tu vois donc, mon
ami, que ces longs verres suspendus au plafond de la
chambre, et que tu croyais n'être là qu'une amorce
pour les voyageurs, ne sont pas du tout dans le genre
de la *santé* du Havre. Mais cette *santé* a ses analogues à
bord. C'est d'abord une chèvre *sans lait;* et ensuite un
baromètre éternellement invariable, même lorsqu'on
le couche presque horizontalement. A tout prendre,
néanmoins, on y est bien. On y est surtout comme
chez soi. On n'a que la peine de demander pour avoir.
Personne n'abuse. — Le capitaine, M. Allyn, est un
bon homme, doux, égal; et, ce qui est plus rare pour
un Américain, gai. Par les plus mauvais temps, mouil-
lant quatre vêtements dans une nuit, il ne jure jamais;
au contraire, quand il descend pour changer d'habits,
que quelqu'un lui demande des nouvelles du temps,
il va toujours doucement frapper le baromètre, et il
répond en plaisantant : « Beau fixe. » Les matelots
sont doux, polis et même prévenants. Jamais non plus
ils ne jurent. En Amérique comme en Angleterre, tout
le monde est femme pour les jurements : les plus mo-
dérés scandaliseraient même les jeunes gens. C'est pour
cela qu'ils sont interdits aux équipages des navires
qui portent des passagers.

Mon estomac s'est plus vite accoutumé à la mer
que mes pieds. Néanmoins, à force de le chercher, j'ai

fini par trouver l'équilibre. Mon apprentissage m'a coûté bien des contusions et quelques chutes un peu rudes ; mais, au moyen de cela, je me tiens debout, assis ; je marche quand les autres, pour ne pas rouler, cherchent partout des appuis, ou plutôt ne bougent. A table, toutes les précautions pour assujettir les plats sont insuffisantes, tout roule. Cela est quelquefois comique. C'est là surtout qu'on ne saurait avoir de trop mauvais vêtements, vu les visites qu'on reçoit de toutes les choses liquides du dîner. Le premier jour, j'ai reçu la soupière sur mes genoux. Ces petits accidents ne m'affectent plus aucunement, toutes leurs conséquences devant être cachées, à New-York, par la grande capote de castorine qui restera soigneusement pliée entre deux serviettes tout le temps de la traversée. En cas de froid, ou, ce qui est jusqu'ici bien plus fréquent, en cas de pluie, c'est le gros manteau bleu qui est le souffre-douleurs, mais sur le pont seulement ; il est toujours inutile en bas, où il ne fait jamais froid. Au reste, la nuit aussi, je suis peu couvert, et pourtant j'ai chaud. C'est un signe de bonne santé chez moi. Tous les malades à bord ont froid aux pieds, quelque précaution qu'ils prennent.

La toilette moyenne est fort modeste. Les malades sont les plus magnifiques à la fois et les plus négligés : par une concomitance singulière, ce sont les sots. Les gens valides prennent plus de soin d'eux et de ce qui leur appartient. Se raser est ce qui coûte le plus aux uns et aux autres. Quelquefois, pendant

plus de deux ou trois jours, le mouvement du navire
ne le permet pas. Le jour de barbe, on s'endimanche
un peu. Ce jour-là, je mets la cravate noire, et me
regarde alors comme très-habillé. D'ordinaire, il est
vrai que j'ai le cou enveloppé, comme les matelots,
dans une grande pièce de toile rouge dont sont
pourvus également tous les passagers *expérients* de la
mer. C'est une excellente invention. La petite per-
ruque noire ne me sert que pour aller dehors quand
il pleut. Pour peu qu'il ne fasse pas un temps détestable, je reste nu-tête sur le pont et dors de même,
comme à terre, sans m'enrhumer. Tu te rappelles ma
petite chambre : elle a, comme ses sœurs, une toise
cube. Cependant, maintenant que j'y suis habitué, je
la trouve presque grande. Elle l'est plus qu'il ne faut
pour contenir commodément tous mes effets, dont, au
reste, je n'ai déployé qu'une petite partie, ma malle
étant toujours religieusement fermée sous mon lit, et
devant ainsi rester quand nous irons à Lima. Le lit
supérieur que j'ai fait laisser me sert d'armoire et
m'est très-commode ; il ne gêne point, d'ailleurs, de
l'avoir sur la tête quand je suis couché.

Dimanche 19 novembre.

Je passe mes journées diversement, suivant le temps
qu'il fait. Le plus possible je me tiens dehors, marchant de long en long quand il y a moyen de se tenir,
ou assis dans quelque coin à lire. Comme je me suis

imposé l'obligation de tout comprendre parfaitement dans mes lectures, elles avancent lentement.

Quelques-uns fument de mauvais tabac, en sorte qu'ils m'ôteront cette habitude que j'allais contractant, et me feront peut-être même prendre cette odeur en aversion. Je ne hurle que rarement avec ces loups, et certainement je n'aurai pas fini, en arrivant à New-York, les cent vingt-cinq grammes que j'ai commencés depuis six semaines, au dernier petit voyage que je fis cet automne près d'Étampes.

Apprendre l'anglais est ici ma grande affaire ; je ne m'y épargne pas, et fais de grands progrès pour le parler ; mais, jusqu'ici, pour le comprendre, fort peu encore. Les Américains parlent extrêmement vite et gutturalement, sourdement. Je comprendrais assez bien déjà la conversation, s'ils articulaient en parlant ; mais ils n'articulent pas. J'écoute de toutes mes oreilles pour discerner les sons de leur langage. Quand j'y réussis, je les comprends, parce que je comprendrais les choses qu'ils disent, écrites, ce qui est ma dernière ressource. Il y faut de la constance, je te le jure. La complaisance d'un des passagers américains m'est très-profitable. Il me lit de l'anglais usuel (les journaux). Je suis des yeux en l'écoutant, et je relis après lui. Malheureusement, c'est un pauvre jeune homme triste et souvent souffrant, et je me fais scrupule d'user de sa complaisance.

M. Allyn m'est le plus utile, parce que son humeur gaie le dispose toujours à parler. Le soir, entre le dîner et le punch, nous passons souvent une ou deux heures à causer, nous promenant, ce qui m'est bon sous toute sorte de rapports. Je ne laisse rien passer que je ne comprenne ; il se reprend tant que je veux, avec une complaisance infinie. Nous causons de son pays, dont il parle d'une manière instructive, parce qu'il en a perdu les préjugés. En outre, il a été par tout le monde depuis qu'il est marin. Plus tard, à neuf heures, quand il fait beau, je remonte sur le pont et j'y reste jusqu'à dix heures ou minuit, seul ou causant quelque peu avec un des deux officiers de quart. L'un est une espèce de monsieur, l'autre un vieux matelot ; bonnes gens tous deux, très-intelligents, et ne sachant pas un mot de français. A grande peine nous nous entendons, mais nous en venons à bout pourtant.

Le soir et la nuit sont d'une beauté à laquelle je ne m'habitue pas. Ou le ciel est tout brillant d'étoiles, et alors la mer est éclairée seulement par leur lumière ; ou bien le ciel est sombre, et alors la mer autour du navire est toute parsemée d'étincelles brillantes ; le navire marque son passage par une large et magnifique traînée lumineuse : ce sont de petits zoophytes microscopiques qui produisent ce phénomène. L'agitation produite par le passage du navire les jette, pour quelques instants, dans un état de phosphorescence.

Je m'étonne souvent du peu de curiosité des passagers. Ils ne connaîtront pas plus le navire en arrivant

à New-York que le premier jour qu'ils y sont des-
cendus. Moi, je vais partout, demandant le nom de
chaque chose et son usage quand il n'est pas évident. Jusqu'ici pourtant, les huniers m'ont arrêté. Les
oscillations du navire me rendent effrayante cette petite
partie du voyage qu'il faut faire le dos en bas comme
les mouches au plafond. Tout cela pourrait, sans plus
de frais, être bien plus commode, comme cela est,
par exemple, dans les navires de guerre.

Les soi-disant quinze hommes d'équipage sont
comme la vache qu'on nourrit à bord pour le café
au lait des passagers, laquelle se réduit à une pauvre
chèvre malade. Il y en a neuf seulement, parmi lesquels trois sont presque des enfants, et les autres,
hommes déjà pour la force, encore enfants pour l'habileté dans leur métier. C'est ce que M. Allyn appelle
un très-mauvais équipage. Mais lui est si vigilant, si
constamment occupé de son affaire jour et nuit, que,
eussions-nous près des côtes une tempête superbe,
la possibilité d'un accident ne me viendrait pas à
l'esprit. Le navire aussi est des plus solides; il a
cette réputation plus que celle de fin voilier. Néanmoins, quand la mer est un peu tranquille et qu'il
ne vient au dedans aucun bruit du dehors, des vagues
ou des cris des manœuvres, la nuit quelquefois,
par exemple, on entend alors librement un craque-
ment universel, bien singulier pour qui ne saurait
que tous les vaisseaux du monde passent ainsi toute
leur vie à craquer. Il me semble qu'en général on

n'est pas entièrement rassuré. Quelquefois, le soir, quand il faisait très-gros temps et que la nuit promettait d'être très-bruyante, plusieurs restaient couchés sur les bancs de la grande chambre, tout habillés, et ne se voulaient pas mettre au lit, ou ils jouaient tristement à l'écarté en se confiant à l'oreille que le capitaine gardait bien des voiles, et envoyant, de quart d'heure en quart d'heure, quelqu'un d'entre eux sur le pont pour voir s'il n'en avait pas fait plier quelques-unes.

C'est là, tu le sens, mon bon ami, une société qui m'attire peu. Aussi, dans ces cas-là même, malgré la pluie, sans laquelle viennent rarement ces grands vents, je me tiens en haut, enveloppé dans le grand manteau, ou bien je me couche de bonne heure et lis dans mon lit; ce qui est difficile et ce à quoi on renonce bientôt quand on est si rudement ballotté.

Je vais te quitter pour aujourd'hui, mon cher Porphyre. Nous continuons de marcher au sud. L'effet d'une latitude meilleure est déjà fort sensible. J'ai passé une grande partie du jour sur le pont; le vent est faible et doux, en même temps régulier, de sorte que nous sommes chargés de voiles plus qu'il n'est d'usage dans cette saison; nous en avons réellement une surface immense relativement à notre masse, et, malgré la faiblesse du vent, nous faisons ainsi trois lieues à l'heure, presque sans secousse. C'est un temps rare dans cette mer, dit M. Allyn; nous le garderons quelque peu, j'espère, car nous devons aller jusqu'au

32° de latitude pour chercher des vents d'est; c'est une
jolie journée du commencement d'octobre dans notre
pays. Les soirées vont être belles, et je les prolongerai
seul là-haut. Allons, mon ami, je suis avec vous; c'est
une heure triste, mais douce pourtant. Adieu.

Mardi 21 novembre, 36° de latit., 46° de long.

Nous avons fait hier cent lieues en vingt-quatre
heures, toujours vers le sud, et, aujourd'hui, nous
avons une belle journée chaude du commencement de
septembre. A cette latitude méridionale, nous avons
enfin trouvé les vents d'est que nous cherchions. Une
brise légère nous pousse directement à l'ouest; elle est
agréable tant le soleil est chaud et l'air chargé de vapeurs tièdes. Une centaine de dauphins jouent au-
devant du navire; une ligne a été jetée à leur intention, qui prend beaucoup mieux que des poissons, à
mon gré, car elle m'apporte les herbes marines, les va-
rechs des côtes du golfe du Mexique que le courant en-
traîne jusqu'ici. Tout cela est nouveau pour moi.

Nous nous trompions, mon cher ami, en croyant que
toujours, pour aller de France aux États-Unis, les navires allaient chercher au sud les vents alizés. Chacun
va comme il l'entend, et un peu au hasard : les uns
cherchant à se tenir constamment dans la direction du
but, les autres s'en écartant soit au sud, soit aussi au
nord, suivant leur instinct; car, comme ni les uns ni
les autres n'ont jamais recours à des vents réguliers.

ils se conduisent sans règle. Il y a du bien-jouer pourtant à ce jeu; car, sans être plus hardis que d'autres, ni mieux montés, il y a des gens qui arrivent toujours plus vite que les autres, à ce que me dit M. Allyn.

Je crois qu'il doit être de ceux-là, malgré la lourdeur de son navire. Tu ne saurais croire combien de petits changements on apporte sans cesse à la voilure dans une journée où le vent nous paraît, à nous autres, le plus régulier dans sa force et dans sa direction. Il n'y a point ici de profits insignifiants; si petits qu'ils soient, on n'en laisse échapper aucun. Point d'à peu près. Je pense que peu de capitaines passent ainsi leur vie à guetter leur navire. Mais aussi, de cette façon, c'est un métier qui laisse peu de loisir. Quant aux pauvres matelots, je ne comprends pas comment ils résistent à ce mouvement perpétuel. Au reste, ils sont maigres et ont tous des mines tristes. Ils chantent cependant quelquefois, le soir, quand ils font quelque régal. Mais quels airs! tous propres à porter le diable en terre. Ils gagnent dix dollars par mois: c'est le prix américain; le contre-maître, vingt; le lieutenant, trente; le capitaine, soixante. J'ignore si, sur ces paquebots, le capitaine n'est pas mieux payé. Je te dis là le prix des équipages des navires ordinaires de commerce. Ici, où le capitaine doit être un *gentleman*, je pense qu'on le paye davantage. Au reste, les passagers sont pour lui un grand objet de profits quand ils sont nombreux; car, des sept cent cinquante francs que chacun paye pour son passage, deux cent cinquante francs appartiennent aux armateurs, pour le logement, et les cinq cents autres au capitaine, qui est chargé de tous les frais qu'occasionnent les passagers : la table, le linge, etc. Cet arrangement me paraît très-bien fait. Est-ce celui du *Général-Foy?*

En te parlant des inutilités du navire, j'ai oublié de te nommer la pharmacie. Hier, j'en ai fait l'inventaire exact, et, de compte fait, elle se compose de vingt-quatre drogues différentes ; car cela se vend par paco-tille de douzaines. Les pauvres navires se contentent d'un seul assortiment, et il y en a toujours deux à bord des vaisseaux bien tenus. Ces vingt-quatre drogues se promènent pêle-mêle dans un petit coffre. Il n'existe point de balance pour les peser. Un passager voulant se purger, je lui ai donné du sel d'Epsom (sulfate de magnésie) en en estimant la quantité à la cuiller. C'était une drogue innocente, et le plus ou moins n'avait guère d'inconvénient. Mais c'est aussi comme cela, dit M. Allyn, que les capitaines dosent l'émétique à leurs matelots malades. Au reste, ils varient leurs ordonnances non suivant la maladie présumée, mais suivant l'état de leurs provisions pharmaceutiques ; l'usage est de donner toujours de la drogue dont on a le plus, afin que l'assortiment voulu par les règlements de marine se consomme jusqu'au bout, restant toujours complet. Ce qu'il y a de plus plaisant, c'est, dit M. Al-lyn, que les matelots, en Amérique du moins, ont la plus grande confiance dans la médecine de leurs capi-taines. L'obéissance passive et inouïe dont ils ont l'habitude est peut-être pour beaucoup dans cette confiance. A terre, on ne sait pas ce que c'est qu'obéir; c'est ici qu'il le faut voir. Les corrections, les coups, sont inconnus, parce que la désobéissance est sans exemple. Il y a le même empressement pour se plier à toutes les volontés du maître, et, quelles que soient ses exigences, jamais sur la figure de l'homme qui obéit trace de mauvaise humeur. D'ailleurs, si le commandement est le plus impératif possible et le plus sèchement bref, il est exempt de toute brutalité ; jamais de mots grossiers ou injurieux. Cette manière ennuierait, je crois, à périr, des matelots français ; je pense qu'ils aiment mieux être malmenés souvent pour être caressés quelquefois ; du moins serais-je ainsi à leur place. Je n'ai pas encore vu M. Allyn adresser la parole à un de ses hommes. Le jeune lieutenant, quoiqu'il ne me semble être que très-imparfaitement un *gentleman*, qui mange à table, il est vrai, avec nous, mais tout au bout, comme un enfant en pénitence, et à qui personne ne parle, ne parle guère davantage lui-même aux matelots ; pourtant, il se mêle souvent à eux dans les manœuvres : ce n'est qu'une espèce de sergent-major relativement à des soldats. Quelle tension permanente de l'autorité ! Je m'attends à trouver toutes choses sur ce pied en Amérique : je veux dire les gens se mêlant là moins que partout ailleurs, et la société absolument l'inverse du gouvernement démocratique.

Quoique nous ayons fait déjà plus de la moitié du
chemin, M. Allyn pense que nous ne sommes pas encore à moitié de la durée du voyage. Peu m'importe :
je ne m'y plais pas, mais plus j'y resterai, mieux j'en-
tendrai l'anglais en en sortant.

J'aurais voulu, cher ami, t'écrire du Havre avant que
de partir; je voulais aussi écrire à notre père, et puis
je n'y ai pas eu le cœur. Là, j'étais encore trop près
de vous; mais, en Amérique, je vous écrirai ; car, tu le
vois bien, ici encore, que te dis-je? Voici quatre
grandes pages déjà, et de quoi t'ai-je parlé? De choses
sans doute bien indifférentes dans notre position. Mais,
pour t'exprimer tout ce dont mon cœur est plein, il
me faudrait de la solitude, du silence autour de moi,
du recueillement. Porphyre, ce que je ne te dis pas,
mon ami, je ne le sens que plus fort, et à notre père
pareillement. Tu fis bien de quitter le Havre il y a
vingt jours, puisque je m'embarquai le deuxième jour
après ton départ. Ces deux jours me parurent bien
longs... Tiens, je voulais passer cette soirée à t'écrire;
mais, je le sens, il vaut mieux que je te quitte. Je vais
sur le pont, mon cher, prendre de l'exercice, me fatiguer si je puis, afin de dormir ensuite. Adieu donc,
mon ami; c'est encore une triste vie que la mienne !

Jeudi 23.

En reprenant ce papier, je relis mes dernières lignes. Je voulais d'abord les supprimer, et continuer à t'écrire sur une autre feuille; mais à quoi bon? Pourquoi te dérober ces paroles de tristesse, de découragement peut-être, quand tu sais qu'il y a tant de peine au fond de mon cœur?

Hier matin, longtemps avant le lever du soleil, j'ai été brusquement réveillé par une secousse qui me jetait hors de mon lit. Les coudes ont payé pour le reste de la personne, et ce n'était qu'un de ces accidents que je ne compte plus. Je m'habillai, n'espérant pas me rendormir après un si désagréable réveil, et voulus monter sur le pont, où il faisait très-beau, quoique la mer fût très-forte. En route, je tombai par terre sur la tête, heureusement encore sans me faire de mal. La mer était fort grosse, et ç'a été la journée des chutes. Il y en a eu une malheureuse. Une vergue est tombée du haut d'un mât sur un pauvre jeune nègre qui sert de garçon de cuisine. Il a eu un des deux os de l'avant-bras cassé net. J'ai couru à lui, le voyant renversé, et, moi-même, je tombai fort rudement. Pendant ce temps-là, les matelots couraient au blessé. On le releva un peu évanoui; on lui secoua tous les membres pour voir s'il en avait de cassés. Le malheureux pleurait alors et criait de toutes ses forces, et, après l'avoir ainsi torturé quelques minutes, ces gens se regardaient

entre eux comme pour se demander s'il avait ou n'avait
pas quelque chose de cassé. J'arrivai alors, et je le tâtai
soigneusement. Je lui trouvai le radius cassé. Le cuisinier, qui est à moitié nègre aussi, le descendit en bas,
où, me trouvant le plus habile, sans comparaison, de
tous les gens qui étaient là, je n'hésitai pas à me charger
de la responsabilité du traitement. Je fis construire par
le charpentier un lit très-solide, où le pauvre diable
fut étendu et calé ; après quoi, je lui arrangeai le bras
entre des planches, de manière à tenir en rapport les
deux extrémités de l'os brisé. Tu penses bien si je le
soigne de mon mieux ! J'ai été dans cette circonstance
passablement révolté du sang-froid américain. Nous
autres, nous serions plus humains pour des bêtes. Sans
moi, le malheureux fût resté dans l'entre-pont, couché
ballotté sur des sacs ou du foin, le bras bandé tout de
travers par le cuisinier, qui est le seul bienveillant
pour lui. Au lieu de cela, il a un lit convenable, il sera
aidé, soulevé, pour satisfaire à tous ses besoins, sans
remuer son bras, etc., etc. Un jeune passager français
vint de lui-même m'aider à le panser hier ; il fut le
seul, du reste : ni capitaine ni lieutenant, personne
enfin ! Ce matin, comme on se mettait à table pour déjeuner, j'étais près de lui, étant allé visiter son bras et
savoir comment il avait passé la nuit. J'arrivai ainsi à
table un moment après les autres. On me vit arrivant
dans la chambre par une porte qui ne conduit qu'au
quartier des matelots et où jamais aucun de nous ne
passe, et personne ne me demanda de ses nouvelles.

Jusqu'à ce qu'une autre vergue soit tombée sur la tête
d'un de ces messieurs, ils seront sans compassion pour
les blessés.

XI

A M. PORPHYRE JACQUEMONT, A PARIS.

A bord du *Cadmus*, le lundi 27 novembre 1826; 36° 33' de
latit., 57° de long.

Malgré des calmes, des vents contraires, et un jour
d'assez gros temps pour serrer toutes les voiles, me
voici, cher ami, bien près des côtes de l'Amérique.
Dimanche prochain, peut-être serai-je à New-York;
néanmoins la probabilité dit quelques jours de plus,
et la possibilité, de son côté (mais la possibilité ma-
thématique pour ainsi dire), quelques semaines encore.
Je m'abonne là-dessus à n'arriver que dans le courant
de la semaine prochaine. Ce sera encore une traversée
assez courte.

Le temps ne me dure pas. Je ne sais si c'est que, n'en
ayant plus beaucoup à passer ainsi, je veux employer
mieux celui qui me reste; ou bien que, me portant
mieux et pouvant m'occuper davantage, je le fais réellement; toujours est-il que j'emporterai du *Cadmus* tout
ce qu'il m'aura été possible. Ce matin, j'ai passé trois
heures à faire le plan très-détaillé, et passablement
exact, du pont du navire et de tout ce qui se trouve
dessus. M. Allyn m'a dicté l'explication de ma petite
figure, et je l'ai écrite, en anglais s'entend. Demain,

je dessinerai la mâture complète. Ensuite, je ferai deux coupes, une longitudinale et l'autre transversale, du bâtiment, demandant toujours à M. Allyn et écrivant une explication anglaise qui comprend la nomenclature 'de tous les objets figurés. Cela m'apprend d'abord l'anglais le plus usuel dans ce petit monde ambulant, les mots que j'entends sans cesse dans les manœuvres, et ensuite cela m'oblige à me rendre compte de toutes choses du bord, non à peu près, mais exactement.

Je viens enfin tout à l'heure d'atteindre l'objet de mon ambition, c'est-à-dire le sommet du grand mât. Les huniers à passer me sont maintenant tout à fait indifférents. Je chemine là-haut, avec précaution sans doute, lentement, mais sans crainte, librement, regardant chaque chose sous le nez, et faisant ainsi une multitude de petites découvertes impossibles pour moi d'en bas, à cause de mes mauvais yeux et du danger qu'il y aurait à mettre des lunettes ; car, avec elles, j'apprécie inexactement la distance des objets très-rapprochés, et il importe beaucoup ici de voir où l'on pose le pied.

Le jeune passager américain qui avait eu la complaisance de me faire lire et de me lire lui-même quelquefois de l'anglais paraît moins triste depuis huit jours, et il me propose de fréquentes leçons. J'ai le plaisir de sentir à la fin de chacune le progrès qu'elle m'a fait faire. Je m'acquitte comme je peux envers lui par toutes les prévenances possibles ; de sorte que chaque jour notre bon commerce s'étend davantage. Le

soir, quand la nuit vient arrêter notre lecture sur le
pont, nous fumons de mes petits cigares de papier,
qu'il aime comme moi mieux que tous les autres, et, ce
matin, je lui ai fait présent d'un de mes paquets de
tabac turc. Ma résolution, d'ailleurs, ne s'affaiblit pas.
Je parle anglais envers et contre tous, et je ne réduis
pas pour cela mon dire aux lieux communs de conversation qu'avec une mauvaise grammaire on apprend
bien vite à dire assez correctement dans toute langue
étrangère, et ce à quoi se bornent généralement, ce me
semble, la plupart des personnes qui commencent à
parler une langue sans la savoir. Je m'embarque dans
de grandes phrases, tête baissée, sans savoir comment
j'en sortirai ; il est vrai que je n'en sors pas toujours
en anglais ; mais enfin ce n'est pas du français tout
pur ; habituellement, cela est intelligible, quand l'é-
couteur est bienveillant. Je risque beaucoup, cela me
réussit dans le plus grand nombre de cas. Les fautes
que je fais, si grossières qu'elles soient, sont presque
toujours dans la vraisemblance, dans l'analogie de la
langue. C'est, par exemple, comme si un Anglais disait,
en français, *comprenable* au lieu d'*intelligible*. *Comprenable*, quoique non français, se comprend tout aussi
bien qu'*intelligible ;* quelquefois aussi je rencontre juste
par hasard. En vérité, je voudrais quinze jours de calme
pour arriver moins muet, et surtout moins sourd, à
New-York ; car entendre m'est toujours la chose difficile, et bien difficile, et je gagne bien plus lentement
de ce côté.

Mon jeune nègre (ou peu s'en faut) va extrêmement bien. Le gonflement qui suit d'abord la fracture est tombé depuis deux ou trois jours, et je l'ai aujourd'hui rebandé pour jusqu'à sa guérison, qui, j'espère, sera parfaite et prochaine. Je vais le voir deux fois le jour sur son grabat, que j'ai fait arranger exprès par le charpentier d'une manière convenable à sa situation. Ma visite maintenant n'est plus qu'un plaisir pour lui, elle le met en toute sécurité, presque en gaieté, pour les douze heures suivantes. D'ailleurs, depuis qu'il est retiré de la circulation, toujours même oubli total de lui. Personne jamais ne m'en a demandé des nouvelles. C'est comme s'il eût été tué ou jeté à la mer il y a un an.

Le soir du même jour.

Une chaleur vraiment incommode dans notre grande chambre : c'est là, mon bon ami, tout ce que je te dirai pour ce soir. Je descendais pourtant dans l'intention d'achever la soirée à causer avec toi. Mais cette chaleur est écœurante. De plus, comme nous marchons à l'ouest avec le vent de sud-sud-ouest, et qu'il est très-fort, le navire est excessivement penché, et il est très-incommode d'écrire. Que ce court bonsoir te suffise donc ; je remonte me rafraîchir sur le pont. Bonsoir.

Dimanche 3 décembre.

Des vents contraires ou du calme, voilà, mon ami, comme nous finissons notre voyage. Les autres passa-

gers s'accommodent mieux du vent contraire; moi du
calme : quand il est complet, on est peu remué alors, et
toujours on a le plus beau temps du monde; aujour-
d'hui, par exemple. Le capitaine dit maintenant que
cette enfilade de vents contraires peut nous mener loin,
c'est-à-dire durer longtemps; et, dès demain, nous serons mis à la ration de l'eau, ce qui m'est parfaitement
indifférent tant qu'on ne nous mettra pas en même temps
à la ration du vin, du cidre ou de la bière, car je n'en
bois pas. Et faire sa toilette avec de l'eau de mer doit
être une bien petite incommodité. Quand il pleut fort,
on recueille passablement l'eau qui dégoutte des voiles.
Cela déjà se fait depuis huit à dix jours; mais, jusqu'ici,
cette eau ne servait que pour la toilette des passagers
et la boisson des animaux encore vivants. Si, par impossible, la traversée se prolongeait beaucoup, on la
recueillerait avec plus de soin, et nous autres aussi en
boirions. Elle n'a qu'une fadeur très-légère, tenant
aux particules salées qui y sont dissoutes; car les
voiles sur lesquelles elle a coulé sont mouillées souvent
par l'eau de mer, et il y reste un peu de sel qui se dis-
sout dans l'eau de la première pluie.

Un des passagers est un vieux Hollandais qui a fait
souvent ce voyage, et qui pour cela n'en est pas plus
marin. Il a, comme le chevalier de Saint-Paul, ses idées
sur la chimie, ayant suivi comme lui les cours de
l'Athénée. Il prétend que cette eau de pluie est un poi-
son très-subtil, parce que l'oxygène, etc.; comme M. Gall
a fait l'hiver dernier quelques leçons à l'Athénée, et un

M. Auzou quelques-unes d'anatomie au moyen de pièces
en carton, pour la démonstration des parties, son explication des propriétés vénéneuses de l'eau de pluie
est à la fois anatomique et chimique. — Je commence à
croire juste la prédiction de M. Barnet, c'est-à-dire
quarante-cinq jours de traversée. Si ce sont des calmes qui lui donnent raison, je n'en serai pas fâché ; car
j'aurai lu quelque cent pages de plus en arrivant. Mes
lectures avancent maintenant assez vite, parce que je ne
trouve plus que peu de mots qui m'arrêtent. Mais, si
ce sont des vents contraires et du mauvais temps, alors,
malgré ma ferveur anglaise, je pourrai bien aussi désirer d'en voir la fin ; car on est tellement secoué quand
le navire serre de près un vent violent, qu'on ne sait
où s'établir pour lire ; et la soirée en bas, quand par
cette raison on peut s'occuper, est bien longue devant
ce tapis vert sur lequel les uns jouent tristement aux
cartes, et sur lequel les autres se couchent nonchalam-
ment, grognant par intervalles un petit monologue nau-
séeux. Il y a surtout un commerçant de Lyon qui me
semble un fier sujet pour le mal de mer. Il s'est embarqué un peu pour ses affaires, mais bien plus par
curiosité, et toujours il est malade, ne pouvant manger
ni dormir, et se désespérant sans cesse d'être venu. Un
autre, malade aussi, quoique moins constamment, fait
publiquement l'énumération des biscuits de Reims et
du linge sale que les souris lui ont mangé dans la nuit.
Aujourd'hui que la mer est unie comme une glace, et
qu'il est assez ferme sur ses pieds, il prend les choses

gaiement ; il parle de ses bonnes fortunes. Le reste est
à l'avenant. Mais tout cela sans ridicule comique, sans
gaieté, tout uniment avec la plus parfaite platitude.
J'aimerais certainement mieux revenir sur un bâtiment
de commerce où je serais seul passager. Néanmoins,
je ne puis me plaindre de l'intention d'un chacun.
Elle est sans doute tout à fait bienveillante à mon
égard, et elle doit l'être, parce que je ne néglige aucune des attentions de politesse et de bon voisinage
qui doivent l'entretenir ainsi, mais je ne puis franchement louer en eux que l'intention : — mon jeune maître
d'anglais excepté.

Je vais te quitter, mon cher Porphyre, et l'aller retrouver sur le pont, où nous reprendrons noire lecture.
Si j'étais seul à cette table, dans cette chambre, par
un beau jour comme celui-ci, calme et dispos moi-
même, je te parlerais d'autres choses. Mais il y a près
de moi un homme qui, se trouvant mieux aujourd'hui,
essaye ses forces et veut lire un des livres anglais du
bord. Il a choisi sans discernement le plus difficile, et
à peine sait-il quelques mots d'anglais ; aussi m'inter-
rompt-il sans cesse pour quelque explication. J'ai beau
être bref, comme je reste toujours poli, il ne comprend
pas qu'il est indiscret, et, pour le lui faire comprendre, il faudrait le lui dire si clairement, que j'aime
mieux quitter le salon, et remettre à mon arrivée le
triste plaisir de t'écrire avec intimité. Ce sera un plaisir parce que je sens, mon ami, que c'est un devoir
que j'ai à remplir avec toi. Il me peine souvent de ne

5

pouvoir le faire, et je trouverai de la douceur dans son accomplissement. C'est plus, c'est aussi un besoin pour moi. Adieu.

Le soir du même jour.

Voici un mois aujourd'hui que je suis parti, et à peine me semble-t-il qu'il y ait huit jours que je t'ai quitté, mon ami; pourtant ce temps s'est écoulé tristement. Mais les jours se succédaient avec uniformité; rien pour moi n'emplissait le temps, rien n'en marquait la durée. Aucun événement n'y a laissé sa trace; il ne me reste de tout ce mois que le souvenir confus des pensées tristes et indécises, des sentiments vagues et irrésolus qui m'ont agité tour à tour. Il me tarde à présent d'arriver.

Mais le vent est absolument contraire. Nous faisons soixante lieues chaque jour, aujourd'hui vers le nord, demain vers le sud, sans pouvoir presque rien gagner vers l'ouest. Ce vent qui nous éloigne nous arrive encore refroidi par le continent qu'il a balayé, et, malgré l'influence de la latitude méridionale où nous sommes, malgré les rayons d'un beau soleil brillant sur un ciel pur, nous commençons à nous vêtir davantage pour rester quelque temps sans mouvement sur le pont. Ce temps peut durer. Il représente les vents d'est sur les côtes de l'Europe.

Chacun, depuis trois jours, reçoit deux bouteilles d'eau le matin; c'est pour tous les besoins. On en abandonne une pour les besoins de la cuisine, et générale-

ment on boit l'autre pendant les repas. Il n'y a ainsi
aucune privation ; à ce compte, nous pouvons vivre, je
crois, jusqu'au 15 janvier. Cette mesure, dit M. Allyn,
évite un gaspillage incalculable. Je m'étonne qu'elle ne
soit pas adoptée dès le premier jour de l'embarquement.

Le vent soufflant aujourd'hui avec une parfaite ré-
gularité, il n'y a point de manœuvres à faire ; les matelots sont assis en deux ou trois groupes au soleil,
sur le pont ; ils lisent la Bible, dont chacun d'eux a un
exemplaire dans sa poche. Pendant la semaine, lorsqu'ils ne sont pas nécessaires à la manœuvre, on les
emploie à divers ouvrages : à peindre, à graisser, à
nettoyer le navire, à faire des cordages, à réparer les
vieilles voiles, à en faire de neuves. Le dimanche, sur
la plupart des navires américains, on respecte leur
loisir ; ils ne servent absolument qu'aux manœuvres
indispensables à la marche du vaisseau ; on évite de
les déranger de leur lecture religieuse. Cela se fait
avec une discrétion parfaite et sans la moindre affec-
tation. J'ai été tout à fait touché.

Mercredi 6 décembre au matin.

Nous étions hier à 72° de longitude et 35° de latitude. New-York est à 74° de longitude et 40° de latitude. Ainsi, mon cher ami, nous voilà bien près du
terme de notre voyage. Le voisinage du but se fait
apercevoir déjà. Tout à l'heure, en montant sur le

pont, j'ai distingué deux voiles vers le nord; hier déjà nous en avions vu une première. En outre, on commence la toilette du navire; car, pendant le voyage, il est beaucoup plus négligé encore que les passagers. Mais il se fait superbe pour arriver, comme il était beau pour partir. C'est comme les diligences chez nous, qui partent et arrivent au galop et qui vont au petit pas sur la route. Au fond, ce luxe de propreté qu'on montre dans le port et qu'on oublie si vite à la mer est inutile, il n'ajoute rien à la commodité réelle. Son mérite est d'engager les promeneurs du Havre à se laisser traîner à New-York pour sept cent cinquante francs.

J'ai écrit hier à Frédéric, afin que, si je trouvais en arrivant un navire prêt à partir pour son île, ma lettre pût lui être remise aussitôt. On me dit ici que les relations sont fort multipliées entre Haïti et New-York. A toi, mon ami, et à notre père, je vous écrirai par tous les paquebots. Il faudrait, pour que je ne le fisse pas, que je fusse en voyage un peu loin de la mer; mais alors je vous préviendrais à l'avance. Je vais débarquer bien portant. M. Allyn prétend que j'ai beaucoup meilleur visage et que je suis moins maigre qu'au Havre. C'est possible et je le crois. Je sortirai donc du navire pas trop meurtri. Nous avons eu hier du très-gros temps; je tombais comme la grêle ou comme tout le monde, car M. Allyn lui-même tomba deux fois. Une de mes chutes fut plus violente, et il m'en reste le souvenir cuisant d'une assez grande écorchure à la jambe. Cela n'est, d'ailleurs, absolument rien. Je fais

des vœux pour le prompt voyage de *l'Édouard-Quesnel*,
qui doit m'apporter vos premières lettres, car ce long
monologue m'est bien triste. Je te demande, cher Porphyre, trois de tes soirées par mois. Songe combien
je vais me trouver seul dans ce pays lointain, combien
j'y serai réduit à ne vivre pour ainsi dire que de curiosité. Il le faut peut-être; cependant je ne crains pas
les émotions qui me viendront de toi ou de notre
père. J'éprouve l'effet du temps, en ce sens qu'il
change la nature de mes regrets, de mes peines; mais,
jusqu'ici, mon ami, il n'en a pas adouci l'amertume.
Adieu, Porphyre, adieu.

Jeudi 14.

Adieu. On vient prendre mes lettres, je n'ai que le
temps de t'embrasser.

XII

A M. JACQUEMONT PÈRE, A PARIS.

New-York, mardi 12 décembre 1826 au soir.

Mon cher père, je suis arrivé ici vendredi soir —
dans la nuit, le 8. Le lendemain, je suis descendu dans
la ville, je suis allé trouver Stevenson, qui n'a pas
voulu me laisser demeurer ailleurs que chez lui, en
attendant que lui ou le capitaine Allyn m'eût trouvé
un *boarding-house*. M. Allyn en a découvert un où il

m'a amené hier matin, le croyant convenable pour
moi; j'y suis donc présentement établi, mais pour une
seule semaine, je pense, car je le trouve trop cher :
sept piastres par semaine, c'est-à-dire trente-sept
francs. D'ici à lundi, j'espère en trouver un où j'en
serai quitte pour cinq piastres, peut-être même pour
quatre, ce qui absolument serait bon marché.

Stevenson m'a mené chez son beau-frère, l'avocat
général de ce district, évidemment un des hommes les
plus distingués de ce pays, et une excellente famille, les
meilleures gens du monde. A cette heure, j'en reviens,
et pour la deuxième fois déjà. Il y avait assez de
monde; des gens de loi surtout, qui sont les honnêtes
gens en ce pays-ci. Ils ont, en outre, pour moi l'avantage de parler très-distinctement, et j'ai le plaisir de
les comprendre tout à fait quand ils parlent, tandis
que je ne comprends encore les autres qu'à peu près,
pour peu que leur phrase soit longue.

J'ai vu M. Réal chez Stevenson, avant d'avoir pu
aller chez lui. Il a été fort aimable pour moi, et très-
touché de votre souvenir. M. Allyn, qui est pour moi
d'une complaisance extrême, m'a mené porter les
lettres de recommandation que M. de la Fayette m'a-
vait envoyées. Cela m'est agréable, parce que, lui, je
l'entends mieux que les autres, et il me sert d'inter-
prète sans cesser de parler anglais, pour m'expliquer
leurs réponses, qui me seraient quelquefois inintelli-
gibles.

Au reste, il ne faut pas que je sois trop modeste.

Pour n'être resté que trente-cinq jours à la mer, et en
compagnie si peu faite pour m'exciter à parler, je m'en
tire très-passablement, et je crois que, dans un mois,
je parlerai et comprendrai (aux incorrections près)
parfaitement et partout. Pour hâter ce résultat, je vais
suivre les sermons, les tribunaux, où j'aurai le plaisir
d'entendre M. Maxwell, qui parle admirablement bien,
et les deux théâtres où l'on joue les tragédies de
Shakspeare. J'apprendrai aussi bien d'autres choses,
tout en apprenant l'anglais.

Alors, je quitterai New-York pour aller à Philadelphie, qui est la ville intellectuelle des États-Unis;
puis à Washington, où le Congrès est assemblé jusqu'au printemps. Il y a un autre voyage que je dois
faire, celui des Lacs, au Nord. Je ne sais encore si je
commencerai ou si je finirai par là. Il y a le pour et le
contre à cet égard. Voyager, quand on le fait aussi modestement que je puis le faire, n'est pas aussi cher en
ce pays que résider.

Demain, je vais commencer à parcourir les environs.
Il fait froid; mais, je ne sais, il me semble qu'il s'est
opéré dans mon tempérament un changement très-
sensible à cet égard. Je ne suis plus frileux comme autrefois.

J'écrirai beaucoup : tout ce que j'aurai vu de choses
nouvelles dans le jour, et ce que ces choses m'auront
fait penser. Peut-être, plus tard, pourrai-je faire quelque chose de cela.

Je voudrais, mon cher père, vous parler intimement,

et pourtant je ne le puis; j'arrive presque, il n'y a pas
encore assez de calme dans mes sentiments, assez
d'ordre dans mes idées. Je suis encore trop sous l'influence de souvenirs, de souvenirs bien divers, qui, se
succédant tour à tour dans ma pensée, la tiennent encore perpétuellement mobile. Cet état est misérable.

14 décembre.

M. Allyn, qui est pour moi le plus complaisant du
monde, va venir tout à l'heure prendre mes lettres
pour les faire partir par le navire du 15, *le Don-Qui-
chotte*. Le 1er janvier, il se chargera lui-même de mon
second paquet. Adieu, mon cher père; je vous quitte
pour écrire à M. de la Fayette. Je dois aussi quelques
lignes à M. Laubespine, et enfin je veux dire à madame Lebreton des nouvelles de Stevenson et de la
famille Parmentier. J'ai été si occupé tous ces jours-ci,
mes journées ont été si coupées par tous les premiers
soins de l'arrivée, les présentations, etc., etc., que je
n'ai pu trouver une heure de calme pour causer avec
vous. Mais, d'ici à quinze jours, je le ferai largement.
Adieu donc, mon cher père; je vous embrasse de toute
mon âme.

XIII

A M. PORPHYRE JACQUEMONT, A PARIS

New-York, 14 janvier 1827, dans la nuit.

Cher ami, il est bien tard. Ma lettre à notre père m'a mené plus loin que je ne le pensais. Mais elle est écrite à toi comme à lui. Comme je te confonds avec lui dans mes affections, ma pensée s'adressait à vous deux ; car tu es aussi un père pour moi, Porphyre.

Ta lettre du 27 novembre (C) est la première que j'aie reçue de vous depuis que je vous ai quittés. Le lendemain de ce jour-là, j'ai reçu tes deux premières avec celles de notre père, comme je le lui ai dit.

Je viens de relire encore les tiennes ; je vais y répondre par ordre, lorsque je ne l'aurai pas fait déjà dans les deux feuilles que je viens d'écrire à notre père.

Dis à Dunoyer, quand tu le rencontreras, combien je l'aime. Écris à M. Edwards (rue du Helder, n° 12) ceci : « Monsieur, mon frère me charge de vous dire qu'il est à Saint-Domingue pour deux ou trois mois, *près de la mer*; que, si vous voulez quelque chose de lui, vous le lui écriviez en m'adressant votre lettre, que je lui ferai passer. » Cela suffit.

Il entre tant de navires ici, qu'on n'y fait pas plus

d'attention qu'aux gens qui passent dans la rue. C'est ainsi par le plus grand des hasards que j'ai appris ce soir l'arrivée de M. Godard, venant de Saint-Domingue par un navire des Cayes, et déjà depuis plusieurs jours. Je le verrai demain avant mon départ. Je n'ai point reçu de lettre de Frédéric.

M. Lacoste est à cinquante lieues d'ici, chez le comte de Survilliers. Il n'est pas venu en ville depuis que je suis ici.

Une des personnes auxquelles M. de la Fayette m'avait adressé ici, le général Morton, qui commande l'artillerie de la milice de cet État, et par qui j'ai été extrêmement bien accueilli, m'a donné une lettre de recommandation très-chaude pour le ministre de Boyer, le général Inginac, avec le fils duquel je m'étais rencontré au dîner de la *Revue encyclopédique*.

Oui, j'ai vu au Havre, avant que de partir, le jeune frère de M. Godard. J'ai passé une fois deux heures avec lui, très-satisfait.

Tout ce que tu me dis, cher ami, dans ta lettre (B) du 24 novembre a rapport à l'affaire du Jardin des Plantes. Comme je suis touché des pensées ingénieuses de ta tendresse sur cet objet ! Je t'ai répondu à cet égard en même temps qu'à notre père.

Combien je te remercie d'être revenu sur ces choses, de me les avoir redites en détail, autant que tu le pouvais, dans ta dernière lettre (C), que j'ai reçue la première de toutes. Tu les répétais, me disais-tu, dans l'idée que les deux premières pouvaient se perdre, et ne m'être point parvenues, et c'est, en effet, ce que je crus pendant vingt-quatre heures, ne les recevant pas dans l'ordre de leur date ni de leur départ du Havre. Mais Chaper aura oublié d'affranchir la sienne, et tu sens combien elle me manque.

Finances. — Je suis parti avec deux mille francs dans ma bourse et une trentaine dans ma poche, qui ont été dépensés pour le voyage. Il y a aussi les postillons à payer sur les paquebots! Enfin, pour donner au gouvernement américain l'assurance qu'il a apporté des ressources suffisantes à son entretien, chaque étranger, en arrivant en Amérique, doit payer un dollar et demi. C'est une taxe équivalente à celle des passe-ports en Europe.

J'ai changé cinq cents francs contre quatre-vingt-treize dollars soixante-quinze cents. Toutes mes dépenses payées ici pendant quarante jours de séjour, et ma traversée jusqu'à Port-au-Prince payée (quarante-cinq dollars), il m'en restera quelques-uns en y arrivant.

Donc, j'arriverai à Port-au-Prince avec quinze cents francs. J'espère que j'y dépenserai peu d'argent.

J'en aurais moins dépensé ici si mon séjour avait dû être plus long. Mais j'ai voulu voir le plus possible, et ainsi bien des petites dépenses extraordinaires ont été réunies sur un temps plus court. J'espère, cher ami, que ce que tu m'as donné en partant suffira aux dépenses de mon retour.

Parle de moi à M. de Pérey, et, quand tu iras de

l'autre côté des ponts, à tous nos amis enfin. Mets mes
pierres où tu voudras, elles ne craignent pas l'humidité.
Si tu pouvais couvrir avec des feuilles de papier gris
ou des serviettes la tranche supérieure de mon herbier,
pour empêcher la poussière de tomber entre les feuil-
lets, ce serait utile.

Adieu, mon ami, adieu ; je t'embrasse de tout mon
cœur. Parle de moi à M. Rose-Georges, dans l'occasion. Adieu, adieu.

XIV

A M. JACQUEMONT PÈRE, A PARIS.

New-York, 25 janvier 1827.

Mon cher père,

Je suis depuis dix jours retenu ici par les glaces,
m'attendant chaque jour à partir le lendemain et ne
le pouvant jamais. Enfin, c'est pour demain. — La
rivière d'Hudson (ce qu'on appelle ici la rivière du
Nord), à l'embouchure de laquelle le brick sur lequel
j'avais arrêté mon passage était ancré, a été entièrement couverte de glace ; on l'a traversée à pied. Cela
arrive rarement. Enfin deux journées moins froides,
secondées par les marées, ont rompu cette glace, et,
demain, je pourrai partir. Le navire est mieux fourni
que je ne croyais. Nous sommes trois passagers, et l'un

de nous est un capitaine de navire; ainsi notre petit
équipage est très-utilement renforcé en cas de besoin.

Il est enfin arrivé un navire de Port-au-Prince il y
a huit jours ; il a apporté à M. Godard et à Stevenson
des lettres de Frédéric, mais du 10 décembre seulement, et *le Général Foy* n'était pas encore arrivé à
Port-au-Prince, en sorte que Frédéric ignorait entièrement mon voyage en ce pays et ne parlait pas de
moi. D'après ce qu'il mande à M. Godard, je suis sûr
de le trouver dans son île, et, d'après ce que m'a dit
encore M. Godard, je pourrai coucher sous le même
toit, manger avec lui, le tout avec une très-faible augmentation dans la dépense de son petit ménage; car
ménage il y a, selon la mode du pays que vous savez.
Mais, je crois, par une circonstance assez rare, la partie
adverse est une personne aisée qui ne lui coûte rien
du tout et pas trop noire, un peu jaune seulement, et,
d'ailleurs, on n'y regarde pas de si près là-bas, m'a dit
M. Godard. Au reste, je lui payerai, bien entendu, ma
dépense. J'aurai toute sorte de facilités pour faire de
l'histoire naturelle sans aucun danger, dans les parties salubres et tempérées, dans les mornes (montagnes), où il y a le même climat qu'à Mexico. M. Godard me dit que trois ou quatre amis de Frédéric, ayant
là des habitations, seront les plus heureux du monde
de m'y recevoir et de m'y héberger. Au reste, fiez-vous
toujours à mon extrême prudence.

J'emporte d'ici deux ouvrages de botanique dont
j'aurai besoin; ils sont rares et chers. Ils ne se trou-

vaient ici chez aucun libraire. M. Cooper, mon généreux correspondant de New-York, m'a cédé les siens,
ou prêté, je ne sais encore à laquelle de ces deux conditions il vient de me les envoyer. S'il me les a cédés,
je suis convenu avec le frère de Stevenson, libraire, de
faire venir de Paris un exemplaire de chacun d'eux
pour les lui restituer. Ce sera une affaire de cinquante
ou soixante francs. Ces livres sont le *Genera plantarum*,
de M. de Jussieu, un volume in-8°, et le *Synopsis plantarum*, de Person, deux volumes in-18. Je ne possédais
dans ma petite bibliothèque ni l'un ni l'autre ; quelquefois, bien souvent du premier, j'en éprouvais le besoin ; maintenant, ils me sont indispensables.

Il gèle ici depuis le 22 décembre, et dernièrement
la gelée était de 16, 17 et 19 degrés centigrades, avec
un vent affreux, une sécheresse excessive ; enfin un
temps qui m'aurait abîmé la gorge il y a quelques
années. Je n'ai pas été malade, mais j'ai cruellement
souffert. J'éprouvais le commencement de l'asphyxie,
un sommeil continuel et irrésistible. Cette singulière
disposition a duré chez moi dix jours, tant qu'a duré
l'extrême froid. Aujourd'hui, et depuis hier qu'il n'y a
plus que 6 ou 7 degrés centigrades au-dessous de 0,
elle est presque passée. J'étais stupide en même temps
qu'endormi.

Je me fais un tableau bien doux du terme de mon
voyage. Je me vois déjà auprès de Frédéric, et, quelques jours après, très-près de chez lui, de Port-au-
Prince, mais à six mille pieds au-dessus, dans le plus

salubre et le plus délicieux de tous les climats, entouré
de mille objets d'études.

J'ai fait, depuis quinze jours, de très-grands progrès
dans l'intelligence de l'anglais. Je ne parlerai pas
très-bien cette langue en revenant en Europe ; mais je
la parlerai *fluently*, facilement. Mon séjour ici m'aura
procuré cet avantage. Je me trouve aussi bien des
idées que je n'avais pas il y a quarante-cinq jours,
quand j'arrivai ici. Enfin je ne verrai pas que des
plantes et des pierres à Saint-Domingue : c'est aussi
un lieu curieux sous bien d'autres rapports. Adieu,
mon cher père. Adieu aussi, Porphyre ; je ne t'écris pas,
il est trop tard. Vous recevrez cette lettre avec celles
qui devaient partir par le navire du 15, *l'Édouard
Quesnel*. Elles arrivèrent trop tard. Adieu, adieu ; je
vous embrasse de cœur.

XV

A M. PORPHYRE JACQUEMONT, A PARIS.

Port-au-Prince, 29 février 1827.

Mon cher Porphyre, je me suis embarqué à New-York
il y a aujourd'hui un mois, le 20 janvier, et je suis très-
heureusement arrivé ici le 18, après une traversée un
peu longue, mais très-douce, pendant laquelle j'ai pu
travailler, m'occuper à mon aise. Le jour même de mon
arrivée, j'ai écrit à notre père par un navire qui allait

aux États-Unis. Cette lettre-ci sera portée à Rochefort par la goëlette de guerre *la Mésange*, qui part demain, et je pense qu'elle arrivera avant l'autre. Je te redirai donc ce que j'ai dit, dans celle-là, à notre père : que j'ai trouvé Frédéric ici, bien portant, point si vieilli qu'on me l'avait dit, tant s'en faut, et commodément établi avec une femme assez jeune, assez jolie, assez blanche et très-bonne. Elle a, m'a-t-on-dit, quelque bien ; elle est, en outre, comme toutes les femmes de ce pays, marchande, et a sa maison à elle dans la ville. Frédéric est là comme le mari, et comme un mari passablement impérieux. J'y déjeune, j'y dîne ; je demeure ailleurs, je couche dans une grande chambre vide de l'immense magasin qu'occupait ici la maison Lacoste et Ce ; c'est à cent pas de chez Frédéric, ou de chez sa femme, si tu l'aimes mieux. Le ménage de celle-ci est tout à fait confortable, et l'on m'a dit que cela n'était pas onéreux à Frédéric, cette femme étant aisée. Je présume qu'il lui paye sa pension, comme il le ferait à l'auberge, comme je le faisais à New-York dans la famille où je vivais. On m'a dit, d'ailleurs, qu'ils s'aimaient beaucoup l'un l'autre ; je le crois de Frédéric, et cela me paraît évident de sa femme. Quand je dis femme, c'est parlant selon la coutume du pays, où le sacrement de mariage est un de ceux dont on use le moins. Tout cela n'est, bien entendu, qu'à la détrempe. Il y a deux ans, m'a-t-on dit, que ce marché dure : pas d'enfants. Rien de plus rare ici que les mariages légaux, et ce qu'il y a de singulier, c'est qu'il y a beaucoup plus de fidé-

lité dans ces mariages irréguliers que dans les nôtres,
faits avec accompagnement du maire et du curé.

La salubrité est parfaite dans cette ville depuis six
mois. Le docteur Sobet, le médecin et l'ami de Frédéric, un homme bon et instruit avec lequel j'avais eu
de loin quelques rapports en faisant diverses commissions, des achats d'instruments, etc., etc., qui a établi
ici une maison de santé, se désole : point de malades.
— Il me semble que nous nous sommes plu l'un à l'autre, et, de mon côté, je n'ai rien négligé pour l'attirer.
C'est ici l'homme dans la conversation duquel je puis
le plus apprendre. Il m'a dit que tous les gens qui
étaient morts étaient morts par leur faute ; les uns par
peur de mourir, les autres par des excès, d'autres enfin
très-innocemment par le fait de leur constitution san-
guine et apoplectique. Pour moi, je n'ai nulle peur, je
n'ai pas même l'idée du danger. Je ne le conçois pas,
pas plus qu'à la mer je ne le concevrais sur le plus
mauvais navire. Je serai sage comme une image, et je
suis éminemment peu athlétique; d'où je conclus que
je continuerai à faire comme j'ai fait depuis huit jours,
à me porter parfaitement bien dans l'exercice le plus
régulier de toutes les fonctions, avec le sentiment continuel du bien-être physique. Je m'aperçois aussi de
l'heureuse influence de cet état physique sur le moral. J'étais souvent stupide à New-York, rendu tel par
le froid qui me figeait tout, le sang et le cerveau. Ici,
ma disposition est sereine et je travaille avec facilité;
au reste, elle ne m'a jamais été plus nécessaire, car

j'ai tout à étudier, à connaître. Tout ici est nouveau
pour moi, c'est comme si je fusse tombé dans la lune.
Jusqu'ici, j'ai été dérangé de ces études, auxquelles je
vais me livrer sans partage, par les connaissances nouvelles, etc., etc., et tout le train d'oisiveté de la ville.
Hier, par exemple, j'ai été invité comme Frédéric et
mené par lui au bal masqué du mardi gras à bord de
la frégate française qui commande ici notre escadre.
Frédéric est l'ami de tous les officiers et des comman-
dants. Le matin, j'étais allé faire une visite au secrétaire d'État, le général Inginac, pour qui j'avais une
lettre de recommandation la plus chaude, la plus aimable, du bon vieux général Morton, que je voyais à
New-York et auquel j'avais été adressé par M. de la
Fayette. J'ai été parfaitement bien reçu, et l'on m'a fait
les offres de toute sorte de facilités pour voyager dans
l'intérieur du pays lorsque je le désirerai. Ma première semaine a été ainsi un peu remplie de soins de
toute espèce. Mais, demain, Frédéric me mène passer
un mois à une lieue d'ici, à la montagne, dans l'habitation d'un négociant de ses amis qui, forcé de rester
en ville maintenant, veut bien la lui prêter. Je serai là
admirablement bien sous tous les rapports, santé,
étude, économie. Économie! cela me fait penser à te
parler argent. Je suis arrivé ici le 18 de ce mois avec
neuf cent quarante francs en napoléons dans ma poche et un billet de cent treize gourdes (et une fraction)
à tirer sur Frédéric (sur la maison Lacoste et Cᵉ), plus
deux gourdes dans ma bourse; d'où tu vois que, de-

puis le jour de mon débarquement à New-York, le
8 décembre, jusqu'à mon débarquement ici, 18 février
(c'est-à-dire soixante et dix jours), j'ai dépensé cinq
cent cinquante francs; ce qui fait environ huit francs
par jour en moyenne.

Je ne sais ce qu'il m'en coûtera ici. Naturellement
je payerai ma pension à Frédéric, quoique je sois persuadé qu'il m'enverra promener quand je lui parlerai
de cela. Je l'y contraindrai néanmoins. Devant à nos
amis, je ne trouverais pas qu'il fût délicat de sa part
de me faire un cadeau, quelque léger qu'il fût; moi,
du moins, je ne pourrais l'accepter. Cela ne sera pas
cher. Je t'ai dit que j'ignorais ses arrangements inté-
rieurs avec sa soi-disant femme. J'ignore si c'est à lui
ou à elle que je devrai payer ma petite pension. Il paraît bien le maître absolu et diablement absolu de la
maison; mais je ne sais qui prend les embarras du
ménage, etc... De tout ce qui est intime dans ses rapports de toute espèce, je ne sais absolument rien; et
comme, s'il ne m'en a dit mot depuis huit jours, ce ne
peut être par oubli, mais seulement par la volonté de
ne point m'en parler, il eût été indiscret de ma part
de commencer. Je me borne à faire tout ce que je puis
pour provoquer sa confiance, son abandon. Je suis
sérieux, tendre, caressant avec lui. A la campagne, je
crois, j'espère que le cœur lui débondera et que je
connaîtrai l'intérieur de sa vie. Ici, ces épanchements
seraient sans douceur. Ils seraient exposés sans cesse à
être troublés, sa maison étant celle du bon Dieu, tout

le monde y venant, entrant, sortant à toute heure du
jour. Ce genre de vie me serait odieux.

Par le moyen du docteur Sobet, que l'exercice de sa
profession et sa bonté font ici l'ami de bien des gens,
j'en connaîtrai plusieurs; je parle de ceux du pays,
bien entendu. C'est de ceux-là surtout que je suis curieux. Déjà il m'a mené chez le curé en chef de la ville,
un homme de couleur, ci-devant curé dans la partie
espagnole de l'île, instruit, bon, tolérant. M. Sobet me
dit, et je le crois tout à fait, qu'ils ne sont ni si bons,
ni si mauvais qu'on le dit. Ils sont extrêmement polis.
Jamais les blancs ne sont insultés, et, pour peu qu'ils
veuillent être strictement polis, leurs politesses leur
sont rendues au centuple. Mais la fierté !... mais la
morgue!... Moi, je n'ai pas de tout cela, et je suis persuadé que le peu de rapports que j'aurai avec eux seront très-agréables.

Je ne te dirai pas vaguement que la chaleur est
forte, ou très-forte, ou excessive. Je te dirai mieux que
cela : le thermomètre, le thermomètre de Réaumur,
marque tous les jours, de onze heures à quatre heures, de 20 à 22 degrés. C'est très-chaud, mais non pas
excessivement. Durant tout le mois de juin 1822, que
j'ai passé à Grenoble, il était à 25 au dehors et à 24
dans la chambre que j'habitais au nord; c'est le terme
auquel il monte et se tient ici durant l'été. Tu vois
donc que la chaleur est ici grande sept ou huit mois
de l'année, très-grande pendant quatre ou cinq mois;
mais excessive, mais telle qu'elle est trois ou quatre

jours de chaque été à Paris, jamais. — Ensuite, ce
qui la fait porter légèrement, c'est qu'il y a toujours
de l'air. La brise de mer et la brise de terre sont parfaitement régulières dans leur retour. Elles ne varient
que dans leur intensité. Entre l'une et l'autre, le soir
et le matin, il y a un moment de calme, quelques minutes ou une heure, deux heures. Quand ce calme se
prolonge un peu, alors il y a de la pluie; c'est toujours
entre la brise du jour et celle de la nuit, le soir à huit
ou neuf heures; c'est le moment chaud du jour, le
plus chaud, non pas pour le thermomètre, mais pour
les animaux, parce que l'abaissement du thermomètre
(d'ailleurs très-faible) est à cette heure plus que com-
pensé par l'absence d'air. Moi, frileux, je trouve que
ce climat est la perfection et je n'y voudrais rien changer. Chaque constitution a ses exigences, il satisfait
celles de la mienne merveilleusement. Je mange et
dors bien, je me sens fort dispos, je porte la vie avec
plaisir, avec légèreté. On couche entre deux draps
sans couvertures, elles sont inconnues. Ordinairement, on est enfermé, comme chez nous, en Provence,
dans une moustiquaire; je n'en ai pas et suis mangé
des cousins. Mais leurs piqûres sont exactement les
mêmes que chez nous, peut-être même moins doulou-
reuses. Ensuite, les nouveaux arrivés ont toujours la
préférence auprès d'eux. Dans quelques jours, je serai
moins bon à sucer et moins piqué.

Tous les soirs, de huit heures et demie à dix heures
ou dix heures et demie, heure à laquelle je me cou-

che, je lis de l'anglais à haute voix pour me rompre à
le prononcer et à le parler. J'ai eu, d'ailleurs, ici, depuis huit jours, souvent occasion de parler cette langue. A la campagne, je la parlerai avec Frédéric, qui
ne la possède pas aussi parfaitement que je le croyais ;
peut-être l'a-t-il un peu oubliée. Voilà tout pour aujourd'hui, cher ami ; ma première sera à notre père, et
longue et bien pleine de détails. Pourtant, *et cela est
bien vrai*, j'ai bien peu de temps : je peux employer
ici chaque heure si utilement pour m'instruire, que je
me fais scrupule d'écrire. Je suis bien content d'être
ici, c'est mon dernier mot. Quand je serai établi à la
campagne, que mes journées seront bien ordonnées,
alors, tout en travaillant davantage, j'aurai plus de loisir.
J'écrirai alors à madame Lebreton. Je suis parti de
New-York sans avoir reçu la lettre de Chaper, et au fait
cela m'est assez indifférent, amitié à part, puisque j'a-
vais écrit à M. Cordier que j'acceptais sa proposition.
Adieu, mon ami ; adieu, mon cher père ; ma pensée ne
doit plus être pour vous un sujet de tourment. Je suis
mieux, presque bien ; j'espère en l'avenir. Il est vraisemblable que je resterai ici trois mois, trois mois et
demi, et que je reviendrai par un navire anglais pour
parler plus longtemps cette langue. Ensuite, il est
bien vrai que les *aisances du voyage* me sont parfaitement indifférentes. A égalité de prix, j'aimerais
peut-être mieux le navire mal fourni (bien entendu,
cela ne portant aucun préjudice à la solidité et à la
sûreté).

La vie qu'on mène à bord des beaux paquebots
américains, et même à bord des beaux navires de commerce ayant de beaux emménagements pour les passagers, une bonne table et beaucoup de passagers,
cette vie-là ressemble beaucoup à la vie de café. C'est
tout ce que je déteste. Le temps s'use en politesses
banales qu'on est obligé de se faire les uns aux autres, parce que vos compagnons, gens de commerce
pour la plupart, n'ont pas l'habitude du travail, de
l'étude. Si vous restez dans votre coin à lire, à écrire
tout le jour, vous êtes mal vu, regardé comme un original, et un original un peu fier ou au moins très-peu
aimable. Ensuite, quand vous êtes huit ou dix, vous
n'avez pas votre coin, et moi, pour travailler, j'ai malheureusement besoin d'un peu de silence ou d'isolement. J'avais de cela, sur le très-petit et assez mauvais
brick à bord duquel je suis venu de New-York, beaucoup plus qu'à bord du grand et magnifique *Cadmus*.
Aussi m'y suis-je plu infiniment davantage. Je n'aime
pas le pain sec ni le biscuit sec sans rien à mettre
dessus; mais, dès qu'il y a quelque chose avec, et
quelque chose aussi à mettre dans l'eau pour boire,
je suis bien. Cette dernière fois, j'ai entièrement évité
le mal de mer, et je n'ai pas même eu une minute de
malaise le premier jour. Je me mis, dès le premier
repas fait à bord, à manger avec le singulier redoublement d'appétit que me donne l'air de la mer. Il faisait bien froid, cruellement froid, les trois ou quatre
premiers jours, et cependant je n'ai pas souffert hor-

riblement, grâce au violent exercice que je me suis
imposé de faire sur le pont, malgré la pluie. Le
soir, avant de me coucher, je buvais une grande tasse
de punch, et, à la faveur de la légère transpiration
qu'elle me causait, je m'endormais. Le froid aux pieds
ne me réveillait pas de trop bonne heure dans la nuit.
J'ai couché, ces vingt et un jours de navigation, dans
mes habits, charmé de cette manière expéditive. Les
dix ou douze derniers, ayant atteint le climat chaud,
mon costume était réduit à un pantalon de drap et à
mon gilet de flanelle. Du reste, point de chemise,
point de bas ni de souliers, point de barbe non
plus pendant ces vingt et un jours ; ma toilette consistait en un lavage complet et très-rude chaque matin
à l'eau de mer, et, ma foi, cette manière est bien
commode ; il est bien agréable d'aller nu-pieds sur
les planches. Le capitaine du navire avait une mise
un peu moins soignée encore que la mienne ; du reste,
bon homme, très-doux, très-obligeant, très-poli, avec
des mœurs un peu grossières d'ancien matelot ; son
lieutenant aussi et ses quatre matelots, des hommes
âgés, expérimentés, doux, polis, ayant couru toutes
les parties du monde et causant de la manière la plus
intéressante pour moi. A bord du *Cadmus* et de tous
les paquebots, les matelots sont comme une espèce
d'animaux à part, auxquels on ne peut parler, et
j'ai été charmé tout à l'heure de pouvoir connaître
plusieurs individus de cette classe d'hommes ; elle est
très-pittoresque.

Je voudrais, sur ce reste de papier, te parler de
Frédéric; mais en quelques mots je ne pourrais. Cependant... Eh bien donc, de ses affaires, positivement
je ne sais rien. Seulement, il me paraît certain qu'il
restera encore ici au moins tout le temps que je compte
y passer (trois ou quatre mois), terminant la liquidation
de la maison Lacoste et Ce; ensuite, il s'associera peut-
être avec un autre, et alors il restera ici ou bien retour-
nera à New-York rejoindre M. Godard et M. Lacoste.
Il me paraît aimé et très-considéré, très-respecté de
beaucoup de gens que je vois chez lui. Je le trouve trop
brusque, trop tranchant; il a une manière que je n'aimerais pas dans les autres, que souvent même je ne
souffrirais pas si j'étais les autres. Elle est singulière.
C'est un mélange de familiarité de collége, et ensuite,
quelques minutes après, souvent de brusquerie impé-
rieuse. Il faut qu'il soit bien aimé, très-considéré, pour
que tout cela passe, et, tout cela passant, ces aspérités
de l'écorce sont une preuve de l'excellence du fond.
Moi, au contraire, j'ai une manière sérieuse, douce et
polie, anti-offensive, qu'il serait, je crois, légèrement
tenté de mépriser dans un autre s'il ne savait très-po-
sitivement à quoi s'en tenir sur le principe de cette
douceur. Quoi qu'il en soit, je pense qu'avec une entière estime pour moi, il regarde cela comme un peu
de niaiserie, et je le laisse penser ce qu'il veut. Je présume que le succès qu'il a obtenu dans une malheureuse affaire a contribué beaucoup à lui donner ce ton
absolu, décidé, impérieux. Je blâme cela. Il est pour

moi plein d'attention, d'amabilité pour toutes les choses matérielles. Dans la conversation, à dîner, aux heures des repas, il tranche avec moi comme avec les
autres d'une manière qui ne serait point aimable si la
supériorité de son esprit, de sa raison, de son instruction, lui donnait l'avantage *d'avoir raison*. Mais, en
mon âme et conscience, je ne puis m'empêcher de sentir
que c'est ce qui n'existe pas, et je cède avec douceur, je
me retire du plus loin que j'aperçois la moindre dissem-
blance entre sa pensée et la mienne sur la chose du
monde la plus indifférente ; cela m'est utile. C'était un
défaut de mon caractère que celui-là qu'a Frédéric. Je
vais m'en corriger entièrement auprès de lui, parce
que, si je restais tel que j'étais, tel que j'avais été rendu
par les chagrins, par les malheurs, la corde ici rom-
prait du premier coup. Or, comme, entre frères, entre
frères comme nous, cela n'est pas possible, je me suis dit
que j'étais le plus raisonnable des deux, et j'ai pris le
parti de céder entièrement. Quand nous aurons vécu
quelque temps ensemble, Frédéric ne pourra manquer
d'être frappé de mon imperturbable patience, et, s'il
peut en deviner le secret, il en sera touché, et lui-même
sera corrigé. Adieu de nouveau, cher ami. Ceci est
pour toi et notre père. Je vous aime et vous embrasse
tous deux de tout mon cœur. Je t'ai parlé de notre
frère comme à lui. Mon ami, c'est que tu as dix ans de
plus que moi et que je te confonds dans mes sentiments
avec lui. Porphyre, je ne me rappellerai jamais sans
attendrissement notre dernière séparation et les jours

qui l'ont précédée. Frédéric est à peu près de mon âge, et je crois que j'ai le droit de te parler avec la même liberté de lui que de moi-même. Tu nous aimes et nous t'aimons l'un et l'autre assez pour cela.

XVI

A M. JACQUEMONT PÈRE, A PARIS.

Marquissant, près Port-au-Prince, jeudi soir 15 mars 1827.

Mon cher et excellent père,

Je vous ai écrit, il y a quatre jours, par un navire parti avant-hier, *la Diane*. Mais il y a encore un départ pour après-demain, et j'en profite pour vous dire quelques mots. Je ne veux pas laisser partir un seul navire pour France sans qu'il vous porte au moins l'assurance de ma parfaite santé, à défaut d'autres détails que je n'ai vraiment pas le temps de vous écrire. Ce sera pour nos causeries de l'après-midi dans quelques mois. Je suis ici, à Marquissant, depuis le 3 de ce mois. La composition géologique des montagnes environnantes est uniforme, elle est de peu d'intérêt; en outre, il n'y a pas d'accidents naturels, d'escarpements, de déchirures propres à les étudier, en sorte que je n'ai point à m'occuper de géologie en ce lieu-ci. Mais la végétation équinoxiale était toute nouvelle pour moi, et, depuis cinq heures du matin jusqu'à six heures du soir, je ne m'épargne point à l'étudier. Quel que soit le but

précis du voyage dans l'Inde (ce que j'ignore), il me
semble que la botanique ne peut manquer d'être un
de ses objets dominants. Il ne me suffit plus dès lors
d'avoir des connaissances botaniques, il me faut être
habile botaniste; je suis merveilleusement placé ici
pour étudier de manière à le devenir. Seul toute la
semaine, excepté le jeudi et le dimanche, que Frédéric vient avec quelques amis, lesquels ne me déran-
gent point de mon travail, ils ne font que m'égayer un
peu, ou du moins faire autour de moi un peu de bruit,
aux heures des repas, sans distraction, je donne à cette
étude toute mon attention sans partage. Il est bien entendu que tous ces objets que j'ai étudiés minutieuse-
ment, et maintenant comme un homme qui ferait son
métier de cette étude, il est bien entendu, dis-je, que
je les prépare pour les rapporter en France. Je compte
même que la collection que je rapporterai sera singu-
lièrement considérable pour la durée du séjour que
j'aurai fait en ce pays.

Aujourd'hui, par extraordinaire, j'ai passé toute la
journée dehors (c'est-à-dire depuis dix heures, et, auparavant, j'en avais travaillé cinq). J'avais été invité
avec Frédéric à déjeuner à bord de la frégate française par le commandant de la station, qui est un
homme extrêmement poli et même aimable; il s'appelle
M. de Melay. Mais je ne regrette pas ma journée, parce
que j'ai arrêté à bord le plan d'un voyage charmant
que je commencerai après-demain. M. de Melay envoie
une belle grande corvette de sa division aux Cayes,

pour aller dire je ne sais quoi au consul qui y réside
(regardez cela sur la carte). Le commandant de la corvette, avec l'agrément et même d'après l'offre de M. de
Melay à nous-mêmes, nous a proposé de nous mener
où nous voudrions sur la côte. N'étant pas pressé d'arriver, il se détournera de sa route directe pour les
Cayes; il ira nous mettre à terre aux Gonaïves (vers le
nord), c'est-à-dire à quarante lieues d'ici. Vingt-quatre heures suffisent pour cette petite traversée, vingt
même peut-être, et moins encore. Frédéric est très-lié
avec un négociant établi dans cette ville. Nous reste-
rons deux ou trois jours chez lui, suivant l'intérêt que
m'offriront les environs, où j'aurai papier, marteaux,
acide, etc., etc., ce qu'il faut enfin pour mes observations; tout cela porté avec moi sur la corvette (gratis).
Et je reviendrai avec Frédéric lentement, en trois ou
quatre jours, à cheval, Frédéric devant envoyer là,
demain, des chevaux avec un noir de confiance. Tout
cela coûte peu cher, tout ce monde-là, gens et bêtes,
vivant de presque rien : quelques figues-bananes pour
l'homme et de l'herbe pour les chevaux, qui sont petits, de mince apparence, mais infatigables, et, ce qui
vaut mieux, ayant tous les allures les plus douces, de
sorte qu'on voyagerait indéfiniment sans fatigue.

D'après ce qu'on m'a dit de cette route de Port-au-
Prince aux Gonaïves, elle m'offrira bien de l'intérêt,
et je me fais une fête de l'idée de ce voyage.

Le bon vieux général Morton, de New-York, pour
lequel M. de la Fayette m'avait donné une lettre de re-

commandation, m'en remit une à mon départ pour le
ministre de ce pays, le général Inginac. Je la lui portai
quelques jours après mon arrivée ici, Frédéric m'accompagnant dans cette visite. Je fus reçu avec la plus
grande politesse et des offres de service de toute espèce,
passe-ports extraordinaires pour voyager à l'intérieur
et recevoir pour mes recherches l'assistance des autorités si elles pouvaient m'être utiles, etc., etc. Il y a
quelques jours, le gouvernement reçut, d'une province
éloignée de l'île, une masse pierreuse qui lui était
adressée comme une mine d'or. Le président l'envoya
à la Monnaie pour être analysée. Mais le directeur de
la Monnaie est un pauvre diable d'orfévre incapable
même de déterminer le titre d'une pièce d'or ou d'argent, et il fut obligé de confesser qu'il ne pouvait satisfaire à la demande du gouvernement. Alors, M. Inginac, le ministre, lui fit dire d'aller me consulter et
de me prier de l'aider. Comme je sus qu'il s'était informé de ma demeure et qu'il devait venir chez moi,
je le prévins, en allant chez lui pour lui offrir de me
charger de sa chose, s'il y avait les drogues et le petit
attirail chimique nécessaires pour ce genre d'essai. Je
trouvai cela dans une pharmacie de la ville, et, en
deux heures, je revins lui dire l'analyse de la pierre
en question, que sa composition très-simple avait rendue très-facile. C'était une mine de fer parfaitement
pure, rien de plus.

Ce matin, comme j'étais à bord de la frégate avec
Frédéric, M. Inginac y passa (chez Frédéric) et laissa

deux cartes pour nous. Ma prévenance d'avant-hier au
sujet de ce morceau de pierre m'a valu, je crois, cette
politesse de sa part. Il a dit qu'il serait demain chez lui
à midi, et très-heureux de nous voir. C'est au mieux, car
justement j'avais besoin de lui demander des passe-
ports pour revenir des Gonaïves ; je comptais me présenter demain chez lui, et je craignais de ne le point
rencontrer, car c'est un homme très-occupé, et c'est lui
qui fait toutes les affaires du pays au dedans et au
dehors.

M. Maler, le consul général et chargé d'affaires de
Sa Majesté Très-Chrétienne (celui dont nous avions
écrit autrefois tant de mal à Frédéric, et qui se trouve
être le meilleur homme du monde), M. Maler, dis-je,
qui déjeunait avec nous chez M. de Melay, à bord, nous
dit que M. Inginac, hier au soir, lui avait dit que, depuis
quinze jours, il recevait sur moi mille sots contes, mille
sots rapports. Comme il est à peu près sans exemple
qu'un Européen vienne ici sans affaires commerciales,
les politiques, les habiles du pays, se perdent en conjectures sur l'objet de mon voyage. Ils ont beau me voir
chercher des herbes dans la campagne et regarder sous
le nez de chaque pierre, ils prennent cela pour une
malice de ma part, et ils s'imaginent que je suis venu
pour tout autre chose, pour observer le pays diploma-
tiquement, politiquement, et, là-dessus, chacun conseille
au ministre de prendre garde à moi. Ce sont les politiques de la ville seulement qui me suspectent ainsi.
Les gens de la campagne me prennent pour un médecin

quand ils me voient cueillant des herbes pour les mettre soigneusement dans une boîte; ils s'arrêtent pour me demander très-poliment comment elles s'appellent et pour quels maux elles sont bonnes, et toujours je les satisfais. Cette qualité de médecin est, à la campagne, chez ces hommes simples, un titre de bienveillance.

M. Inginac, qui est, de l'avis unanime des Européens, un franc coquin, — pas plus pourtant que beaucoup de ses collègues, ministres en Europe, — est, d'ailleurs, un homme d'esprit cultivé, comme nous enfin; il appartient entièrement à notre civilisation. Il méprise ces sottes histoires, et n'en a parlé à M. Maler qu'en riant; et je suis persuadé qu'elles n'auront servi qu'à lui faire mettre à mon passe-port toutes les herbes de la Saint-Jean. Il est bien entendu que je lui promettrai que, si, chemin faisant, je fais quelque découverte de mine ou carrière que je présume être avantageuse à exploiter, je la lui communiquerai, comme en effet je le ferai.

Je suis favorisé de toutes les manières : le temps est délicieux; le thermomètre de Réaumur est toujours, de midi jusqu'à trois heures, à 21° ou 22°; ce n'est que chaud. Ce sont les beaux jours chauds du mois d'août en notre pays, et rien de plus; il y a toujours de l'air. Je me sens de la force de corps, de la fraîcheur d'esprit. Il ne pleut pas; depuis que je suis dans ce pays (et, dans trois jours, il y aura un mois déjà, le temps court avec une vitesse incroyable!), il n'a plu que deux petites fois; dans la nuit toujours. Comme avec cette parfaite salu-

brité actuelle du climat je prends toutes les précautions
imaginables de sobriété, etc., etc.; que je n'ai pas
l'ombre de peur et n'en aurais pas davantage quand
tout le monde mourrait autour de moi, d'abord parce
que je crois mon tempérament le mieux approprié à
ces climats chauds, et ensuite par cette puissante et
aveugle force de la confiance instinctive; par toutes ces
raisons, mon cher père, vous pouvez ne vous occuper
de moi que pour songer que je vous reviendrai guéri, —
guéri de cet état maladif de tout mon être dans lequel
j'étais parti, — rentré dans ma vie de travail, ressaisi
de toutes mes facultés, de toutes mes aptitudes, plein
d'ardeur et déjà avec quelques connaissances nouvelles.
Porphyre, ce voyage aura bien rempli son but, mon
ami! Ton sacrifice m'aura été bien utile; il méritait
tant de l'être! Sois heureux de ce succès. Le souvenir
d'une si grande dette me sera doux toute ma vie. Je
ne te parle pas d'argent, cela serait inutile maintenant.
Je compte toujours, en cas de besoin, sur les sept cent
cinquante francs que tu m'as promis pour le retour, si
cela était nécessaire. S'ils le sont, je te l'écrirai, et
longtemps encore à l'avance pour te donner le temps
de te les procurer. Depuis que je suis ici, il est arrivé
deux navires de New-York : — rien pour moi. — Adieu,
mon cher père; adieu Porphyre. Je voudrais vous
écrire longuement, mais j'ai mille choses à faire toutes
pressantes; je ne sais à quoi entendre. Bonsoir donc,
il est tard. Portez-vous bien, et que ma pensée ne
vous occupe plus qu'avec douceur. Je ne suis plus

malheureux, non. Ces quinze jours de travail sans
relâche ont plus fait sur moi que les quatre mois qui les
avaient précédés. Adieu, adieu. Frédéric se porte bien.
C'est bien heureux qu'il soit libre précisément ces
jours-ci, pour m'accompagner dans mon premier petit
et, j'espère bien, agréable voyage. Adieu, je vous embrasse. Amitiés, respects à qui de droit, selon mon cœur.

XVII

A MADAME VICTOR DE TRACY, A PARIS.

Marquissant, près Port-au-Prince, 21 avril 1827.

Madame,

J'ai reçu il y a bien longtemps déjà, à New-York,
une aimable lettre que vous m'aviez adressée à Paris,
ignorant encore mon départ, que vous dûtes apprendre
par M. Victor deux ou trois jours après que vous me
l'eûtes écrite ; mais j'ai eu, depuis ce temps-là, tant de
soucis et tant d'occupations, que je n'ai pu trouver le
loisir de vous écrire, pour vous en remercier, ou plutôt,
et plus sincèrement, c'est la disposition qui m'a manqué
pour le faire. Pardonnez-moi ce long silence : c'est à
tous mes amis que je dois en demander le pardon. Je
serais sûr de l'obtenir s'ils pouvaient savoir tout ce
qu'il m'a coûté. Oh ! alors sûrement ils trouveraient
que j'étais plus à plaindre qu'à blâmer. — Toutes ces
choses qui m'attristaient et qui ne m'ont permis d'écrire

qu'à ma famille sont maintenant derrière moi, et je suis
dans une situation douce et tranquille. Mais, comme
rien n'est pour le mieux en ce monde, c'est l'excès des
occupations qui maintenant, et en toute sincérité, ne me
laisse aucun loisir. Je voudrais profiter de tous les avantages que mon séjour en ce pays peut m'offrir. Je m'y
emploie tous les jours sans relâche, je recommence le
lendemain, toujours ainsi, et je n'y suffis pas. C'est une
nature si différente de la nôtre! Tout y est nouveau
pour moi; je voudrais pouvoir tout étudier, tout emporter. Ce ne serait point paresse, je vous le jure, si je
n'écrivais pas. Mais que vous importe ce pays où les
herbes et les pierres absorbent presque toute mon
attention? C'est des États-Unis que je devrais vous parler, du peu que j'y ai vu du moins; de New-York, qui
est la ville la plus grande et la plus riche; de celle qui
marche à devenir la capitale. Cependant que pourrais-
je vous dire dans une lettre? Des choses générales que
vous sauriez. Ce sont des détails seulement qui peuvent
vous intéresser; je me réserve de vous les raconter au
coin du feu l'hiver prochain, et sous la promesse que
vous serez bien discrète, car ils ne sont point propres
à vous ramener au sentiment d'admiration qui règne
autour de vous pour ce pays. Nous causerons de ses
mœurs privées, et, si vous n'avez pas trop peur d'une
conversation très-sérieuse, je vous dirai, en même
temps qu'à M. Victor, ce que j'ai pu apprendre de ses
mœurs publiques. C'est là le beau côté de l'Amérique,
quoiqu'il soit loin encore d'être parfait.

Je quitterai ce pays dans six semaines, en même temps que mon frère Frédéric; et, quand je reviendrai à Paris, vous serez sans doute déjà à Paray. Je ne puis espérer vous y aller voir. Après ces huit mois de vie errante, j'en aurai autant à passer sans bouger, dans le repos le plus propre au travail dont j'ai tant besoin. Mais l'hiver vous ramènera. Revenez alors comme moi je reviendrai; non pas pour la couleur, car je suis tout bistré déjà, mais pour le poids, car je pèse plus que l'été dernier, et j'en suis tout fier. Adieu, chère madame; excusez cet horrible griffonnage sur ce détestable papier couleur de rose et américain, qui n'en boit pas moins pour cela. Il me faut descendre de ma montagne à la ville, porter cette lettre pour qu'elle parte demain. — Votre réponse à Paris! Adieu. — Recevez l'expression de mon respectueux attachement. J'embrasse M. Victor de toute mon âme.

XVIII

A. M. PORPHYRE JACQUEMONT, A PARIS.

Port-au-Prince, 23 avril 1827.

Mon cher Porphyre, je suis descendu hier soir à la ville pour en visiter aujourd'hui les jardins particuliers et prendre dans chacun ce que je ne trouve pas à ma montagne, où je remonte demain matin. Ma journée s'est passée en promenades, en visites aux uns et aux autres. J'ai eu à étudier, et à préparer, pour les conserver, tous les objets nouveaux, fruits de ma campagne. Il est tard, et il faut que j'aille me baigner avant le dîner. Adieu donc en même temps que bonjour. Ce peu de lignes te sera porté par *l'Olinda*, qui part demain, et je t'écris réellement pour dire que je n'ai négligé aucune occasion de donner de mes nouvelles. Nous avons reçu il y a quelques jours la lettre venue par le brick *Léonard*, qui est resté cinquante-six jours en mer. Elle était adressée à Frédéric; mais, pour moi comme pour lui, je voudrais y répondre, je n'ai pas le temps. Tu me croiras, car tu me connais jaseur quand le temps ne me manque pas. Je continue à me porter à merveille, et trouve ce climat le plus beau du monde. Frédéric se porte aussi très-bien. Adieu, mon ami. Je t'embrasse, ainsi que notre père, de tout mon cœur.

— Dis à notre père que j'ai écrit à M. de Tracy par la frégate, ainsi que je lui mandais que j'espérais le pouvoir faire.

XIX

A M. PORPHYRE JACQUEMONT, A PARIS.

Port-au-Prince, le 11 mai 1827.

Mon cher Porphyre, j'ai écrit il y a eu hier huit jours à notre père par *l'Adèle*. Je voulais t'écrire, à toi,

7

par *l'Anaïs*; mais elle est partie hier comme un coup de canon, sans me laisser le temps de lui remettre une lettre. Demain, un navire très-fin part pour New-York, et je t'adresse ce peu de mots par cette voie, pour te confirmer que je continue de me porter parfaitement bien.

Je vais retourner à ma montagne ce soir; j'ai bien des choses encore à faire ici et très-peu de temps pour tout cela.

Il faut pourtant que je te dise ceci :

Ma dernière lettre à notre père par *l'Adèle* t'aura appris que je ne pouvais penser au voyage des Pyrénées, et que je ne te devais, mon ami, que des remercîments pour cette nouvelle bonne intention de ta part. Il sera trop tard quand j'arriverai en France pour que je puisse en profiter; car, pour retourner directement, il me faut attendre l'arrivée d'un navire de France et le temps de son séjour ici : tout cela peut être assez long.

Tout cela peut l'être même tellement, que je sois retenu à Port-au-Prince jusque dans le mois de juillet. Comme c'est la saison qui passe pour la plus malsaine, malgré mon excellente santé jusqu'ici et la salubrité singulière de cette année, je veux me tenir prudent jusqu'au bout.

Alors, je m'en retournerai par les États-Unis, où je m'arrêterai un mois.

Le détour n'allongerait peut-être pas la durée de ma navigation pour le retour en France.

Son inconvénient serait l'augmentation de dépense, accrue du prix de la traversée d'ici à New-York : trois cents francs.

Mon mois de séjour à New-York ne coûterait guère plus d'une centaine de francs, parce que j'en passerais la moitié, ou à peu près, à la campagne, au fond des bois de Jersey (à douze lieues de la ville), chez des amis de Stevenson, vieux fermiers riches et les meilleures gens du monde, chez lesquels je serais le mieux placé pour voir vivante la végétation de ce pays, que je n'ai vue que dépouillée, l'hiver dernier. Il y a des choses que cela m'apprendrait, et certainement des idées que cela me suggérerait alors ou plus tard.

En outre, pour l'histoire naturelle des environs plus rapprochés de New-York, j'aurais une excellente occasion de voir beaucoup en peu de temps. J'ai là une espèce d'ami ou du moins une connaissance tout à fait cordiale, un M. Cooper, qui est à peu près le plus habile de l'endroit et qui me mènerait sans hésiter dans les lieux les plus intéressants, et vite et sans fatigue, dans un bon cabriolet, descendant seulement où il y aurait des choses à voir. Lui y compte tout à fait, parce qu'il me l'avait fait promettre à mon départ de New-York ; ce que j'avais fait par complaisance, ne pensant pas le pouvoir ; mais, par ses lettres ici, je vois qu'il m'attend toujours.

Je crois ainsi qu'en un mois, le mois de juillet, j'apprendrais bien des choses, dont l'occasion ne se retrouverait sans doute jamais dans ma vie ; car, cet hiver, à New-York, je n'ai vu à peu près que des hommes de la société. Il y avait deux pieds de neige sur la terre.

Enfin j'aurais l'avantage d'accrocher un nouveau bout d'anglais par ce mois de séjour et le mois probable de la traversée, pour le retour, à bord d'un navire américain.

Je pense beaucoup à cela depuis quelques jours, et me voici arrivé à croire que ce parti serait peut-être dans tous les cas le meilleur. J'aurai dépensé environ cinq cents francs dans ce pays, et il m'en restera, par conséquent, à peu près un millier dans ma bourse en le quittant. Cela ne sera pas suffisant pour le retour jusqu'à Paris, et je serai obligé de dépasser cette somme d'environ cent ou deux cents francs.

Puisque tu pouvais m'en offrir sept cents pour voir les Pyrénées, je crois pouvoir sans plus de façon, cher ami, te demander ce supplément que je me procurerai sur la route aisément, — si je reviens par New-York. Adieu, mon ami. Je t'embrasse, toi et notre père, de tout mon cœur. Ne m'écrivez plus après cette lettre reçue, et ne vous inquiétez pas si vous êtes plus long-temps qu'à l'ordinaire sans recevoir de mes nouvelles. Il n'y a plus de départs pour France; pas un seul bâtiment français dans le port. Frédéric est très-bien, comme moi. Adieu, adieu!

XX

A M. PORPHYRE JACQUEMONT, A PARIS.

Port-au-Prince, le 26 mai 1827

Mon cher Porphyre,

Je vais partir à l'instant pour New-York sur le brick-goëlette *l'Artibonite*, un bon et joli navire américain, commandé par un capitaine de cette nation, quoique sous pavillon haïtien. Il y a pour celui-ci un capitaine de papier, indigène, qui fait le métier de second à bord. Je connais l'armateur, auquel j'étais arrivé recommandé de New-York, et qui s'est trouvé, d'ailleurs, être extrêmement ami de Frédéric. Je serai là fort bien sous tous les rapports.

Frédéric avait ici quarante-deux gourdes à M. Maler, l'ex-consul général, qu'il ne savait comment lui faire tenir; il s'en est servi pour payer mon passage. Ainsi, mon bon ami, tu voudras bien le décharger de la somme de deux cents francs auprès de M. Laîné, administrateur des loteries, lequel est ami de M. Maler et chargé de recevoir pour lui. Je pense qu'il demeure à l'hôtel de l'administrateur, rue Neuve-des-Petits-Champs.

Tu prendras un reçu, qu'il sera inutile d'envoyer à Frédéric. Celui-ci ne viendra à New-York que par le prochain voyage de *l'Artibonite*, c'est-à-dire dans sept ou huit semaines. Il est toujours retenu ici par ses af-

faires de liquidation. Dans huit jours, il doit aller plai-
der à Jacmel.

Je pars en parfaite santé et dans la plus favorable
saison. Je ferai quarantaine cinq jours à New-York, à
trois lieues de la ville, dans une charmante île (State-
Island), très-intéressante géologiquement; j'y ferai
donc de la géologie et de la botanique, car on y descend librement. Vos amis de la ville viennent vous y
voir le matin, déjeunent, chassent (car c'est le passe-
temps des soi-disant pestiférés), dînent avec vous, et, le
soir, s'en retournent par le bateau à vapeur qui les a
amenés le matin. Tu vois que c'est encore mieux qu'au
Havre.—Point de navires du Havre. Il y a trois jours,
il en est venu un de Bordeaux, qui repartira je ne sais
quand, et, d'ailleurs, pour Bordeaux.

Je laisse ici une caisse de plantes sèches que Frédéric
enverra au Havre par la première occasion. Il l'adres-
sera à M. Godard, qui l'expédiera à la maison par le
roulage. Tu l'ouvriras et en tireras les paquets, dont tu
ouvriras un ou deux. Si tout est sec, si rien n'est moisi,
il n'y aura qu'à les remettre dans la caisse; sinon, tu
les empileras tous sur le piano.

J'emporte à New-York ma récolte de ces jours derniers, qui n'est pas encore sèche. Elle séchera à la mer,
et je trouverai mon papier disponible, en arrivant, pour
apprêter ce que je ne manquerai pas de recueillir dès
la quarantaine.

Arrivant de ce pays directement au Havre, dans cette
saison, je serais condamné (c'est la loi commune) à une

quarantaine de dix jours dans le bassin que tu sais.
C'est dix jours qu'il faut ajouter à la traversée pour la
durée, et vingt pour l'ennui.

En y arrivant de New-York, j'en serai quitte pour
deux ou trois. Je t'écrirai et à notre père, à d'autres
aussi, pendant la traversée, et le premier paquebot partant de New-York après mon arrivée portera ces lettres
en France.

Frédéric m'enverra à New-York les lettres qui pourraient arriver ici et en repartir assez tôt pour New-York
pour m'y trouver encore. Suivant la cherté de mon séjour, j'en réglerai la durée. Si, en allant à droite et à
gauche à la campagne chez les amis de Frédéric et
ceux de Stevenson, je ne dépensais que peu de chose
(ainsi que je l'espère), je pourrais bien ne quitter New-
York que le 1er août, pour revenir avec le capitaine
Allyn, que je calcule devoir partir ce jour-là.

La saison des pluies s'est déclarée enfin depuis huit
jours; il pleut extrêmement. Les chemins sont tout
gâtés. Je ne pourrais plus bouger si je restais ici, car la
terre est de l'argile qui se délaye, et je ne rapporterais,
d'ailleurs, que des plantes mouillées, incommodes à
étudier et très-difficiles à conserver; car rien ne sèche
dans ce bain d'eau ou de vapeur tiède.

Il faut finir, mon ami; mais ce ne sera pas sans te
dire que Frédéric a été charmant pour moi. Il n'est pas de
soins affectueux dont il n'ait entouré mon départ, et son
aimable prévoyance rendra ma traversée si agréable,
que je la désire presque longue. J'ai à lire et à écrire

beaucoup. Ici, je n'en avais pas le temps, j'avais mieux à faire. Adieu de nouveau, cher ami; je t'embrasse, toi et notre père, de tout mon cœur. Je laisse ceci à Frédéric, qui te l'enverra par la plus prochaine occasion en France. Peut-être cela n'arrivera-t-il qu'après ma première lettre de New-York, et n'apprendras-tu ainsi la nouvelle de mon départ qu'après avoir reçu celle de mon arrivée.

XXI

A M. PROSPER FOUCHARD.

En mer, à bord de *l'Artibonite*, le dimanche 3 juin 1827.

Quelque chose qui ressemblait bien un peu à une tempête d'opéra a emporté hier à tous les diables, avec d'autres papiers, une feuille barbouillée à votre intention.

Quelle belle occasion, monsieur, de vous faire quelque bon gros mensonge impossible à prouver, et de vous dire, par exemple, que je vous avais écrit les plus belles choses du monde! Cependant, comme le vent n'a emporté que la partition de mon premier acte, et que je retrouve le second écrit sur une seconde feuille qui n'est pas tombée à la mer, je vais vous redire à peu près ce que je vous avais écrit avant hier; et je vous enverrai en toute humilité l'ouvrage ainsi restauré : ceci lui servira de prologue si vous voulez.

Je viens de lire le volume que vous avez bien voulu me prêter. Je ne vous l'avais demandé que pour la seule constitution d'Haïti, et j'y ai trouvé, en outre, quantité de pièces officielles, toutes relatives à des négociations diplomatiques qui m'ont également intéressé. Il n'y a que la prose de M. Wallez des charmes de laquelle je me suis privé. Je vois d'une lieue de loin toutes les réflexions communes de journaliste qui se peuvent débiter à leur occasion, pour les modestes vingt-cinq louis du libraire Delaunay ; elles m'auraient impatienté contre cet honnête Fritz, qu'elles m'eussent forcé d'appeler, et qui ne serait pas venu, et il m'eût fallu entendre quelque chose de très-semblable à la deux cent unième narration de la première entrevue du sentimental maître de ce fidèle domestique avec la céleste Lolotte entourée de ses petits frères bambins, qu'elle dépassait de la tête, etc., etc., etc.

Cette constitution haïtienne, si libérale et si démocratique, doit paraître une dérision aux Européens qui voient l'ordre de choses existant en ce pays ; mais cette inexécution des lois se voit ailleurs qu'en Haïti, et dans des pays où les lois écrites, mieux adaptées aux mœurs de la société, seraient facilement exécutables. Il vaudrait mieux sans doute avoir la liberté de fait que de droit seulement et sans aucune existence réelle. Peut-être dans les révisions futures de la constitution haïtienne sera-t-elle successivement diminuée légalement ; mais je ne doute guère qu'elle n'aille toujours, au contraire, augmentant de fait. Elle a suivi cette mar-

che en France depuis trente-huit ans. Quel temps plus
affreux de despotisme que celui où tout se faisait au
nom de la liberté! Avec une charte octroyée, un roi
inepte et dévot, un budget d'un milliard, des chambres
vendues, et les jésuites, il y a plus de liberté en France
en 1827 qu'il n'y en avait sous la constitution de 91
ou de l'an III.

Au reste, monsieur (et vous ne croirez pas que,
chez moi, ces doutes naissent d'un préjugé irréfléchi),
j'ignore jusqu'à quel point les mêmes routes de la civilisation peuvent être parcourues avec un égal succès,
avec un égal avantage pour le bonheur individuel,
qui est tout, par les diverses races humaines. J'ignore
jusqu'à quel point les mêmes formes, je ne dis pas de
gouvernement, mais de civilisation, de société intérieure, leur conviennent à toutes.

On s'expose à commettre une erreur, et, par suite,
à sanctionner bien des injustices, en avançant d'une
manière absolue que tels ou tels traits d'organisation
physique décident de la supériorité ou de l'infériorité intellectuelle. Ce dont nous sommes assurés, seulement,
c'est que les différences physiques entraînent des différences morales, puisque les qualités morales ne sont
que le produit de l'organisation; mais l'histoire naturelle de l'homme est encore trop peu avancée pour
que nous puissions dire le sens, la direction de ces
rapports obscurs. On connaît seulement de chaque
race quelques-uns de ses penchants dominants.

On sait que l'homme rouge indigène de l'Amérique

septentrionale se refuse absolument aux formes de
notre civilisation européenne. Les bons traitements
pour l'y attirer ont été aussi inutiles que la violence,
que la contrainte, pour l'y retenir. C'est une expérience
qui a été faite bien souvent aux États-Unis. De jeunes
Indiens, prisonniers dès le bas âge, ont été élevés dans
les colléges de Philadelphie, de Boston, sous la tutelle
des hommes les plus respectables; ils ont appris, comme
les autres enfants, le latin, le grec, les mathématiques, le
droit, et tous ont fini, à vingt ans, par retourner à leurs
forêts. Ce n'était point par ignorance, comme les Orientaux, qu'ils méprisaient notre civiliation : élevés dans
son sein, ils pouvaient la juger; initiés à nos connaissances, ils admiraient la puissance de notre esprit qui a
découvert tant de choses; mais ils l'admiraient comme
nous admirons une pyramide : beaucoup de peine pour
aucun plaisir! beaucoup de mal pour aucun bien! Ils
trouvaient que la prodigieuse dépense d'esprit, d'idées,
qu'exige la combinaison de nos sociétés, n'ajoute rien
au bonheur, et ne fait, au contraire, que nous en éloigner. Cette combinaison leur paraissait très-ingénieuse,
mais mortellement ennuyeuse, et aucun n'a pu y demeurer.

L'esclavage n'a malheureusement que trop appris
que la race noire se soumettait à la violence, également
puissante sur la race mongole, ou sur les Hindous.
Mais cette docilité du type moral, funeste jusqu'ici à
cette race par la condition misérable où les Européens
ont pu la réduire, c'est de la flexibilité ; c'est une

aptitude à la civilisation. Il est évident que des hommes qui se sont laissé soumettre aux maux de la servitude ne seront pas rebelles aux bienfaits de la liberté : on pourra leur imposer la civilisation.

La contradiction qui existe entre ces expressions : *liberté imposée*, comme on dirait *esclavage imposé*, vous montre, monsieur, le nœud délicat de cette question.

Il n'y a point de doute que, si pendant une cinquantaine d'années Haïti est gouvernée par des chefs très-absolus et éclairés des lumières de l'Europe, la civilisation ne s'y étende à toutes les classes d'habitants, de toute couleur, de toute condition, et qu'elle ne prenne une forme européenne.

Mais cette civilisation sera-t-elle le résultat du développement libre et naturel des facultés, des goûts, des penchants de la population haïtienne? ne sera-t-elle point pour le plus grand nombre un fardeau?

Je ne doute pas que toutes les races d'hommes ne soient perfectibles, sans affirmer toutefois si elles le sont toutes au même degré ; mais je ne crois nullement qu'elles le soient toutes également dans les mêmes directions.

Il est donc possible, dans mes idées, qu'on ne fasse en Haïti qu'une imitation, peu avantageuse pour le bonheur individuel, de la civilisation européenne. Peut-être cette forme de civilisation, qui ne peut s'y établir maintenant qu'à l'aide du despotisme, y aura-t-elle toujours besoin de sa protection pour s'y maintenir. Alors, y serait-elle un bien?

Au reste, c'est une question de savoir si partout, en Europe, ce n'est pas la contrainte qui y asservit le plus grand nombre des individus de chaque nation. Comme il n'y en a aucune où la représentation nationale soit réelle, il est au moins incertain si l'ordre de choses qui existe dans chacune y est voulu par la majorité numérique, ainsi qu'il est incontestable aux États-Unis d'Amérique.

Je vous ai déjà rappelé, monsieur, combien étaient légères les différences physiques qui distinguent un Français d'un Anglais, un Italien d'un Allemand, et combien étaient fortement prononcés les caractères nationaux de ces peuples divers. Leur manière de s'amuser, de jouir, d'être heureux, est toute différente. Les peuples du Nord, généralement très-consommateurs (il est un objet important de consommation dont le climat exagère pour eux le besoin, les aliments), se résignent assez facilement à une grande mesure de travail; ils s'abonnent à produire beaucoup, pour pouvoir beaucoup consommer de toutes choses.

Les peuples du Midi, sobres et économes, ne pourraient souffrir plus vivement de quoi que ce soit que de cette surcharge de travail; ils ne souffrent point du dénûment où les laisse leur oisiveté. Le repos, le loisir, sont un bien pour tous les hommes, plus ou moins précieux pour chacun, suivant sa nature; et vous voyez qu'il en est pour qui ce sont presque les biens les plus précieux.

Lequel est le plus heureux, du pauvre paysan grec

ou italien, qui travaille peu, vit de rien et passe son temps à fumer ou à rêvasser, ou de l'artisan anglais, bien vêtu, bien nourri, bien logé, qui passe chaque jour de la semaine quinze heures emprisonné dans un atelier, et, le dimanche, lit la Bible et les journaux? Je l'ignore, et personne ne peut le savoir d'une manière absolue; mais vous voyez sûrement l'immense portée de la réponse à cette question, si jamais on pouvait en obtenir une certaine.

Bien des gens qui se croient de profonds politiques et, ce qui est plus grave et plus fâcheux, ont souvent beaucoup de pouvoir, ne soupçonnent même pas qu'on puisse faire une telle question; et, dans leur ignorance de ce qui peut faire le bonheur de leurs concitoyens, de ce qui serait dans la ligne, dans la direction du développement libre et spontané de leurs facultés naturelles, ils fourvoient la civilisation de leur pays. Je suis persuadé qu'on fait souvent en Europe des fautes de ce genre; on est exposé à en faire bien davantage dans votre nouveau pays.

Il faudrait rechercher quelles sont, dans tous les temps et dans tous les pays, les jouissances communes à tous les hommes; exciter, forcer hardiment le développement de celles-là qui doivent appartenir à toutes les civilisations, et n'encourager qu'avec réserve ce qui pourrait bien n'avoir qu'une utilité particulière à une nation ou à une race d'hommes.

L'équité, la douceur des rapports privés, la tendresse des rapports domestiques, sont évidemment partout plus importants au bonheur de chacun que les rapports politiques. On n'a toujours que très-peu de ceux-ci en comparaison des premiers; mais quelle action, quelle influence peut avoir le gouvernement sur l'intérieur des familles? Une seule, je vous l'ai dit : celle des bons exemples et des faveurs accordées à leur imitation. Le chef de l'État aurait donc plutôt besoin d'une extrême moralité et de beaucoup de fermeté que de grands talents. Je n'ai fait que me confirmer dans l'idée de l'avantage qu'il y aurait à envoyer un certain nombre d'enfants recevoir leur éducation en France et en Allemagne : ils reviendraient de ce dernier pays très-instruits d'abord, parce que les universités y sont très-savantes, et sans doute aussi très-moraux, ce qui vaut encore mieux.

Si les ressources actuelles de l'éducation sont très-faibles pour les garçons, elles sont nulles pour les filles; aussi les femmes de ce pays ne sont-elles bonnes qu'à une chose. Un pensionnat serait peut-être plus utile encore qu'un lycée.

Entretenez, monsieur, de toutes ces idées ceux de vos nouveaux concitoyens faits pour les comprendre, et peut-être pour les réaliser un jour. Il faut un commencement à toutes choses, et je trouve que vous auriez fait beaucoup pour le pays que vous habitez, si vous pouviez déterminer quelques-uns de ses habitants plus éclairés ou meilleurs à se réunir de temps en temps pour s'entretenir de ces objets sérieux. Il n'est pas besoin d'une grande culture pour s'y intéresser beau-

coup : il suffit de quelque fonds naturel et de quelque
amour de l'humanité.

Tout est simple pour les esprits superficiels, qui ne
voient qu'une des cent faces de chaque question. Ainsi
l'on juge généralement assez facile le gouvernement
d'Haïti : il semble qu'un élément suffise pour cela, la
force. Pour moi, je vois tant d'obscurité dans les routes
à suivre, et où la force ne servirait qu'à marcher sans
obstacles dans les routes adoptées, que la crainte de
mal faire m'empêcherait peut-être d'agir et me jetterait
dans le découragement.

Vous, monsieur, qui devez probablement passer
votre vie en ce pays, étudiez le caractère de ses habitants de toutes les classes. On doit à toutes du bonheur. J'espère qu'un jour vous y aurez, ou plutôt que
vous y partagerez quelque influence politique. Prépa-
rez-vous donc à ne pas en être embarrassé, si jamais
elle vous arrive. Commencez, par les ouvrages de M. de
Tracy et d'Helvétius, la série de lectures que je vous ai
indiquées. Voici que je me rappelle avoir oublié dans
cette énumération les sept ou huit volumes du *Censeur
européen* publiés autrefois, il y a douze ans, par Comte
et Dunoyer, et que je vous engage à lire dès les commencements. Tout cela est extrêmement sérieux, mais
nullement fatigant; à la première lecture que l'on en
fait, surtout, cela paraît aussi satisfaisant à l'esprit
que la géométrie; il en est autrement à la seconde,
lorsque dans l'intervalle on a beaucoup réfléchi.

Tâchez d'inspirer à un de vos amis, à un homme

que vous voyez souvent, le goût des mêmes lectures.
Vous avez tout à faire pour vous former une petite société d'où la circulation des idées ne soit pas bannie,
et il faut bien vous donner cette peine; car, un beau
jour, la pluie, le beau temps et les cancans vous sorti-
ront par les yeux et les oreilles. La confiance que vous
m'avez témoignée m'engage à laisser là maintes cir-
conlocutions usitées en tel cas, pour vous recommander ce que je vous crois utile; et je suis la ligne droite,
comme la plus courte. Gardez-vous du laisser aller
dans lequel les étrangers qui vivent près de vous perdent leur existence. A défaut de plaisirs vifs, que la
vôtre du moins soit marquée par la succession d'idées
dignes d'occuper un homme. L'habitude du travail
d'esprit se perd aisément, plus aisément qu'on ne
croit. Imposez-vous donc sans délai la loi d'un travail
régulier, à une heure fixe, et qui vous permette de le
prolonger au delà du temps ordinaire, lorsqu'il vous
captivera davantage. Vos soirées sont à vous, profi-
tez-en donc. Quand on vit à peu près seul (c'est-à-dire
hors de Paris), les ouvrages de critique sont bien utiles
à entremêler parmi les lectures originales; ils sont
nécessaires alors pour développer le goût et lui donner toute sa finesse; à Paris, l'on peut mieux s'en
passer, parce qu'on a l'avantage de vivre avec les
hommes spirituels et aimables qui les font, et que ce
genre d'hommes a encore plus d'esprit et d'idées le
soir, en causant librement avec quelques amis, que le
jour, seuls, recueillis et la plume à la main.

Si je ne devais quitter la France pour longtemps,
bientôt après que j'y serai de retour, je vous prierais,
monsieur, de m'écrire quelquefois, à votre aise s'entend, et dans les moments où vous ne seriez bon à rien
de mieux. Je suivrais avec beaucoup d'intérêt vos progrès dans cette longue suite d'études. Sachant de votre
côté ce à quoi je m'intéresse du pays que vous habitez,
il vous serait facile de m'instruire de loin en loin, en
peu de mots, qui suffiraient; car il y a d'habitude grande
disette d'événements en Haïti; c'est un ordre de choses
presque à tous égards négatif que celui qui y règne.
Je voudrais le savoir plus prospère; car je n'ai pas le
patriotisme local, géographique, qui s'étend jusqu'à tel
sommet des Pyrénées, recule ensuite derrière la rive
gauche de tel torrent, pour faire un peu plus loin une
petite pointe jusqu'au sommet de telle vallée voisine;
qui s'étend ou se resserre tous les vingt ans au gré des
conventions politiques; qui fait préférer *la Henriade*
au Tasse, et les innocents opéras de Catel à ceux de
Rossini. C'est quelque chose de très-ridicule à mes yeux
que cette humanité tout exceptionnelle qu'on appelle
de ce nom de patriotisme; c'est, de plus, un sentiment
odieux; car il vit exclusivement de la haine des étrangers; il mourrait sans cet aliment, et, Dieu merci,
meurt-il grand train en France et en Allemagne
depuis la dernière paix! Les hommes éclairés doivent
comprendre l'humanité tout entière dans les vœux
pour le bonheur des hommes. La franc-maçonnerie,
en l'an 1827, ne paraît pas moins niaise que le pa-

triotisme. Le secret, pour faire le bien ! cela passe vraiment toute idée!

C'est grand dommage que vous ne soyez pas ici pour convenir que toutes les frégates du monde ne valent pas un joli petit navire comme celui-ci, où vous jouissez de la plus parfaite liberté, sans qu'il y ait autour de vous du bruit, du mouvement, tristes comme ils le sont à bord des navires de guerre ; vous conviendriez encore que la conversation assez rare de mon capitaine américain, qui n'est qu'un matelot propre, avec une jolie figure, vaut celle de maints autres ayant plus de deux canons à faire jouer dans l'occasion : ces gens-là ont, à défaut d'esprit et de connaissances, un sens qui leur ôte, dans la nouveauté du moins, l'air commun ; d'ailleurs, ils n'ont pas de répugnance à causer de ce qu'ils savent, condescendance assez rare et d'un grand avantage pour le partenaire ; car, avec elle, il n'est pas d'homme de qui l'on ne puisse tirer quelque chose.

Nous avons aujourd'hui seulement passé le tropique ; vous voyez que nous ne nous pressons pas, et j'en suis charmé ; en songeant combien je vais être occupé aux États-Unis, je trouve charmant le long loisir de la mer. Celle-ci est plus calme partout que la rade de Port-au-Prince, et il est impossible de naviguer d'une manière plus douce.

Il est donc très-incertain, monsieur, si nous nous reverrons jamais ; mais je n'oublierai jamais l'amabilité avec laquelle vous m'avez fait les honneurs des environs de Marquissant ; je conserverai toujours un sou-

venir agréable des jolis lieux que nous avons vus
ensemble, sans en excepter la rivière Froide, malgré
l'humeur de chien que le ruisseau débordé dans le
petit chemin de Marquissant avait commencé par vous
donner le matin, et qui vous dura jusque... Au reste,
il y a très-peu de gens qui n'eussent fait comme vous,
éveillés comme vous à trois heures par ce terrifiant instrument, et, au saut du lit, jetés dans l'eau, dans la
boue et dans l'obscurité. Quand vous aurez lu les lettres
de Sénèque à son ami Lucilius, vous supporterez plus
philosophiquement ces petites *misfortunes of the life*,
qui ne sont, après quelque temps, que des épisodes
piquants parmi des souvenirs aimables. M. Blanchet
vous rapportera votre livre.

Adieu, monsieur; recevez l'assurance cordiale des
sentiments d'estime et d'attachement que vous m'avez
inspirés.

Post-Scriptum.

9 juin, en vue de terre, à cinquante lieues de New-York.

Si, par hasard, vous lisiez le livre de botanique que
je vous ai indiqué, de M. Decandolle, et qu'il vous
inspirât du goût pour cette étude, et si vous veniez,
monsieur, à vous y livrer sérieusement, faites-moi le
plaisir de m'envoyer alors (dans combien d'années, peu
importe, quoique le plus tôt fût le meilleur) les cinq à
six mille espèces de plantes qui croissent en Haïti,
plusieurs échantillons de chacune, en fleurs et en fruits

bien mûrs. Bagatelle!—Il est vrai que ce n'est pas peu
de chose et que c'est nécessairement le travail de plusieurs années, mais travail qu'on entremêle à d'autres
études. Je vous enverrais alors des plantes européennes. Au reste, que vous deveniez botaniste ou non
(et sans doute vous ne le deviendrez pas), si jamais,
monsieur, et ceci est dans les probabilités, si jamais
vous avez un petit établissement à la campagne où vous
irez passez les dimanches, achetez à mon intention une
couple de rames de papier gris, et séchez pour moi
toutes les diverses espèces de plantes qui croîtront
dans votre jardin ou aux alentours, et que vous distinguerez, sans plus de science. Vous n'en distinguerez jamais ainsi qu'un très-petit nombre d'espèces, deux ou
trois cents peut-être, et que j'aurai sans doute pour la
plupart recueillies moi-même ; mais il me serait utile d'en
avoir des doubles en abondance. En mettant une main
de papier entre chaque plante, au bout de huit jours,
c'est-à-dire d'un dimanche à l'autre, sans l'avoir changée
dans la semaine, vous la retrouvez sèche généralement.
De cette façon, il faut beaucoup de papier pour n'en
pas sécher un grand nombre à la fois ; mais cette petite
opération se fait avec bien peu de soins et d'ennui, si
elle ne se fait qu'avec lenteur ; et, en recommençant tous
les dimanches, comme il y en a cinquante-deux dans
l'année, cela fait, au bout d'un an, une masse assez considérable. Indiquez le site où vous avez trouvé chaque
plante, la couleur des fleurs, l'odeur, l'usage vulgaire
si elle en a un, ainsi que la dénomination vulgaire dans

le même cas; et, si vous ne pouvez sécher qu'une partie
de la plante, ce qui arrive toutes les fois que vous
n'avez pas affaire à une herbe ou à un très-petit ar-
buste, alors écrivez quelle est la grandeur de l'arbre
dont vous ne séchez qu'un rameau; écrivez aussi s'il
est grimpant, sarmenteux ou droit; écrivez enfin les
caractères qui ne peuvent être conservés dans le fragment desséché.

Il eût été très-politique de ma part de vous opprimer
pendant les trois mois et demi que j'ai passés près de
vous, monsieur, et de vous apprendre, bon gré, mal
gré, un peu de botanique : je me faisais ainsi un correspondant, personnage précieux.

Mais, tout bien pesé, je ne vous engage pas à cette
étude; pour être philosophique, pour être digne d'occuper un bon esprit, elle exige trop de connaissances
qui vous manquent. Vous voudriez voir certainement
autre chose dans la botanique que de jolies fleurs avec
de belles couleurs, des odeurs agréables et des noms
latins. Vous voudriez certainement connaître le mode
intérieur de la vie de ces êtres si divers, et ne pas vous
borner seulement à l'étude de leurs formes. Or, pour
bien comprendre la physiologie végétale, il faut, je ne
dis pas avoir quelques connaissances de chimie et de
physique générale, mais savoir *parfaitement bien* la
partie la plus difficile, la plus compliquée de la chimie; quelques idées d'anatomie sont aussi nécessaires.

Les sciences naturelles se tiennent toutes plus ou
moins étroitement, toutes ont également des rapports

avec les sciences physiques ; il vous faudrait commencer par celles-là ; ce serait une immense étude, impossible d'ailleurs, ou je me trompe fort, avec des livres seulement.

Tout cela, monsieur, est entièrement hors de la direction que vous devez suivre, je crois. Vous avez assez à faire, ma foi! avec les deux cents volumes de philosophie, de littérature et de politique dont nous nous sommes amusés à faire la liste. Que je répare encore deux omissions : 1° les *Mémoires du duc de Saint-Simon* ; 2° la *Liberté et l'Industrie*, par Dunoyer, un volume in-8°, son dernier ouvrage.

Il y a bien des objections, et des objections d'un genre très-élevé, à faire à ce livre ; du moins, lorsqu'il parut, j'en adressai plusieurs à M. Dunoyer, qui est un des hommes que j'aime et estime le plus, et il y répondit quelques jours après dans une leçon à l'Athénée, à l'usage de ceux qui pourraient les avoir pensées sans les lui avoir exprimées. Cependant, c'est un livre que je me figure devoir vous être fort utile dans votre situation particulière, privé de toutes ressources de société : j'entends de société où ces sortes de questions politiques soient du goût des causeurs et à leur portée.

Recette (qui n'est pas pharmaceutique) :

Comme j'étais étonné de la prodigieuse variété et de l'étendue de connaissances des Allemands, je demandai un jour à l'un de mes amis, Saxon de naissance et l'un des premiers géologues de l'Europe, comment se-

compatriotes s'y prenaient pour savoir tant de choses. Voici sa réponse, à peu près : « Un Allemand (moi excepté, qui suis le plus paresseux des hommes) se lève de bonne heure, été et hiver, à cinq heures environ. Il travaille quatre heures avant de déjeuner, fumant quelquefois pendant tout ce temps, sans que cela nuise à son application. Son déjeuner dure une demi-heure, et il reste, après, une autre demi-heure à causer avec sa femme et à faire jouer ses enfants. Il retourne au travail pour six heures; dîne sans se presser; fume une heure après le dîner, jouant encore avec ses enfants; et, avant de se coucher, il travaille encore quatre heures. Il recommence tous les jours, ne sortant jamais. — Voilà, me dit mon ami, comment Œrsted, le plus grand physicien de l'Allemagne, en est aussi le plus grand médecin; voilà comment Kant le métaphysicien était un des plus savants astronomes de l'Europe, et comment Gœthe, qui en est actuellement le premier littérateur, dans presque tous les genres, et le plus fécond, est excellent botaniste, minéralogiste, physicien. »

Adieu, monsieur, il en est temps; car mon postscriptum s'allonge démesurément, ce qui est contre toutes les règles d'Aristote et de madame de Sévigné. Excusez l'extrême désordre de ce griffonnage dont je crains bien qu'il n'y ait à tirer ni pied ni aile.

Si les détails de la vie des grands hommes vous intéressent, il existe une *Vie de Rossini*, écrite par M. de Stendhal, non pas dans le genre de Plutarque, parce que le héros ne prêtait pas à cette manière antique, mais avec infiniment de grâce, d'originalité et d'esprit. Rossini n'avait que trente et un ans lorsque sa biographie fut publiée, et c'est de quoi je l'ai vu aussi furieux que peut l'être le maestro, indifférent à toutes choses, même à la gloire; mais il avait déjà écrit quarante-trois opéras, et depuis il n'a rien fait.

L'artiste est mort depuis cinq ans chez Rossini; depuis cinq ans, ce n'est plus un grand homme, ce n'est plus qu'un homme d'infiniment d'esprit. Ainsi, sa biographie est complète, quoique ne menant le lecteur que jusqu'à sa trente et unième année.

Ramapoe, État du New-Jersey, 17 juillet 1827.

Cependant, monsieur, toute réflexion faite, campagne ou non, ménage ou non, soyez assez aimable pour vous munir d'un grand livre, format de journal, ou quelque chose de mieux, c'est-à-dire de plus grand, et, quand vous irez philosopher à la rivière Froide, ou ailleurs, veuillez ramasser à mon intention ou plutôt abattre des fleurs de *palmiste*, de *dattier* (ce qui exigera l'entremise de mademoiselle Z..., que je ne trouve pas jolie, mais que j'entendais dire serviable à tous), d'*acajou* (il y en a un arbre dans le jardin même de Marquissant, si mon frère toutefois ne l'a point abattu pour le faire mieux pousser), de *grenadille* (l'espèce qu'on cultive, et dont j'exècre le fruit), de *bambou* (il y en a une touffe au bord du chemin de Marquissant, à

8

gauche en montant), d'*igname*, de *manioc*, de *gin-gembre* et autres.

Vous emporterez ce grand livre sous votre bras à la promenade, et cela vous fera une réputation superbe de studiosiste (en supposant que le mot soit français, et il devrait l'être), très-convenable à un — j'espère — futur directeur de l'instruction publique. Vous y jetterez sans plus de façon les plantes que, chemin faisant, vous rencontrerez, et, au retour, vous les coucherez comme je le faisais entre du papier gris. — Vous éviterez ainsi la boîte de fer-blanc, qui est par trop pour de bon. Buffon ne pouvait souffrir qu'on l'appelât naturaliste; même *grand naturaliste* l'offusquait; la désinence de ce mot sonnait mal à son oreille. Naturaliste, lampiste, dentiste, etc. etc..., gens qui vivent de leur travail; chose messéante à un gentilhomme. Courier aussi se récuse quelque part comme helléniste. « A l'exception de Letronne, qui en sait peut-être autant que moi, dit-il quelque part, je sais plus de grec à moi tout seul que toute l'Académie, et si pourtant, ne suis helléniste. Helléniste, c'est qui vit du grec; Gail, par exemple, pensionné pour le grec. Buffon, dans la bassesse de son style familier, disait: « Je suis un gentilhomme qui « m'amuse d'histoire naturelle. »

Ainsi donc, monsieur, cueillez des plantes pour moi, en amateur s'entend, mais non en botaniste, qui rime trop avec choriste, modiste, bandagiste et autres également peu relevés. Quand mon frère Frédéric sera ministre de la marine, je le prierai de vous envoyer

une goëlette pour prendre ce que vous aurez séché en
ma faveur. Si avant cela vous aviez l'occasion de quelque navire de commerce, veuillez en profiter ; le plus
tôt sera le mieux. Il va sans dire que ma reconnaissance
sera aussi vive que durable, etc., etc., etc. ; à quoi j'a-
joute que vous me ferez par là un petit présent des plus
agréables, ce qui prouve évidemment que le superlatif
n'est souvent qu'un véritable diminutif : remarque assez
peu nouvelle, je le crains, mais dont la justesse vous
frappera en lisant un réquisitoire quelconque de procureur du roi. C'est curieux.

Les Indiens habitaient il y a soixante et dix ans cette
vallée d'où je vous écris : ils sont maintenant à plus de
trois cents milles de distance. Leurs peuplades quelquefois se trouvent enclavées parmi des populations d'origine européenne ; mais elles ne s'y mêlent en aucune
façon ; elle forment ce que les légistes appellent *imperium in imperio*. Il n'y a plus ici que des Indiens de sang
mêlé, conséquence des fautes d'orthographe de quelques
dames indiennes. L'organisation de la mère a prévalu
chez ces enfants, qui, presque blancs, ont tous les instincts errants et indépendants de la race indienne. Impossible d'en faire des paysans, de les amener à vivre
dans la vallée, à y être cordonniers, charrons, labou-
reurs ; ils demeurent dans les bois, parmi les montagnes
voisines, habitant de misérables cabanes faites de troncs
d'arbres posés les uns au-dessus des autres, avec une
vache, quelques cochons et un petit champ de maïs.

Je vois ici l'esclavage par mes yeux. Il a été aboli le

5 juillet dans l'État de New-York; mais, ici, il subsiste encore, et subsistera sans doute longtemps; du reste, je ne pourrais aucunement juger ici de ses rigueurs dans le Sud; les esclaves étant ici peu nombreux, il n'est point nécessaire de les contenir par un système de violence et de terreur : leur condition journalière est exactement celle des ouvriers de la campagne employés habituellement dans une ferme française. Je demande dix fois le jour : « Celui-ci est-il libre? Celui-là est-il esclave? » Quelquefois on les affranchit gratuitement, presque jamais on ne les vend; d'ordinaire, ils naissent et meurent sous le même toit, très-attachés à leurs maîtres, qui généralement sont très-bons. Il serait impossible à un étranger qui ne ferait point de questions de se douter que l'esclavage existe en cet État; dans cette partie du moins, possédée et habitée par les descendants des Hollandais qui s'établirent les premiers sur cette terre. Ceci n'est pas une apologie de l'esclavage : Henri IV et Joseph II sont de faibles arguments en faveur de la monarchie absolue.

Ce pays est plein du *cant* le plus dégoûtant. O......, à Paris, est un fripon, mais sans beaucoup de prétention, je crois, à la probité, à la délicatesse, etc., etc. New-York est pavé d'O...... (sans l'esprit du véritable) qui sont tous membres zélés, ardents, de quelque association religieuse ou philanthropique, scandalisés le dimanche du chant d'un oiseau, et plaidant le lundi contre leur père ou leur enfant, volant leurs créanciers, incapables de boire un verre d'eau sans adresser

d'abord au Seigneur une petite prière tout onctueuse,
et ne quittant presque jamais la table qu'après d'ignobles excès.

Oh! si j'étais journaliste ultra, écrivant pour les jésuites dans *le Drapeau blanc*, comme je m'amuserais de la
tolérance religieuse des Américains! L'intolérance est
complète dans les mœurs; mais vous croyez peut-être,
monsieur, qu'elle n'était point consacrée par les lois.
Or, voici : dans cet État, la loi défend de chasser, de
pêcher, de se baigner, etc., le dimanche; on le fait dans
cette vallée parce que le juge de paix est, par le plus
grand hasard du monde, un philosophe qui ferme les
yeux quand il ne veut pas voir; mais il ne sera pas
réélu.

Aucun spectacle public ce jour-là, cela va sans dire.
Il en est de même à Londres. Mais voici du nouveau.
Il y a très peu de jours que la législature d'un État voisin (la friponnerie de ses habitants est proverbiale en
ce pays), le Connecticut, a décidé que les médecins ne
pourraient réclamer d'honoraires pour les visites que,
dans des circonstances urgentes, ils pourraient être
obligés de faire le dimanche.

Il n'y a pas de si pauvre village qui n'ait une ou plusieurs associations religieuses pour le triomphe de sa
bannière. Ces sociétés populaires entraînent le gouvernement, qui naturellement vaut mieux que la société.
Je trouve plus commode d'être obligé à étaler une ou
deux paires de draps blancs devant ma porte un certain
jour de l'année, que de m'ennuyer légalement chez moi

cinquante-deux dimanches de suite; notez que je n'y puis chanter ou jouer du violon pour me distraire : si l'on m'entendait dans la rue, on irait me dénoncer au juge de paix, que son devoir obligerait à me condamner.

On se plaint en France de la partialité avec laquelle sont réparties les aumônes dont la distribution est laissée aux prêtres : elles tombent exclusivement, dit-on, sur les pauvres dévots ou hypocrites; cela est vrai, cela doit être. Ici, c'est mieux encore : un des statuts des mille associations religieuses de ce pays est l'obligation pour chaque membre de ne jamais employer d'ouvriers connus pour être négligents dans leurs devoirs religieux; de ne rien acheter à des marchands soupçonnés de la même infamie, etc., etc. C'est la classe moyenne, chez nous si éclairée, si philosophe, si tolérante, si pleine de mépris pour toutes les questions religieuses, c'est cette classe qui aux États-Unis étale maintenant ce zèle inepte d'un autre âge; car le bas peuple, à l'égard de ces choses, est ici comme ailleurs, il s'en soucie fort peu; il est indifférent pour la religion, et il n'aime pas les prêtres...

Prenez Claude Lorrain, faites-le monter en fiacre, et menez-le à la plaine de Montrouge; là, faites-le descendre, et dites-lui : « Faites-moi de ceci un superbe dessin. » Il vous enverra à tous les diables; et, si vous avez deux gendarmes pour l'obliger à dessiner, il ne pourra jamais parvenir à trouver dans la plaine de Montrouge, et, par conséquent, à représenter autre chose, qu'une ligne unie avec des treuils paraissant plus ou moins grands, suivant leur distance; c'est tout au plus s'il y aura un moulin à vent et un cabaret peint en rouge pour faire diversion.

Or, la société américaine est, en son genre, ce que la plaine de Montrouge est dans le sien; et, moi, je ne suis pas Claude Lorrain! Ainsi donc, monsieur, bonjour pour le moment.

Toujours Ramapoe, le 19 juillet.

Ramapoe, Ramapock, Ramapo, Ramapough (car les uns et les autres s'écrivent), c'est le nom de cette vallée et de la rivière qui y coule. Je pourrais, monsieur, vous faire de cette rivière un noble parallèle avec la rivière Froide, et vous croiriez qu'il s'agit tout au moins du Mississipi ou de l'Artibonite; mais le fait est qu'elles se ressemblent comme deux gouttes d'eau; seulement, de lieue en lieue, le Ramapoe est gâté par un moulin, tandis que la rivière Froide est charmante comme au jour de la création (lequel a dû être excessivement long).

L'industrie, quoi qu'en dise, quoi qu'en chante M. Charles Dupin, n'est pas poétique. Laissez prendre aux Anglais le protectorat de la Grèce, avant six ans vous aurez d'excellentes routes et de bonnes diligences sur le Pinde, le Parnasse, le mont Athos, et des bateaux à vapeur sur l'Achéloüs : cela sera dégoûtant.

Dupin a mis en vers les ponts en fil de fer; et, généralement quelconques, tous les ponts suspendus. Il y a quarante ans, on a mis aussi en vers l'ordonnance de la cavalerie, de M. de Saint-Germain. Andrieux, en ce temps-là clerc de notaire, mit en vers la Coutume de Paris, mais non sérieusement; tandis que c'est du plus grand sérieux que l'ingénieur a *chanté* ses machines comme un autre chantait la colère d'Achille, ou la piété et la valeur de Godefroy de Bouillon. — Vapeur, ingénieur, condensateur, régulateur, hydraulique, conique, sinus, cosinus, nonius, balancier, levier, acier, parallélipipède, vis d'Archimède; thermomètre, dynamomètre; pression, fusion, attraction, érosion, section; sécante, tangente, cosécante, soupente, charpente, pompe foulante, aspirante : voilà les rimes habituelles du susdit Dupin. Il n'y a point ici, monsieur, de baie à onde ni de campêche qui vous obligent à suivre, à défaut de chemin, le cours même de la rivière; mais il y a dans les prés qui la bordent souvent tant de *rattle-snakes* ou de *copper-head* (deux espèces de serpents très-dangereux), que, les herbes étant hautes dans cette saison, vous êtes réduit, pour herboriser, à vous mettre dans l'eau et à y marcher. Je trouve maintenant ce genre de promenade très-agréable.

Le général Washington a eu son quartier général dans un petit bâtiment qui sert actuellement de cuisine à la maison où j'habite, ce qui ne laisse pas de faire avec les rattle-snakes, les demi-Indiens, et les montagnes environnantes, un ensemble assez pittoresque : cela, du moins, vaut cent fois mieux que New-York.

Vous savez bien, monsieur, quelle est en France la misère littéraire et scientifique de toutes les villes qui ne sont point Paris; eh bien, New-York, avec ses cent quatre-vingt mille habitans, ses quarante-sept journaux, est plus misérable en ce genre que Pontoise ou Melun. Chacun emploie à gagner de l'argent *tout* son temps : pour ceux, en très-petit nombre, qui trouvent en venant au monde de l'argent tout fait, ils sont au-dessous de tous. Ces gens achètent Byron et Walter Scott, ils ne font point de difficulté pour donner quelques dollars pour des livres, mais ils ne les lisent pas; les acheter n'est pas cher, les lire le serait extrêmement. Le médecin compte combien de visites il pourrait faire dans le temps nécessaire pour arriver au soixantième volume de Walter Scott; l'avocat, le notaire, comptent les pages qu'ils pourraient barbouiller, estiment le prix de chacune, font l'addition, et ne sont pas si bêtes que de lire ces charmants ouvrages.

Les quakers se gardent d'une foule de plaisirs qu'ils considèrent comme innocents en morale, mais frivoles, et qu'ils proscrivent à ce titre : *cause de perte de temps*. — Eh! messieurs, si vous étiez des Franklin, des Newton, des Jenner, des Mozart, ce serait très-charitable à vous, que de ne pas perdre votre temps en amusements frivoles, car votre travail ferait le bien-être ou les délices de vos semblables; mais regardez-vous : qu'êtes-vous? De bonnes gens quelquefois, mais bien communs, bien vulgaires, des animaux bien lourds, bien pesants, bien ignorants, tout juste bons à régler vos petits intérêts privés, à bien vendre votre lard ou votre farine. Votre existence n'est utile qu'à vous; elle est parfaitement indifférente à tous autres.

Faites de votre temps ce qu'il vous plaira; et, soyez tranquille, personne ne vous en demandera compte. Quand, au lieu de vendre et d'acheter, ce qui est actuellement l'occupation de votre vie et l'exclusif usage pour vous de ce temps si précieux, vous l'emploierez à faire de grandes découvertes en physique, à peindre à la manière de Raphaël et du Corrége, à faire des statues comme Canova, des opéras buffas comme Rossini, ou des romans comme Walter Scott, — alors, oh! alors, travaillez, et ne perdez pas de temps!

Dégoûtants! dégoûtants! c'est honte d'en parler: ces animaux sont au-dessous de la critique; mes amis ne me croiront pas quand je leur parlerai de ce pays.

Mon Dieu! monsieur, qu'on a d'esprit à Paris!

Ce pays est incontestablement celui où l'on trouve le plus de gens bien vêtus; c'est sans doute celui où il y a le moins de ce qu'on appelle en France des gens comme il faut.

M. de Chateaubriand, dans son magnifique article sur la nécessité pour les États européens d'accepter la monarchie constitutionnelle sous peine de la république (*Journal des Débats*, 4 décembre 1823, si j'ai bonne mémoire), parle de l'élégance des républiques modernes, faisant allusion aux États-Unis. C'est que, quand il était venu en ce pays, il y avait trouvé vivants encore tous les hommes de la révolution américaine, républicains par principes, mais aristocrates dans leurs mœurs, ou au moins dans leurs manières; élégants, polis, parce qu'ils avaient reçu l'éducation anglaise monarchique de ce temps. Tous ces hommes sont morts.

XXII

A MADEMOISELLE TINETTE, A HAÏTI.

A bord de l'*Artibonite*, le 8 juin 1827, près
des côtes d'Amérique.

Chère mademoiselle,

Me voici déjà bien loin de votre pays; je ne le reverrai sans doute jamais, ni vous par conséquent. Je veux donc vous dire — ce dont, j'espère, vous êtes bien persuadée — que je ne l'ai pas quitté sans une peine véritable en pensant à cette idée que je ne vous reverrais plus. Douceur, bonté, vous avez toutes les qualités que j'aime. Je désire beaucoup vous avoir, de mon côté, inspiré de l'attachement. Je voudrais savoir que ce n'était pas seulement parce que je suis le frère de Frédéric que vous avez été pour moi si constamment bonne et aimable. J'aurais bien aimé pouvoir vous accompagner à Jérémie; mais il fallait bien revenir en France. Je ne vous ai pas dit grand'chose en vous voyant partir; mais c'est mon habitude, bonne ou mauvaise, de ne pas trouver mot à dire à des amis que je quitte ou qui s'éloignent de moi. J'ai alors le cœur serré, j'ai envie de pleurer, et je ne dis rien pour ne pas pleurer. C'est quelque chose pour moi de si pé-

niblé que cette situation, que le plus souvent je me l'é-
pargne en partant comme un coup de canon, sans le
dire à personne. C'est en vous voyant partir pour Jérémie que j'ai senti combien je vous étais attaché.
Savez-vous ce qu'il y a de plus triste dans ma vie de
voyageur? C'est de devenir ami de personnes qu'il
me faut bientôt quitter, et presque toujours pour ne
les revoir jamais. Comptez que vous aurez toujours
en moi un ami, et un ami dévoué. Adieu, chère mademoiselle Tinette; je me rappellerai toute ma vie avec
plaisir le temps que j'ai passé près de vous. Faites mes
amitiés à Virginie, qui serait beaucoup plus gentille si
elle étudiait mieux, et recevez l'assurance bien sincère
de mon respect et de mon attachement.

XXIII

A M. PORPHYRE JACQUEMONT, A PARIS.

New-York, 28 juin 1827.

Mon cher Porphyre,

En peu de mots, — car je ne sais où prendre le temps
pour tout ce que je dois faire, — je suis ici établi commodément dans une maison où je ne prends que mon logement, dînant toujours dehors et ayant pour chaque
jour plutôt deux invitations qu'une. D'ailleurs, ne revenant souvent que dans la soirée de mes courses dans
les environs, je vois des choses extrêmement intéres-

santes; il me semble que j'en vois beaucoup. Un homme de ma connaissance, je puis dire presque de mes amis, m'accompagne jusqu'ici, et c'est pour moi une grande économie de temps, car il m'épargne toujours d'aller dans les lieux moins intéressants, et c'est en voiture qu'il me mène à ceux à visiter. Ainsi, dans l'intervalle du matin au soir, je pousse mes excursions assez loin de la ville. Je vais demain m'établir à trois lieues, chez des amis de Stevenson (des paysans riches, d'excellentes gens), auprès de la localité la plus curieuse de l'état voisin du New-Jersey. J'ai ici des devoirs de société qui me font perdre un temps précieux; là, je n'en aurai point à rendre. Je reviendrai à la ville, le 4 juillet, pour lequel jour l'excellent Stevenson me négocie une invitation à dîner avec la municipalité, chose très-ennuyeuse, très-bête, très-sale, me dit-il, mais curieuse pour un étranger. Après cela, je repartirai passer huit jours en un autre endroit du Jersey, à douze lieues; puis je ferai un voyage d'une semaine à Philadelphie; puis, vraisemblablement, chez une famille amie de Frédéric, qui habite les bords de l'Hudson, près d'Albany.

J'ai reçu ce matin une lettre de Frédéric du 9 juin; il compte toujours venir ici par le retour de *l'Artibonite*, repartant demain pour Port-au-Prince. J'attends impatiemment un nouveau navire de ce pays-là, parce qu'il y a trente-neuf jours, Stevenson y a envoyé deux paquets de lettres à mon adresse reçus pour moi, de toi et de notre père, et le premier navire de Port-au-

Prince va me les rapporter, avec d'autres, j'espère, adressées à Port-au-Prince directement, et qui pourraient y être arrivées depuis mon départ.

On commence ici à se plaindre beaucoup de la chaleur; pour moi, jusqu'ici, je ne fais que m'en rire, et je n'ai pas d'autre costume à la ville que du drap noir de la tête aux pieds. Je ne trouve pas qu'il y ait du trop. Cette manière frileuse de prendre le temps est d'accord avec l'économie.

Économie! Quoi que je fasse en ce genre, quoique je déjeune souvent comme un philosophe ou un marin, avec du biscuit (qui est excellent, il faut le dire, je le préfère au pain frais) et des verres d'eau sucrée, les premiers jours de mon séjour n'ont pas laissé que d'être onéreux. J'ai eu quelques réparations à faire à mon costume, des avaries à réparer; mais elles n'ont porté que sur des objets de détail, et je n'ai pas de quoi crier beaucoup. Comme ma dépense de fondation est beaucoup moindre que l'hiver dernier, puisque je ne paye pas ma table (si ce n'est rarement quand je mange au cabaret, et alors ceci n'est guère dispendieux; vu la simplicité de mes goûts), comme il ne m'en coûte perpétuellement que douze gourdes par mois pour ma chambre, c'est-à-dire deux francs vingt-cinq centimes par jour environ, tu vois qu'il me reste de la marge pour arriver au maximum de dix francs; en terme moyen, je resterai au-dessous.

Il est possible que je fasse pour mon retour un coup de maître. Ce serait de laisser là les paquebots et de

revenir à bord d'un navire ordinaire. Je ne puis gagner à cela moins de cent cinquante francs.

Adieu, cher ami; je ne tirerai sur toi l'argent nécessaire à combler mon déficit pour le retour qu'au
moment de mon embarquement. Je me porte très-bien,
et baragouine passablement l'anglais. Je t'embrasse de
tout cœur, et notre père.

XXIV

A M. JACQUEMONT PÈRE, A PARIS.

New-York, mardi 10 juillet 1827.

Mon cher et excellent père,

J'ai reçu ici, le 5 de ce mois, un paquet, que m'adressait Frédéric par la voie de Baltimore, contenant les
lettres suivantes :

Une de M. Charpentier, avec *Pontarlier* timbré sur
l'adresse;

Une de M. Edwards;

Une de M. Cordier, 21 mars;

Une de Chaper;

Une de Porphyre, 8 février;

Une autre de Porphyre, 23 mars;

Une de vous, 22 mars, fermée le 24;

Une autre de vous, très-courte, du 28 mars;

Enfin, une troisième de vous, du 3 avril, terminée le

14, qui m'apprend la décision du Jardin des Plantes à mon égard.

Je vois, par celle de Porphyre du 23 mars (où il me rappelle et mentionne toutes les précédentes à moi écrites par vous), qu'une ou deux ne me sont point parvenues. Mais, enfin, j'ai reçu les plus essentielles. Je sais, par votre note du 14 avril, que l'affaire du Jardin est décidée, et c'est la chose à laquelle je tenais le plus après l'assurance de votre bonne ou passable santé. Frédéric, dans le billet qu'il joint à ces lettres, les unes venues directement à Port-au-Prince, les autres indirectement par New-York, Frédéric me mande qu'il ne m'envoie pas les instructions du Musée pour ne pas me ruiner en frais de poste, le navire qu'il charge de cette volumineuse correspondance se rendant à Baltimore, et non à New-York directement. Comme il n'y a point de poissons d'eau douce ici pour M. Cuvier, je ne la regrette pas, attendu que je n'en aurai pas besoin pour recueillir une suite géologique des terrains du Jersey (où je vais demain), si je trouve quelque chose d'intéressant, ce que j'espère. Je viens de passer ces jours-ci dans Long-Island, et, demain, comme je viens de vous dire, je pars pour demeurer huit ou dix jours dans le Jersey. C'est le soir, je suis horriblement pressé, et il faut que je réponde à M. Cordier.

Adieu donc, quoique j'aie mille choses à vous dire, et à Porphyre aussi. Je me porte bien, fort bien, quoique mouillé souvent jusqu'aux os. Cette chaleur de

New-York dont on m'avait fait tant de bruit, je n'en souffre point à la ville, vêtu de drap noir de la tête aux pieds. Je dépense peu d'argent et vais n'en dépenser presque pas pendant dix à douze jours (à Ramapoe). *Le Cadmus* n'est pas arrivé. Je reviendrai peut-être par un navire de commerce, non paquebot. C'est moins cher. Peut-être Frédéric retournera-t-il directement de Port-au-Prince en Europe. M. Godard l'y engage. Je n'ai pas le temps d'écrire quelques lignes à M. Edwards. En voici quelques-unes pour Charpentier qu'il faut affranchir, c'est obligé. J'en adresse directement quelques-unes aussi à Chaper, que je suppose établi à Chaillot (à Paris). Je tirerai sur Porphyre la somme dont j'aurai besoin pour compléter, avec ce qui me reste, le prix de mon passage. Je compte partir vers le 15 août. Je vous écrirai auparavant par le navire du 1ᵉʳ septembre.

Mercredi matin 11.

Je pars. Adieu. Cachetez cette lettre pour M. Cordier, à qui je n'ai su si je devais écrire officiellement ou autrement, raison pour laquelle elle est si courte. Adieu, mon cher père; adieu, Porphyre. Je vous embrasse de tout mon cœur.

XXV

A M. PORPHYRE JACQUEMONT, A PARIS.

New-York, dimanche soir très-tard, le 12 août 1827.

Mon cher Porphyre,

Je suis revenu hier au soir bien mouillé, bien fatigué,
rompu, écorché même quelque peu, etc., etc., du Jersey méridional, vers l'embouchure de la Delaware. Le
pis est que j'ai été aussi très-rançonné, et cette idée allait sans cesse gâtant pour moi le plaisir que j'aurais
trouvé dans ce petit voyage plein de nouveauté et de
véritable intérêt. Chemin faisant, j'ai passé par Philadelphie, où, au retour, je me suis arrêté un jour, celui
d'avant-hier, parfaitement employé. J'y ai vu beaucoup
de choses très-intéressantes dans des genres très-divers.
Stevenson, pendant ce temps-là, se ménageait quinze
jours de liberté, afin de me faire les honneurs de ses
lacs, en se soumettant toutefois et absolument à l'allure
qui convient à mes études. Il a déjà fait ce voyage avant
de venir en Europe; il sera pour moi un agréable et
utile compagnon. Je reviendrai pour le 1er septembre,
ayant vu bien des choses que je regretterais peut-être
un jour extrêmement de n'avoir pas vues dans mon

séjour en Amérique, s'il me fallait partir après-demain
pour le Havre. Jusqu'ici, je me suis peu écarté du littoral.

En prolongeant aussi mon séjour en ce pays, je dé-
passe la somme que j'avais estimée y dépenser. Mais,
tant que je resterai au-dessous de ce que tu m'as of-
fert, Porphyre, j'userai de ta bourse, cher ami, comme
si elle était la mienne, sûr de me rencontrer en cela
avec tes idées. Je ne perdrai point, par une économie
mal entendue, l'occasion d'avantages qui ne se retrou-
veront plus dans ma vie.

Je ne t'en dirai guère davantage cette fois. Ces deux
jours de repos ne sont point des jours de loisir; car il
est plus de minuit, et, demain matin, à six heures, j'ai
rendez-vous ici, chez moi, avec un professeur de West-
Point, le seul botaniste passablement habile de ce pays
(où l'on est, à peu près dans toutes les branches de
connaissances, d'une ignorance que tu croirais difficilement). Ce soir, j'ai eu la corvée d'un enterrement, celui d'un vieillard chez lequel j'allais quelquefois, père
du substitut, de M. Maxwell, son parent un peu et son
homonyme. Quand je dis corvée, ce n'était pas cela
absolument, car un enterrement américain était une
chose nouvelle pour moi.

Ce matin, j'ai reçu, par la voie de Baltimore, une
lettre de Frédéric, qui me mande que, par suite d'arrangements avec une maison américo-haïtienne de
Port-au-Prince, et par suite aussi de ses affaires conten-
tieuses, dont il espère toujours tirer pied ou aile, il con-

tinue d'être retenu, pour le reste de l'été au moins, dans son île.

Je lui écrirai demain quelques lignes au moins, et quelques pages peut-être, si j'ai le temps.

Adieu, mon ami. Notre père croira, j'espère, à la sincérité de mon excuse pour ne lui pas écrire : le manque de temps. On me dit que je suis maigre, mais je me porte bien. Je me referai à la mer. Adieu, cher ami ; je t'embrasse, et notre père, de toute mon âme.

P.-S. — Si tu vois le capitaine Allyn, dis-lui que j'ai passé dernièrement quatre ou cinq jours en ville quand il était avec sa femme à la campagne dans le Connecticut, et que, revenu exprès un jour à la ville pour le voir, la veille de son départ, le 31 juillet, je passai plusieurs fois dans le jour à son hôtel sans le pouvoir trouver. Ajoute à cela tout plein d'amitiés dont je te charge expressément pour lui.

Adieu, mon ami, adieu.

XXVI

A M. VICTOR DE TRACY, A PARIS.

En mer, septembre 1827.

Mon ami, depuis un an bientôt que j'aurai quitté la France, j'ai été tellement privé de vous écrire, que maintenant, près de vous revoir, ma pensée s'élance au-de-

vant de la vôtre, franchissant la distance bien grande
encore qui nous sépare : je sens, je pense avec vous ;
mais en vain : vous ne pouvez m'entendre. Ces longues
heures de méditation sur des souvenirs aimés ne
laissent point de trace après elles, si ce n'est, dans mon
âme, un attendrissement mêlé de douceur et de tristesse qui se dissipe avec peine. Jamais je n'ai mieux
senti combien vous m'étiez cher ! Cependant ces émotions me sont funestes et j'en dois prévenir le retour ;
mais je ne vous quitterai point pour cela, ma pensée
ne se séparera point de la vôtre ; seulement, elle l'appel-
lera vers des objets extérieurs, étrangers à nous-mêmes,
et auxquels notre esprit s'intéressera plus que notre
sensibilité. Je veux vous entretenir, cher ami, du pays
que je viens de quitter. Il est plus fait pour exciter la
curiosité de celui qui ne le connaît pas que pour satisfaire celui qui l'a vu. L'ensemble des mœurs américaines me déplaît, je ne vous le cache pas : leur aspect
sévère quelquefois, et alors non dépourvu de noblesse,
n'est le plus généralement que froid, plat et vulgaire.
Si je vous dis fidèlement ce que j'ai vu, ne me repro-
chez donc pas la sécheresse de cette lettre ; ce sera la
faute du sujet, non la mienne. Ce qui m'appartiendra,
ce sera sans doute un extrême défaut d'ordre ; mais,
pour trouver celui qui convient le mieux à l'exposition
des faits, des idées de ce genre que chaque heure de séjour dans un pays étranger ajoute aux connaissances
que nous avions déjà sur lui, et y ajoute sans choix,
sans liaison, sans aucun ordre enfin, il me faudrait

plus d'attention que n'en permettent le mouvement,
le bruit d'un navire et les dérangements de toute espèce qui y viennent sans cesse interrompre le travail. Au
reste, je me rappelle vous avoir vu sourire plus d'une
fois, cher ami, à notre exigence française d'un ordre
souvent inutile ou impossible même ; et je n'ajouterai
rien de plus à ce début, déjà très-*parlementaire* (comme
on dirait), d'une conversation sans prétention. Confiance et liberté doivent nous suffire.

Presque partout, en Europe, le gouvernement n'est
qu'un système d'oppression exercée par le plus petit
nombre contre le plus grand, appuyée par une force
armée, et maintenue surtout par la peur et l'inertie. Il
n'est donc pas vrai de dire que, là, c'est le peuple qui
fait son gouvernement, et que c'est à lui qu'on doit
reprocher la corruption, les vices de ce gouvernement.
Le peuple, en Europe, ne fait point un gouvernement;
seulement, il le laisse faire : ce qui est bien différent.
Dunoyer aurait pu l'accuser de faiblesse; mais, en vérité, c'était tout ce qu'il pouvait lui reprocher.

Aux États-Unis, il n'en est pas ainsi. Là, mais là
seulement, on peut imputer à la nation les vices du
gouvernement, parce que la nation se gouverne elle-
même; la loi américaine est bien réellement l'expression de la volonté générale des Américains; le gouvernement, chez eux, est nécessairement l'expression des
opinions et des mœurs de la société. Dans quelques
siècles, un recueil des lois américaines actuelles dira
mieux que tous les romans de mœurs ou les comédies

du même genre quel était l'esprit général des mœurs
américaines en ce temps-ci. En France, en Europe,
que nos petits-neveux se tromperaient, s'ils voulaient
juger, d'après de semblables documents, de nos
mœurs actuelles! Ne devraient-ils pas croire, par
exemple, que les Français de 1825 et de 1826 étaient
les plus passionnés pour les intérêts religieux et les
matières théologiques?

C'est une vérité triviale que, chez nous, la société
vaut mieux que le gouvernement. Aux États-Unis,
le gouvernement, n'étant lui-même autre chose que
la société, ne vaut, généralement, ni plus ni moins
qu'elle; il vaut tout juste autant. A quelques égards
cependant, il vaut mieux, et voici comment : c'est que
les changements de la législation ne suivent pas immédiatement les modifications des mœurs; et, quand les
mœurs s'altèrent, tant que la législation n'a pas été
modifiée et altérée dans une mesure correspondante,
alors on peut dire que, sous quelques rapports, le gouvernement vaut mieux que la société. En voici un
exemple. La constitution américaine, faite il y a cinquante ans, n'admet aucune religion d'État; elle garan-
tit la tolérance religieuse la plus absolue. La tolérance
religieuse existait alors dans les mœurs. Depuis, les
prêtres de toute secte ont acquis une extrême influence;
ils ont modifié les opinions de la société, ils l'ont rendue intolérante; cependant l'acte constitutionnel n'a
pas encore été modifié; il n'a point cessé de consacrer
le principe de la tolérance. A cet égard, la loi est

donc aujourd'hui plus libérale que la société : elle vaut mieux.

Au reste, de même qu'en opposition à l'acte consti-tutionnel fédéral (lequel proclame l'égalité des droits pour tous les hommes, sans acception de couleur ou de race), les lois particulières de chaque État fédéré sanc-tionnent dans presque tous l'esclavage, et n'admettent dans aucun les hommes de couleur libres à l'égalité poli-tique ; ainsi, au mépris du même acte, l'intolérance religieuse a reçu successivement la sanction inconsti-tutionnelle de presque toutes les législations parti-culières. Nos jésuites sont des philosophes auprès de ces puritains ! A mesure que la loi est plus locale, à mesure qu'elle est faite par et pour un plus petit nombre d'individus, comme par exemple les règle-ments de police municipale, elle est plus fanatique et plus intolérante.

Cependant, plus de trente sectes religieuses diverses existent en Amérique, qui vivent pacifiquement mêlées ensemble, qui ne cherchent point à se dominer, à s'opprimer, et qui jamais ne se plaignent les unes des autres. Un tel fait paraît de loin le triomphe de la tolé-rance. En voici l'explication ; vous saurez bien, après cela, ce que c'est que la tolérance religieuse américaine. Ces sectes si diverses, quelle que soit la prétention de quelques-unes à ne suivre que la religion naturelle, ont toutes des dogmes, et des dogmes puisés dans les Écritures chrétiennes. Aussi toutes se disent chrétiennes, et, comme de raison, chrétiennes par excellence. Les

unes regardent la Bible comme un livre écrit tout entier
de la main de Dieu; les autres disent que les hommes y
ont ajouté quelques pages; quelques autres enfin prétendent que le diable y a fait aussi des additions. Quoi
qu'il en soit, c'est pour toutes le livre de la Loi; et il en
résulte que toutes ces communions si divergentes, si
opposées dans un grand nombre de leurs doctrines, se
rencontrent dans quelques dogmes fondamentaux. Toutes, par exemple, admettent que le monde a été créé
en six jours et que Dieu s'est reposé le septième. Maintenant, que fait la législation? Elle se tait sur les objets
de controverse, elle ne donne aucun avantage à une
communion sur une autre; mais elle accorde un privilége au petit nombre de doctrines communes à toutes
ces sectes, et elle prononce des peines contre leur
inobservance. Ainsi, la célébration du dimanche est
ordonnée par la loi : tout travail, tout amusement est
interdit ce jour-là. Dans un grand nombre d'États, la
circulation des voitures est défendue, et les voyageurs
sont forcés de s'arrêter. Les juifs, aux yeux de qui ce
ce repos doit être sacrilége, sont obligés de s'y
soumettre.

Il y a donc, de fait, une religion d'État aux États-
Unis. Au lieu d'être la communion catholique comme
en France, ou la communion épiscopale comme en
Angleterre, c'est la religion chrétienne dans la plus
vaste extension de ce mot; mais peu importe. Là,
comme ailleurs, la religion du plus grand nombre fait
la loi à celle du plus petit, et l'opprime. De plus, en

Europe, en France du moins, ces lois absurdes et tyranniques n'ont pour gardiens qu'un petit nombre d'officiers publics, qui, au fond de leur âme, les méprisent, tandis qu'aux États-Unis, c'est une grande partie de la population qui veille, par zèle ou par hypocrisie, à leur exécution.

La Bible me semble être le fléau de l'Amérique. La religion y est un sujet fréquent de conversation; elle y est une affaire dont on s'occupe, dont on parle comme d'une autre. On le fait généralement avec modération : cependant, nous autres Français, comme on nous suppose, par politesse, très-bons catholiques, quand on nous parle de ces choses, ce n'est pas sans nous laisser voir un peu de pitié pour les *superstitions* de notre Église; et, pour peu que nous nous défendions mollement, on se moque fièrement de la crédulité, de l'ignorance des catholiques, et l'on nous chante les louanges des communions réformées, appuyant surtout sur ce point, qu'elles sont éminemment *raisonnables*.

Dans un pays où la majorité est religieuse et où la majorité nomme à tous les emplois, tous les hommes qui ont quelque ambition politique sont obligés de paraître religieux. Toute carrière serait fermée à un philosophe honnête homme, à ce qu'ils appellent *un infidèle*. Telle est l'exécrable hypocrisie dont la société est empoisonnée, que le nom de Franklin n'y est presque jamais prononcé, — parce que Franklin était un infidèle ! Quoi qu'il en soit, ces odieux et absurdes préjugés, étant dictés à la plus tendre jeunesse dans l'édu-

cation domestique, décident pour toujours des opinions sincères de la masse; et cette masse est religieuse.
Maintenant, cher ami, croyez-vous que, pour cela, la
société soit meilleure? Non, elle ne l'est pas : je sais des
gens qui attribueraient à sa religion quelques-uns de
ses vices: moi, je dirai seulement que ces croyances
religieuses n'ont aucune influence sur la vie privée et
secrète des individus. Ce que j'ai vu aux États-Unis m'a
fait renoncer à une opinion que vous partagez, je crois :
savoir, que les idées religieuses peuvent être un instrument de morale utile aux sociétés humaines. J'ai longtemps incliné à le croire, et je ne le crois plus.

Les prêtres américains ont assez d'influence sur l'esprit de leurs coreligionnaires pour les faire contribuer
pécuniairement, sans violence, à l'entretien dispendieux
de leur culte et les faire assister régulièrement à ses
exercices; mais ils n'ont pas le pouvoir de les persua-
der du seul dogme des peines et des récompenses futures. Mon ami, parmi les dévots comme parmi les philosophes, que cette croyance est rare! que de gens
croient à la Trinité, à la Vierge et aux saints, au Tout-
Puissant et à Mahomet son prophète, et ne croient pas
à Dieu! car cette croyance me semble renfermer nécessairement celle d'une autre vie; et, si les hommes espé-
raient ou craignaient quelque chose dans le ciel, ils
vivraient autrement sur la terre. En Amérique, dans ce
pays religieux, la multitude croit à la potence, comme
chez nous; sans religion, elle croit à l'échafaud. Ç'a
toujours été là le fondement de la morale d'une portion

considérable du genre humain. Vérité triste, mais incontestable!

Je reviens donc, cher ami, guéri de tout souhait de protestantisme pour notre pays, et persuadé que nous n'aurions rien à gagner au change. La multiplicité des sectes religieuses dans un même pays ne fait qu'animer le zèle de chacune; on excite ainsi l'intolérance de celles dont la doctrine est exclusive, on sème des divisions, on jette du sombre dans la société, sans y répandre aucune morale. Sous un autre rapport que celui de l'utilité, et considérées seulement comme conceptions intellectuelles, j'ai un grand mépris pour les communions réformées. Appeler au jugement de l'esprit, au libre examen de la raison, de la vérité d'une croyance religieuse, cela me paraît le comble de l'absurdité. Toute religion qui se dit éclairée, qui se prétend raisonnable, est la plus mesquine et la plus fausse conception. Il y a quelque chose de plus beau, de plus grand dans notre impraticable catholicisme; lui, du moins, dédaigne la raison humaine, récuse sa compétence, et ne s'adresse qu'au cœur. Dans ces méprisables querelles qui s'agitent chez nous depuis deux ou trois ans, les plus fous, les plus exagérés, sont au fond les plus habiles et les plus conséquents.

Quand je vous ai dit que les idées religieuses, en Amérique, n'avaient aucune influence sur la vie privée des individus, j'ai été trop loin. Elles obligent les hommes à se marier fort jeunes, parce que le célibat, après trente ans, passe pour quelque chose de très-im-

moral. Il y a peu d'avenir pour un homme non marié.
Dans le monde, on leur fait la guerre, autant sur le ton
d'un reproche sérieux que sur celui d'une plaisanterie
immodeste, et dont j'ai été souvent bien choqué ; les
femmes sont les plus âpres dans cette indécente querelle. Du reste, la vie des jeunes hommes, avant le mariage, est ce qu'elle est sans doute partout, si elle n'est
pire.

Ceci, me mène, cher ami, à vous parler de la vie
domestique américaine. Le nœud qui en marque le
commencement est, de même que chez nous, presque
toujours un marché d'argent; les convenances de fortune doivent être toutes-puissantes dans un pays où la
pauvreté est un plus grand mal qu'ailleurs, parce que
tous les plaisirs doivent s'y acheter. — L'homme dans
le ménage passe sa vie à gagner de l'argent : il remplit
dans la maison des soins qui sont chez nous, et partout,
je crois, en Europe, le partage de la femme; il ne voit
celle-ci pendant le jour qu'aux heures des repas et lui
parle très-peu. La femme est encore plus réservée vis-
à-vis de lui; elle est très-rarement dans la confidence
des affaires de son mari. D'ailleurs, à proportion gar-
dée des fortunes, elle achète dix fois plus de chiffons
qu'une Parisienne; étrangère à la plupart des soins
domestiques qui semblent le mieux faits pour elle, l'oisiveté l'accable; et, quand cette espèce d'animation
tout automatique de la jeunesse est passée, qui lui a
permis pendant les premières années du mariage de
s'étourdir par le mouvement sur le vide de son cœur et

de sa pensée, alors elle prend l'air sérieux que l'ennui
grave chaque jour plus fortement dans toute sa personne. Il y a des Français amoureux de l'Amérique qui
se sont mépris étrangement à cette apparence. Vous
avez sûrement entendu parler de la noble austérité des
dames américaines ; je crois, cher ami, vous en avoir
dit le mot. Elles nourrissent presque toutes leurs enfants, et puis s'en occupent fort peu ensuite ; ce ne sont
pas elles qui commencent leur éducation. Cette instruction superficielle qui, alliée à quelque grâce naturelle
de l'esprit, donne à un grand nombre de Françaises
une conversation assez agréable, est extrêmement rare
chez elles. Elles sont sans agrément dans le monde,
comme sans utilité dans le ménage. Telle est leur existence, tels sont leurs rapports extérieurs avec les
hommes, qu'elles ne me semblent aucunement une moitié de la communauté conjugale. Leur vertu est la résignation. Il y en a peu qui, pour sortir de l'ennui, se
jettent dans le désordre. Cette offense est sans doute
aussi prévenue par la peine excessive dont elle est
punie, toute faute découverte entraînant l'exclusion de
la société. En résumé, il y a en Amérique moins de détestables ménages que chez nous, il y en a peut-être
autant de mauvais, et certainement beaucoup moins de
très-bons. La réserve, sinon la froideur des deux sexes
ne leur permet peut-être jamais de connaître ce que
nous appelons *intimité*. Je ne saurais dire que le mariage soit l'affaire la plus importante dans la vie d'un
Américain. Il n'y a point à craindre d'un mauvais

choix le même excès de malheur, ni à espérer d'un choix heureux la même félicité, dont l'un et l'autre enferment pour nous la chance. Les enfants reçoivent peu de caresses de leurs parents. Ceux-ci semblent plutôt exiger d'eux du respect qu'en demander de la tendresse. Ils sont servis à souhait. — Les jeunes garçons prennent de très-bonne heure l'air sérieux et réfléchi; à l'âge où, chez nous, ils vivent encore dans une heureuse ignorance des soucis de la vie, déjà en Amérique, ils abordent ses côtés sérieux et calculent. Ils passent des jeux de l'enfance au travail aride et positif, à la dure préoccupation du monde réel, sans connaître cet âge de timidité honteuse, d'ingénuité, d'espérances vagues qui sépare chez nous l'enfance de la jeunesse. Ils n'ont point d'adolescence morale.

Oh! que je me suis souvent rappelé, pendant mon séjour aux États-Unis, cette peinture de la vie d'une petite ville d'Écosse, faite par madame de Staël dans sa *Corinne!* C'était cette même teinte plate, sombre et glacée! Est-ce la similitude de religion ou l'identité d'origine qui a maintenu ces tristes mœurs anglaises à douze cents lieues de l'Angleterre, dans un pays gouverné depuis cinquante ans par des lois si différentes? Mais il faut quelque justice distributive, et, après vous avoir parlé comme je l'ai fait des Américaines, je dois faire maintenant la part des Américains.

Depuis deux ans, cher ami, vous avez eu plusieurs fois occasion d'en voir un assez grand nombre dans un *rout* à Paris. Ils n'y parlaient pas, et je me rappelle cependant combien leur nullité perçait au travers de leur silence et de leur immobilité. Vous le remarquâtes également. S'ils eussent parlé, si vous les eussiez entendus, je n'aurais presque rien à vous dire sur eux. Mais ils ne disaient absolument rien; je parlerai donc pour eux.

L'éducation du collége est un peu plus mauvaise encore en Amérique que chez nous. A seize ou dix-sept ans, les jeunes gens sortent du collége avec une très-petite provision de grec et de latin, sans rien de plus. Le plus grand nombre commencent alors l'apprentissage du commerce, et disent aux lettres et généralement à toute habitude studieuse de l'esprit un adieu sans retour. D'autres, nombreux aussi, étudient le droit ou la médecine. Quelques-uns enfin, en très-petit nombre, mangent follement la fortune de leurs parents enrichis. Quoi qu'il en soit, avant peu d'années, chacun s'est fait dans le champ de son industrie sa place étroite ou aisée; chacun s'est marié, et l'existence des uns et des autres se ressemble extrêmement, quel que soit leur état. Leur vie à tous est trop surchargée de travail, pour que l'oisiveté de l'esprit ne leur semble pas le plus doux emploi du peu de loisir qui leur reste. Rien de plus rare que de véritables connaissances scientifiques chez les hommes appartenant aux professions que nous appelons savantes, chez les médecins par exemple, si ce n'est toutefois les connaissances littéraires chez ceux qu'on devrait croire familiers avec les lettres. Le plaisir de l'étude est à peu près inconnu en Amérique. Si le

savoir n'y rapportait rien, on n'y saurait pas même lire
ni écrire. Chacun, dans sa direction particulière, apprend juste ce qui lui est nécessaire pour exercer sa
profession *taliter qualiter*, et gagner de l'argent; mais il
n'apprend rien au delà. On est très-laborieux et très-
peu studieux. Les habitudes intellectuelles, les goûts de
tout genre d'un médecin sont les mêmes que ceux d'un
courtier; prenez des hommes dans toutes les professions appelées libérales, réunissez-les le soir dans un
salon, écoutez la conversation générale qui s'établit
quelquefois entre eux, ou entretenez-les, chacun sépa-
rément: je vous défie de trouver parmi eux la moindre
excitation pour votre esprit. Il me semble que les Américains n'ont pas l'*humour* des Anglais; et très-certai-
nement, ils sont autant que possible privés de ce tour
gracieux de l'esprit qui n'est pas rare parmi nous, en
sorte qu'ils n'ont rien pour cacher leur excessive ignorance. Le fond leur manque aussi bien que la forme.
La conversation ne s'élève jamais au-dessus d'un sujet
d'intérêt local, ou bien, si quelque capable veut s'élever
davantage et sur un ton général, c'est pour provoquer
un déluge de *truisms* les plus plats et les plus senten-
cieux. Au reste, des réunions telles que celles dont j'ai
tout à l'heure rassemblé les personnages, sont très-
rares: elles seraient quelque chose d'analogue à ce que
nous appelons société, et rien de ce genre n'existe en
Amérique. Nulle part sans doute les hommes ne sont
aussi portés à s'associer pour le travail, pour la poursuite du gain, et plus prompts à se séparer pour en

jouir. Nulle part il n'y a plus d'esprit d'association et moins d'esprit de société. La république représentative appelant fréquemment les citoyens à délibérer et à voter, ceux-ci gardent dans leurs rapports privés et portent jusque dans les conversations les plus frivoles les formes lentes et le ton lourd d'une délibération publique. Ils conviennent d'une partie de chasse plus solennellement, je suis persuadé, qu'un conseil de guerre en Europe n'arrête les dispositions d'une bataille. C'est un trait du caractère national de la mère patrie ; les institutions républicaines de l'Amérique l'ont successivement marqué davantage ; et il y est exagéré maintenant jusqu'au ridicule. Dix Américains ne savent point souper ensemble, jouer, ou se trouver réunis pour quelque objet que ce soit, sans nommer un président et un secrétaire. Partout vous retrouvez chez eux l'esprit d'association.

Au milieu de cette disette d'hommes savants, les États-Unis ont plus de sociétés savantes ou littéraires que l'Europe tout entière n'en possède. On n'y parle assurément ni des lettres ni des sciences ; mais on y lit le procès-verbal de la dernière séance, on procède à l'élection de nouveaux membres, au renouvellement de comités temporaires ; le trésorier fait son rapport sur l'état des fonds, on vote ceux qu'il demande ; le président propose que les officiers de la société se réunissent à quelques jours de là dans un souper, pour s'entretenir de ses affaires les plus urgentes ; le souper est mis aux voix, adopté, et le secrétaire est chargé de prévenir et d'inviter officiellement chaque membre du chapitre. Après cet innocent enfantillage qui dure une heure environ, chacun s'en retourne chez soi très-satisfait de sa soirée : particulièrement ceux qui jouaient le président ou le vice-président, ou le *corresponding secretary*, ou le *recording secretary*, ou leurs substituts, ou quelque autre beau rôle. Au reste, afin de multiplier les heureux, on a multiplié extrêmement les personnages de la pièce, et ces sociétés sont de petites armées où il n'y a point de soldats, où tout le monde est général. Cependant la gloire de tous se réfléchit presque toujours sur un seul, qui n'est pas le moins ignorant, mais qui est le plus habile ; et, comme chaque société fait insérer les procès-verbaux de ses séances, ou leur quintessence du moins, dans les petites affiches, le nom de cet homme habile revient souvent dans les journaux, le public peu à peu s'habitue à le considérer, et, s'il est avocat ou médecin, à lui porter son argent. On se pousse ainsi dans sa carrière par des moyens de succès qui sont ignorés chez nous et qui n'y exciteraient que le mépris, même de la multitude.

L'intrigue n'est pas moins nécessaire en Amérique, pour acquérir de la popularité, qu'en Europe pour captiver la faveur du pouvoir ; et elle est peut-être d'une nature plus basse, ou, du moins, plus grossière. L'orgueil national y est plus fou dans ses prétentions que partout ailleurs, peut-être ; néanmoins, le très-petit nombre d'hommes vraiment distingués de ce pays, ceux-là qu'une situation plus élevée expose davantage

aux regards de la nation et que le soin de leur popularité oblige à afficher les prétentions nationales les plus
extravagantes, savent très-bien mépriser secrètement
le suffrage vulgaire de leurs concitoyens ; et ce dont ils
sont le plus flattés, c'est d'être regardés de l'Europe.
L'écho mourant des louanges polies et éclairées de
l'Europe libérale retentit plus vivement aux oreilles du
président des États-Unis que les bravos bruyants de ses
compatriotes. Figurez-vous un comédien, obligé de
flagorner le parterre qui l'entoure (et qui, après tout,
fait la loi dans le théâtre), mais plus jaloux du suffrage
de quelques loges éloignées : c'est là, me dit-on,
M. Adams dans son fauteuil de président. On ne trouverait pas, en 1827, dans les vingt-quatre États de
l'Union américaine, une réunion d'hommes semblable
à celle qui signa la déclaration du 4 juillet 1776. Il
n'existe plus de ces supériorités intellectuelles qui s'é-
lèvent autant au-dessus du niveau de la masse. Cette
génération à laquelle appartenaient Washington, Jef-
ferson, etc., est éteinte maintenant, et avec elle s'est
éteint le savoir profond, le talent éminent de ces
hommes. Nés et élevés pour la plupart à douze cents
lieues de l'Europe, mais dans un pays alors européen,
ces hommes de 1776 étaient des Anglais.

Le beau côté du temps présent, ce n'est certainement
pas cet éclat d'un petit nombre parmi toute la société :
il n'y a point d'aristocratie de savoir aux États-Unis ;
mais ce qui doit le plus nous frapper, nous autres étrangers, c'est, au contaire, l'égalité avec laquelle l'instruc-

tion est répartie dans les diverses classes de la société.
Il n'y a point d'un homme à un autre cette énorme distance qui chez nous les sépare. Comment peut-il exister
des lois très-libérales et égales à la fois, dans un pays
dont les habitants, par leur ignorance et leurs lumières,
et conséquemment par leur besoin de liberté, appartiennent en quelque sorte à des âges divers de la civilisation? Tel est le cas de la France, mais de l'Espagne
bien plus et de l'Italie. Comment la liberté de la presse,
par exemple, pourrait-elle être un intérêt national dans
un pays où la nation ne saurait ni lire ni écrire?

Quelles que soient les prétentions de la richesse à y
former une aristocratie, l'Amérique est toute démocratique dans ses mœurs. L'extrême aisance des classes
ouvrières les rapproche de l'opulence du petit nombre
des riches. Elles s'en rapprochent bien davantage
encore par la ressemblance du degré d'instruction que
les unes et les autres possèdent. Assurément, ce degré
est assez bas parmi les premières; mais il est aussi
bien peu élevé chez les riches.

En outre de la Bible, il n'y a guère qu'une seule
lecture aux États-Unis, mais elle est commune à tous
les citoyens : c'est celle des journaux. Le nombre en est
immense; chaque grande ville du littoral en publie
vingt ou trente, et chaque village un peu populeux de
l'intérieur a le sien. La moitié ou les trois quarts de
leur étendue sont occupés par des annonces commerciales, dont l'insertion est payée au rédacteur; ce qui,
joint au bas prix du papier, permet à l'éditeur de

vendre un journal presque pour rien, et tout le monde sans exception l'achète et le lit. Vous devinez aisément ce que c'est que la prose de journalistes de village : quelque chose d'assez pareil aux sermons de nos curés de campagne. Mais la plupart d'entre eux se tirent d'affaire comme nos curés, en répétant la prose de ceux de la ville, et personne n'y perd. Je ne veux pas dire pour cela que ceux-ci ne soient excessivement plats et communs. Quand à peine on peut avoir trois bons journaux à Paris ou à Londres, que doivent être ceux de New-York ou de Philadelphie, où s'en publient plus de trente? Ces journaux sans nombre portent partout quelque lumière, des demi-connaissances; ils instruisent la masse de la nation, et empêchent sa portion la plus éclairée déjà de s'instruire davantage; car ils lui prennent, tous les soirs, une demi-heure ou une heure qui serait mieux employée à lire Smith, ou le *Commentaire sur Montesquieu*, ou quelque autre bon livre de politique.

Je n'hésite pas à croire que notre gouvernement s'est montré excessivement inhabile dans la guerre que, depuis huit ans, il a faite aux journaux. L'influence de plusieurs l'importunait; il a cherché à les supprimer : leur nombre a été réduit successivement, mais l'influence des survivants n'a fait qu'augmenter. C'était leur nombre qu'il fallait augmenter pour diminuer leur influence. Si la masse de talent ou d'habileté qui est concentrée maintenant dans la rédaction de trois ou quatre feuilles était répartie entre quinze ou vingt, au-

cune n'aurait le même mérite ni la même vogue, aucune n'aurait la même influence.

Au reste, le peu d'intérêt des journaux américains
ne tient pas moins au défaut de talent chez leurs ré-
dacteurs qu'à la nature des débats politiques qui s'agitent en ce pays. L'administration actuelle, M. Adams,
a beaucoup d'ennemis au dedans des chambres légis-
latives et au dehors. Il y a le parti de l'administration
et celui de l'opposition. La guerre entre eux est continuelle, mais elle se fait pour des riens. Une nuance
légère distingue les deux partis. L'un et l'autre sont si
près de s'entendre sur les questions de principes, que
c'est pitié vraiment de les voir si divisés pour si peu
de chose. N'était la question de personnes, je ne doute
pas que tout ce bruit n'eût cessé déjà; il durera jusqu'à ce que cette dernière question soit décidée, c'est-
à-dire jusqu'à la prochaine élection à la présidence. Il
n'y a réellement aucun intérêt au fond de ces disputes,
pour ceux qui sont désintéressés des personnes.

On se soucie fort peu de la politique étrangère, si
ce n'est en tant qu'elle peut toucher le commerce du
pays. J'excepte la cause des Grecs, qui sont à la mode
à cause de leur religion. On ne parle que d'eux; la
croix et le croissant, les martyrs du Christ et les infi-
dèles, etc., etc., sont un texte plus fertile encore en
développements chez ces puritains que chez nous. Toutefois, avec ces beaux sentiments, ils leur ont fait
payer deux millions et demi de francs une frégate qui
en valait à peu près onze cent mille. Ce brigandage, où

presque toutes les maisons les plus respectables de
New-York prirent part, a été si scandaleux, que le
gouvernement, qui n'est point chevaleresque, pour réparer l'honneur national compromis par l'improbité
de tant de citoyens, a cherché à indemniser les Grecs
autant que la politique le permettait, et ce n'est que
par son interférence généreuse que ceux-ci sont par-
venus à avoir la frégate à ce prix.

Les philhellènes qui se sont enrichis dans cette affaire ont fait, depuis, des sociétés de toute espèce en
faveur des Grecs; des souscriptions, des prospectus
superbes, avec de belles phrases contre les peuples
européens qui se montrent si indifférents à une cause
sacrée, etc., etc. Tout cela, cher ami, passe en vilenie
et en hypocrisie ce que pourraient chez nous les maîtres du genre. Comment pourrait-on s'en étonner
dans un pays où l'on ignore ce que c'est que délicatesse, désintéressement, dans les relations les plus
étroites de famille, où les enfants plaident souvent
contre la fortune de leurs parents et de leurs frères,
et où il n'y a aucune probité dans l'habitude des trans-
actions commerciales? Vous avez sûrement entendu
bien souvent parler de ce vice national de l'Amérique;
mais il se montre à un degré que vous croirez avec
peine. La banqueroute est le grand moyen de fortune.
L'homme enrichi par ce vol n'est pas obligé à quitter
le pays; si la justice le poursuit, c'est pour le condamner à une peine insignifiante qu'il évite presque
toujours. Et, d'ailleurs, après tout, s'il va en prison, en

en sortant, au bout de quelques mois; il n'est pas
moins riche ni moins considéré. Il y a un an qu'une
compagnie des capitalistes les plus riches de New-
York se forma pour ruiner, par des opérations fraudu-
leuses, les banques publiques, et se partager leurs dé-
pouilles. Trois ou quatre, les moins riches d'entre
eux, et les moins coupables aussi, furent condamnés;
tous les autres furent acquittés. Un homme excessivement riche ne peut guère être convaincu que de meurtre; il achète l'impunité de toutes autres offenses envers la société. Est-ce aux juges ou aux jurés? Le
public répond souvent : « Aux uns et aux autres. » Je
m'explique aisément comment toute cette société est
si fortement tendue à la poursuite du gain; elle ne
connaît que les jouissances matérielles; elle ne jouit
que dans la consommation du produit d'un travail
antérieur, que dans la consommation d'une valeur. Son
seul plaisir immatériel, peut-être, c'est l'ignoble orgueil de la richesse. Mais ces jouissances que le cœur
donne au cœur, ces plaisirs que l'esprit donne à l'esprit, cette vie du sentiment et de la pensée, ils l'ignorent. Une portion des plus précieuses de nos facultés
semble être étrangère à leur nature. Ils n'ont aucun
sens d'art, de poésie. Il n'y a pas en eux d'admiration
pour ce qui est beau; ils ne le sentent pas, même
quand la beauté s'offre à eux sous les formes les plus
simples. Cette extrême délicatesse du goût dont la
sensibilité est la source, ils n'en peuvent avoir d'idée.
Cependant, comme l'Europe a des arts, il faut qu'ils

en aient aussi, car ils sont assez riches pour n'être
dépassés dans le luxe par aucune nation. Ils copient
ainsi servilement et sans les comprendre bien des
formes de notre civilisation. Vous connaissez ce trait
d'un sauvage du Brésil qui avait trouvé dans ses forêts
l'habit d'un voyageur : en ignorant l'usage, il l'avait
mis sur sa tête; et, nu d'ailleurs, il se promenait fièrement, se croyant vêtu à l'européenne. Eh bien, cher
ami, voilà la critique exagérée des arts en Amérique.
Comme il y a un musée avec des statues à Paris, ils
voulurent avoir des statues. Notre gouvernement leur
envoya donc, à leur prière, une nombreuse collection
de ces copies en plâtre si parfaites, qu'on fait à l'atelier du Louvre. D'abord, quand ils les reçurent, ils
en furent assez embarrassés, à cause des nudités;
mais il est des moyens que l'art judicieux... et ils les
employèrent pour obvier à cet inconvénient; ces anti-
ques, dûment habillés, furent donc exposés dans une
galerie. Au bout d'un an, la fumée du charbon de
terre, qui pénètre partout, les eut noircis; alors, on les
peignit pour leur rendre leur belle couleur blanche,
et je n'affirmerais pas qu'avant d'être peints, ils ne furent point grattés. Depuis, ils ont reçu chaque année
une nouvelle couche de peinture; et, comme il y a
vingt-quatre ans que cela dure, vous jugez de quelle
épaisseur de maçonnerie ils sont recouverts à présent!
Cependant on ne les admire pas moins qu'autrefois.
Je pourrais citer vingt traits pareils. Ils copient nos
modes rigoureusement, sans tenir aucun compte de

la différence des climats ni des saisons. Ainsi, au mois de décembre, quand leur hiver est déjà souvent un hiver de Moscou, leurs femmes s'habillent comme celles de Paris étaient habillées au mois d'octobre; car il faut à ces chiffons plus d'un mois pour passer la mer. Au mois de mai, quand la chaleur quelquefois est déjà celle d'un été de Lisbonne, elles prennent les fourrures légères qu'on portait à Paris dans les derniers jours de mars et qui leur arrivent alors. Ainsi elles battent continuellement la mesure à contre-temps, et on a si peu d'oreille que personne ne le remarque.

Nul pays n'est aussi dépourvu de toute originalité nationale; nulle population n'est aussi antipittoresque. Ils répètent souvent quelques vieilles phrases de l'Europe sur la *patrie*; mais, à coup sûr, ils ne les sentent pas. Ils ne sont pas les fils de cette terre qu'ils habitent, et, sous divers points de vue, ils ne semblent que des étrangers qui l'habitent en passant. Il n'y a point d'avenir dans leur esprit; ils sèment pour eux, mais qu'ils sont loin de songer à planter pour leurs petits-enfants! M. de Bonald aurait peine à trouver dans tous les États-Unis ce qu'il appelle une famille.

Cependant ils se vantent beaucoup de leur vie de famille, et ils l'opposent, comme le chef-d'œuvre de la morale, à la vie dissipée qu'ils croient être celle de tous les Français; car leur ignorance de nos mœurs et de notre histoire contemporaine est inouïe. Un de leurs usages, emprunté d'ailleurs aux Anglais, et qu'ils citent volontiers comme une preuve de leurs goûts sociaux et de leurs mœurs domestiques, est celui des *boarding houses*. Cette coutume fort générale est, au contraire, à mes yeux, la meilleure preuve qu'ils n'ont aucune vie de famille. Car pour admettre, ainsi qu'on le fait dans les *boarding houses*, des étrangers, souvent des inconnus dans une famille, et ne pas être horriblement gênés par leur continuelle présence, il faut que les membres de la famille ne vivent entre eux déjà que comme des étrangers et non comme des parents, non comme des amis intimes.

Toutes les existences semblent avoir été jetées dans un moule semblable; de même que les maisons sont toutes bâties exactement sur le même plan, la vie de tous les hommes est enfermée dans un même cadre. Les hommes, dans ce pays, naîtraient fort inégaux de facultés, que tout l'ensemble des mœurs tendrait à les rapprocher. Des caractères faits pour être forts et originaux ne pourraient se développer librement ni se produire, soumis à ces règles uniformes de la vie.

Un tel ordre de choses est-il bien désirable? En oubliant sa propre individualité, en se faisant un philanthrope abstrait, on répondra peut-être que oui. Mais qui de nous voudrait y vivre?...

Vous savez l'exiguïté du budget américain; le revenu seul de la douane suffit aux dépenses du gouvernement général. Néanmoins, chaque citoyen paye à peu près autant d'impôt que chez nous; il est des services publics fort coûteux, dont la dépense est faite chez nous par le gouvernement général. Chaque État

a son budget particulier, dont le montant devrait être
ajouté au budget du gouvernement général pour représenter véritablement les frais de celui-ci; les dépenses municipales sont aussi considérables. Les salaires des agents de l'autorité municipale sont élevés,
et il y a ceci à remarquer : ceux de ces agents dont les
fonctions sont à peu près mécaniques, des scribes, des
huissiers, etc., sont tout autant rétribués que ceux
dont les fonctions exigent ou supposent du moins de
longues études et un travail d'esprit; par exemple, des
juges, des professeurs, ne sont pas plus payés que des
commis de la poste. Cela a de grands inconvénients
dans un pays où chacun est considéré en proportion
de sa richesse : les juges sont vénaux et les professeurs
ignorants. Voilà l'excès de l'égalité.

La race hollandaise a porté en Amérique son instinct national d'ordre et d'économie. Moins indus-
trieuse, moins active que la race anglaise, elle possède
pourtant les richesses les plus solides du pays. La population d'origine anglaise semble plus riche : elle
consomme davantage, mais elle n'épargne point. Dans
les villes, dans les grandes villes surtout, ces deux
peuples sont forts confondus; dans les campagnes, ils
demeurent toujours séparés. Néanmoins, il n'y a entre
eux aucune division politique. Les Français, les Allemands, disséminés dans les États du Nord, y sont trop
clair-semés pour avoir retenu leurs mœurs nationales.
Ils sont devenus depuis longtemps entièrement Américains. La race anglaise a quelque ressemblance avec

la race juive. Elle ne perd jamais son empreinte nationale; elle a, en outre, dans son industrie, un principe d'accroissement et de force, d'envahissement pai-
sible et silencieux, qui la fait bientôt prédominer par
le nombre et par la richesse sur les autres populations avec lesquelles elle était mêlée naguère dans la
proportion d'une faible minorité. La Nouvelle-Orléans,
qui était, il n'y a pas plus de vingt ans, une ville toute
française, est maintenant anglaise plus d'à moitié : en
continuant cette progression, elle sera dans cent ans
une ville immense tout anglaise. C'est, je crois, l'infériorité d'habileté commerciale chez les Français, les
Allemands et les autres continentaux qui les fait disparaître peu à peu du sein de la société anglaise. Il
n'y a que l'inertie hollandaise qui ait tenu. Les Hollandais, arrivés les premiers dans le pays, possédèrent
d'abord les terres du littoral, et ils firent du commerce. En passant sous la domination anglaise, ils se
retirèrent presque entièrement du commerce, devenu
pour eux un jeu trop inégal avec des joueurs si habiles; et ils bornèrent leur industrie à l'exploitation de
leurs terres, dont la valeur augmente rapidement par
le rapide accroissement de richesse et de population
des Anglais nouveaux venus. Les choses se sont passées ainsi dans les États du Nord et du Centre. Dans
ceux du Sud, où l'esclavage a toujours existé sur une
échelle immense, le régime de la société est absolument différent. Je ne saurais vous en parler, n'ayant
vu aucun de ces États. Ce que je puis vous dire seule-

ment, c'est que la question de l'esclavage se décide
sans cesse aux États-Unis par le prodigieux accroissement des États du Nord, où l'esclavage n'existe pas,
comparé à la lenteur des progrès des États du Sud.
Quand Washington fut élevé, il était au centre de figure de la puissance américaine; il n'y est plus maintenant. Ce point s'avance incessamment vers le nord.

Ce grand fait semble inaperçu des États méridionaux.
Loin de chercher à détruire chez eux par de lentes
modifications le principe de leur décadence relative,
l'esclavage, ils s'enfoncent chaque jour davantage dans
cette voie funeste. Peut-être y sont-ils déjà assez engagés pour qu'elle soit sans issue! Ils le disent pour
justifier les mesures nouvelles de leur législation : elle
prohibe l'affranchissement des gens de couleur actuellement esclaves et de leur postérité. C'est justement le
contraire de ce qui se fait partout, dans l'ancienne Amérique espagnole. Or, aux États-Unis, comme dans tout
le reste du continent américain, la race africaine mul-
tiplie plus que la race blanche; il est donc évident que
l'affranchissement des noirs qui se fait graduellement
et paisiblement au Mexique, et qui y sera totalement ef-
fectué dans un certain nombre d'années, arrivera plus
tard aux États-Unis, et qu'il y sera consommé en un
seul jour d'horreurs. Les hommes libres, livrés à leurs
seules ressources, ont plus de prévoyance que les esclaves, qui ignorent le souci du jour de demain pour
eux-mêmes. Ils ne multiplient pas aussi indiscrète-
ment. Le premier effet de l'affranchissement de la po

pulation africaine dans les États septentrionaux, où l'esclavage existait autrefois, a toujours été, à ce qu'il paraît, un extrême ralentissement de son accroissement. Dans la Pensylvanie, et partout au nord de la Delaware, le nombre des gens de couleur est actuellement très-inférieur à celui des blancs. Ils y occupent les derniers rangs de la société : ce doit être nécessairement la première place de l'esclave affranchi, mais on ne fait rien pour les aider à en sortir. Loin de là, l'opinion est plus dure contre eux que la loi; car celle-ci leur accorde le témoignage en justice, etc., etc., et ne leur interdit que le vote politique, tandis que l'opinion leur refuse tout air d'égalité. La besogne ne manquerait pas là aux amis de l'humanité; mais ils n'ont guère que des philanthropes à brevet. Dans un pays monarchique ou aristocratique, je comprendrais cette condamnation de la population de couleur à un éternel état d'abjection : les préjugés de la naissance m'expliqueraient cette injustice. Mais, aux États-Unis, où si peu de gens connaissent leur aïeul, où il y en a tant surtout qui devraient en rougir (si nous étions responsables des fautes de nos pères); dans un pays démocratique où le principe du gouvernement est l'égalité, cette effroyable inégalité établie par la société presque au mépris de la loi me révolte. Je n'ai pu habituer mes yeux à la voir de sang-froid, et j'en ai été indigné au jour de mon départ comme à celui de mon arrivée. Ils disent que c'est la nature qui a élevé entre la race africaine et la race blanche une barrière insurmonta-

ble (autant en disent-ils contre leurs Indiens). Ils parlent de répugnances physiques invincibles, comme si
des milliers de sang-mêlés ne vivaient point parmi eux,
dont l'existence proteste perpétuellement contre ce
stupide mensonge!

Au reste, ils ont peut-être fini par croire sincèrement à ces déclamations, car les menteurs à la fin se
trompent eux-mêmes; et, soit répugnance réelle, soit
orgueil, les couleurs diverses ne se mêlent plus, me
dit-on, dans leurs désordres.

Depuis près d'un an, cher ami, j'ai été bien souvent
porté par le spectacle que j'avais sous les yeux à ré-
fléchir sur ces désespérantes questions que l'importa-
tion des noirs en Amérique suscite en foule. J'ai vu
Saint-Domingue, qui est sans doute une contrée intéressante pour l'étude de ce grand problème politique.
J'ai vu quelque peu de l'Amérique septentrionale, un
seul État, il est vrai, où l'esclavage subsiste encore,
mais plusieurs où l'ilotisme a succédé à l'esclavage.
J'ai rencontré des Caroliniens, des Louisianais, et je
crois pouvoir me représenter assez exactement la condition des gens de couleur dans les États méridionaux
de l'Union américaine. J'ai vu aussi aux États-Unis
bien des gens allant sans cesse dans les diverses parties de l'Amérique méridionale, j'ai tiré d'eux tous
les renseignements qui pouvaient m'éclairer dans mes
conjectures touchant l'influence probable de la race
africaine sur l'avenir social et politique de ces diverses
contrées... Et maintenant, si vous me demandiez à

quelle opinion je me suis arrêté, je ne saurais franchement vous répondre. Je ne me trouve point encore suffisamment instruit. Voici pourtant ce que je me hasar-
derai à vous exprimer aujourd'hui, sans être assuré
que demain je ne le rétracterai pas. Dans le sud des
États-Unis, à la Jamaïque, et généralement dans tous
les lieux de l'Amérique où la population d'origine africaine, libre et esclave, est mêlée, mais en grande majorité, avec une population blanche d'origine anglaise,
il n'y a point de fusion à espérer entre ces deux peuples : le mépris d'une part et la haine de l'autre subsis-
teront entre eux après l'extinction de l'esclavage, si
l'esclavage est jamais aboli; et le plus grand nombre,
un jour ou l'autre, détruira le plus petit. Dans l'Amé-
que espagnole, où les blancs n'ont pas tant d'orgueil de
leur couleur, les deux peuples pourront parvenir à se
mêler entièrement dans un long espace de temps, après
l'abolition de l'esclavage; mais, la race africaine pré-
dominant en quelques lieux dans le mélange, plusieurs
de ces lieux échapperont peut-être pour jamais à la
civilisation européenne!

Que de doutes au delà de celui-ci! Les penchants
des diverses races humaines sont-ils assez semblables
pour que les mêmes formes de civilisation conviennent
également bien à toutes? Le travail n'est-il donc point
plus dur aux hommes du Midi qu'aux hommes du
Nord? Le loisir ne leur est-il pas plus doux? Les uns
et les autres jouissent-ils, souffrent-ils également des
mêmes choses?... Voilà, cher ami, le commencement

d'une longue série de questions, encore douteuses pour
la plupart, et qu'il faudrait avoir résolues pour savoir
mieux quand nous devons nous réjouir ou nous affliger
pour l'humanité des événements politiques qui se passent loin de nous, parmi les peuples que nous igno-
rons.

Laissant de côté la circonstance de l'esclavage, l'a-
venir de la confédération américaine me semble facile
à prévoir. L'Union existera tant qu'elle sera utile. L'accroissement de la puissance anglaise en Amérique par
l'occupation de Cuba en prolongera la durée. Je crois
que cet événement, dont la probabilité inquiète beaucoup d'Américains, serait, au contraire, heureux pour
l'Amérique. Le lien fédéral tend à se relâcher; un jour,
il n'existera plus. Mais plus tard viendra ce jour, et plus
longtemps les divers États de l'Union auront marché
sous la même bannière, moins il y aura de germes de
dissensions, de guerres entre eux après leur séparation. Au reste, le gouvernement général est si sage, il
est si peu gênant pour les gouvernements particuliers
de chaque État, qu'il continuera sans doute longtemps
d'exister. Les troubles de la Géorgie, dont on parla
beaucoup en Europe il y a deux ou trois ans, n'avaient
pas la gravité que beaucoup d'entre nous leur attri-
buaient, et qui leur faisait présager une séparation
prochaine des États du Nord de ceux du Midi.

N'était la partialité des rapports que vos relations
de famille doivent vous faire entendre sur la société
américaine, je ne vous en eusse point parlé si longue-

ment. La plus grande part de mon attention a dû être pour les herbes et les pierres des États-Unis. Dans un autre pays, peut-être aurais-je cru faire le mieux pour mon instruction en partageant davantage mon temps entre les choses et les hommes? Mais je vous avoue que l'apparence commune de presque tous et le fond assez commun de ceux que le hasard offrit d'abord à mon examen m'inspira peu de désir d'en rechercher d'autres. J'ai passé à voyager presque tout le temps de mon second séjour en Amérique, et je reviens satisfait de ce que j'ai appris dans ces voyages rapides. Ces connaissances nouvelles, qui ne me sont encore que d'un prix médiocre par leur isolement, me serviront, je pense, d'ici à quelques années. Bien des faits d'histoire naturelle n'ont que peu d'intérêt par eux-mêmes; mais ils en acquièrent un extrême, quand on les ajoute ou qu'on les compare à d'autres. C'est ce qui rend les commencements de cette étude si arides, ce qui la fait même paraître puérile à de bons esprits : ils ne voient d'abord que des détails sans ensemble. Plus tard, l'intérêt de chaque fait nouveau augmente en raison du nombre de ceux que l'on connaît déjà.

Je ne vous ai encore rien dit des champs, et je crains vraiment de vous ennuyer en le faisant; car je n'y ai rien vu, et je ne pense pas qu'il y ait rien à y voir de bien intéressant, ruralement parlant. J'essayerai toutefois.

Dans les États du Sud, où la terre est travaillée par des esclaves, les céréales, le tabac, le sucre, mais sur-

tout le coton, sont la base de la culture et de l'exportation agricole ; mais, depuis la Pensylvanie jusqu'au
Canada, le climat ne permet pas de cultiver ces deux
dernières plantes, et, la seconde étant négligée, les
céréales sont presque exclusivement cultivées. Une immense quantité en est exportée dans l'Amérique méridionale. Le climat, dans ces États septentrionaux et
moyens, est à peu près partout le même. La température moyenne de chaque lieu est inférieure à celle des
lieux situés sur le même parallèle en Europe, et la
distribution de la chaleur dans les diverses saisons de
l'année est excessivement inégale. Les hivers sont
très-froids et les étés très-chauds ; c'est comme dans
l'Europe orientale, en Hongrie. Il résulte de là que les
plantes annuelles des pays méridionaux peuvent être aisément cultivées, et que, parmi les plantes bisannuelles
ou vivaces, celles des pays septentrionaux seulement
peuvent l'être. Ainsi la patate (*convolvulus batata*) des
tropiques, le melon d'eau, etc., sont extrêmement
abondants jusqu'à New-York ; la pastèque mûrit même
dans les champs jusque dans le Canada, et, à New-
York, à Philadelphie même, qui est au-dessous du
40ᵉ parallèle, la luzerne périrait presque chaque année.

Le littoral, à moins qu'il ne soit tout à fait stérile
comme la plus grande partie du New-Jersey, est généralement cultivé. Dans l'intérieur, vers l'ouest, la culture s'avance le long des rivières navigables, des routes,
des canaux. La terre appartient presque toujours à celui
qui la cultive. Il y a extrêmement peu de fermiers.

Presque personne ne veut l'être dans un pays où il est si facile de devenir propriétaire, en achetant à bas prix des terres du gouvernement. Il n'y a guère de fermiers qu'autour des villes, et dans la Nouvelle-Angleterre, dans les provinces les plus anciennement cultivées. Toutes les terres cultivées sont encloses, et l'on donne deux raisons de cet usage dispendieux : la première est que les récoltes seraient volées sans clôtures ; l'autre, que l'intérêt du prix des clôtures est moindre que ce qu'il en coûterait pour garder les bestiaux ; ceux-ci vivent beaucoup dehors. Il y a très-peu de bâtiments d'exploitation : les récoltes n'y sont pas rentrées. En général, le capital d'exploitation est très-petit eu égard à la surface cultivée, et celle-ci est petite ou médiocre. Chaque famille cultive ce qu'elle peut, sans louer de bras étrangers : ils seraient trop chers, et le plus souvent impossibles à trouver. L'étendue des fermes est ainsi à peu près la même que celle de vos métairies à Paray. La famille du cultivateur y est beaucoup moins surchargée de travail ; car, d'une part, les clôtures gardent les bestiaux, et, de l'autre, les terres ne sont point fumées. On économise ainsi un immense travail de charrois. Il n'est pas plus question d'assolements que d'engrais. On laboure avant l'hiver, la neige fume, les alternatives de gelées et de pluie aux premiers jours du printemps donnent le second et le troisième labour. On sème là-dessus, on enterre le grain à la herse, et, cinq mois après, on moissonne à la faux un pied sous l'épi. Presque toute la

paille restant au champ, la récolte est beaucoup moins
lourde et moins longue à rentrer, et un très-petit
nombre d'animaux (généralement bœufs et chevaux
mêlés) suffit au travail dans tous les temps de l'année.
Le froment, l'avoine et l'orge sont ainsi cultivés. La
pomme de terre et le maïs reçoivent plus de soins :
on les sarcle deux fois et on les butte avec la houe à
cheval. Le trèfle se sème indistinctement avec toutes
les céréales. On le fauche et l'on en sèche l'herbe la
première année; on le garde ensuite un ou deux ans
en pâture. Le fait qu'il météorise les animaux est tout
à fait inconnu. Cela tient-il à l'habitude qu'ont ceux-ci
de s'en nourrir plusieurs mois de l'année, ou bien à
une qualité particulière du fourrage? Je ne sais. Quand
les terres sont trop sales pour être cultivées, on les
laisse en jachère pendant un an ou deux, et l'on recommence une nouvelle série de récoltes qui se succèdent sans règle et sans choix. Seulement alors,
comme sur une forêt nouvellement défrichée, on sème
d'abord de l'avoine.

Il y a cent cinquante ans que la Virginie, dont le
sol, en général, est naturellement très-fertile, est cultivée à peu près de cette façon. Les terres y ont été plus
remuées, parce qu'on avait des esclaves pour les travailler et que le tabac exigeait ces fréquents sarclages;
mais elles n'ont pas reçu plus d'engrais. On me dit
qu'on a enfin trouvé depuis une dizaine d'années le
terme de leur fécondité. Maintenant, sans engrais,
point de moissons; et, avec des engrais, les récoltes

ne sont plus que médiocres. La richesse agricole de cet État est détruite, pour des siècles peut-être, par l'excessif épuisement du sol. Comme le système de la culture est partout le même, toutes les terres actuellement défrichées seront pareillement épuisées avant un siècle. Les défrichements les plus nouveaux, cultivés sans aucune prévoyance de l'avenir, seront toujours les plus productifs. Leur extrême fertilité compense le désavantage de leur éloignement des lieux de consommation, et lutte avec avantage contre l'épuisement et l'exploitation dispendieuse des terres du littoral, soumises depuis longtemps à la culture. Il serait impossible de cultiver autrement, sans se ruiner, ces terres vierges. Ce n'est qu'en les ruinant elles-mêmes qu'il y a du profit à les cultiver. Il a dû en être autrefois ainsi en Europe et partout. On cultive d'abord les meilleures terres, et l'on se soucie peu d'épuiser leur fécondité tant qu'il y en a d'autres également fertiles à cultiver et à ruiner également après celles-là. Quand ces principes d'exubérance, lentement amassés sur chaque terre par le cours des âges, ont été détruits partout, alors naît le besoin d'une culture judicieuse et prévoyante pour reprendre l'exploitation de ces terres épuisées.

Quelle que soit la cherté de la main-d'œuvre, il y en a si peu dans le système actuel de la culture américaine (je parle des États septentrionaux), et la valeur des terres est encore si faible, que toutes les denrées rurales sont produites à très-bas prix. Nulle part, certainement, en Europe, les nécessités de la vie ne peuvent être satisfaites à meilleur marché; mais nulle part aussi le luxe n'est plus cher. C'est une circonstance infiniment heureuse pour les classes inférieures de la société; j'entends celles qui vivent d'un travail mécanique.

Il n'y a point, aux États-Unis, de classe analogue à celle de nos paysans journaliers; il n'y a point de ces existences si dénuées; il n'y a point de ces hommes courbés si jeunes par un travail excessif. Les nouveaux *settlers*, au milieu des forêts dont ils abattent, chaque année, quelques arpents pour se faire un domaine, vivent dans une aisance peu connue dans nos campagnes. Ils prennent le thé deux fois le jour, aussi invariablement que les habitants des villes. Ils spéculent sur la vente des denrées qu'ils produisent au delà de leur consommation, s'enrichissent quelquefois, mais toujours vivent dans l'aisance, et jamais ne perdent le capital qu'ils ont engagé dans leur défrichement.

Le pommier n'est pas l'arbre de la science en Amérique, mais il est l'arbre du bien et du mal comme jadis dans le paradis. Il y réussit partout, dans tous les terrains, à toutes les expositions; ses fruits y sont excellents, très-abondants et presque également chaque année. On en fait du cidre dont une petite partie est bue en nature et dont tout le reste est distillé. Cela produit un esprit très-fort, très-détestable à mon avis, mais, ce qui est pis, ne coûtant pour ainsi dire rien. Les hommes font de cette liqueur un usage tel, que je

l'appelle un horrible abus, quoique rarement ils en
boivent jusqu'à l'ivresse complète ; mais ils en sont si
près, constamment, tous les jours de l'année, que cette
permanence d'un état voisin de l'ivresse est pire que
l'ivresse elle-même qui ne serait pas habituelle. Ce
produit s'exporte des États du Nord dans ceux du Sud,
où le pommier croît difficilement et où le *whisky* n'a
pas de moins funestes effets sur presque toute la population. Il me semble que ce vice honteux ne pourra
traverser plusieurs générations sans altérer à la fin
d'une manière constitutive les facultés intellectuelles.
On en voit la marque évidente sur presque toutes les
figures, à la ville comme à la campagne, et dans toutes
les classes de la société. Au physique, c'est l'immobilité du masque ; il n'y a point de physionomie, comme
si la paralysie avait frappé les nerfs qui animent les
muscles si nombreux de la face. Au moral, c'est une
lenteur remarquable de conception ; la sensibilité générale semble être un peu engourdie.

La culture d'un sol fertile et les profits du commerce
étranger ont été jusqu'ici à peu près les seules sources
de la richesse américaine. Cependant, depuis quelques
années, un parti puissant s'est élevé parmi les hommes
politiques du pays, pour s'affranchir du tribut payé à
l'étranger ; c'est-à-dire pour établir le système des
grandes manufactures, afin de se passer des produits
anglais. Ils ont eu assez de crédit pour faire élever les
droits sur l'introduction de quelques-uns de ces produits, au point d'équivaloir à une prohibition absolue ;

et maintenant, on commence à filer et à tisser le coton dans plusieurs villes de la Nouvelle-Angleterre. New-York a, comme Lyon, son Tarare. Le prix élevé des salaires y attire en foule des malheureux que l'appât d'un gain plus fort fait renoncer à des professions saines et douces, pour venir s'enfermer dans ces immenses et tristes ateliers où leur existence est réduite à un petit nombre de mouvements automatiques, où leur corps souvent se déforme, où leur esprit s'abrutit, où leur âme se déprave. Il n'est pas vraisemblable que les Américains s'arrêtent prochainement dans cette fausse route où ils viennent d'entrer. Le succès des manufactures privilégiées a donné grand crédit au parti manufacturier, qui se fait, d'ailleurs, très-populaire par d'ignobles et d'hostiles déclamations contre l'Angleterre et les Anglais, dont le peuple américain est jaloux à tort et à travers.

Je voulais, cher ami, terminer là cette longue lettre sur les Américains. Cependant je m'aperçois que je ne vous ai point dit un mot de ceux auxquels ce nom appartient plus réellement, quoiqu'on le leur refuse : des Indiens. Du nord au sud, sur toute la frontière de l'ouest, ils disparaissent devant les nouveaux *settlements*. Le voisinage de la civilisation européenne les éloigne et plus souvent les détruit. Chaque État, autrefois pouvait faire avec eux des traités; mais la mauvaise foi des blancs et leur iniquité étaient une source perpétuelle de violences, de guerre entre eux et les Indiens. Le gouvernement général, pour y mettre un terme, s'est réservé pour lui seul le droit de faire avec eux des marchés. On n'abuse plus de ces malheureux comme on le faisait, on ne les enivre plus pour leur acheter leurs terres; ils les vendent librement et en pleine connaissance de ce qu'ils font. Cependant, comme ils sont simples et imprévoyants, ce qu'ils signent dans ces traités, c'est, sans le savoir, l'extinction de leur tribu. Bientôt ils ne tardent pas à s'en apercevoir, à se repentir du marché qu'ils ont fait; ils reviennent pour se plaindre, et alors, en toute sûreté de conscience, on répond à leurs plaintes par des coups de fusil. Pour peu qu'ils se défendent et qu'il y ait du sang européen répandu, le gouvernement en toute hâte envoie sa petite armée contre eux et leur fait une guerre d'extermination qui lui assure toujours la possession de nouveaux territoires par le droit gratuit de la conquête. Il y a, depuis deux mois, une guerre de ce genre sur le lac Michigan. Il est rare qu'elle n'existe pas toujours quelque part sur un des points de la frontière, vers le nord surtout. J'ai entendu dire que ces guerres étaient souvent provoquées par les mauvais traitements que les *new-settlers* faisaient éprouver à des Indiens de leur voisinage. Ceux-ci en gardent du ressentiment et s'en vengent tôt ou tard par le meurtre d'une famille blanche. Alors intervient le gouvernement avec sa petite armée.

Quelques tribus indiennes se sont refusées à vendre leurs terres, ou ont voulu en conserver une partie. J'ai vu de ces *réservations* près du lac Érié, actuelle-

ment enclavées dans les possessions américaines. Elles
y forment ce que les légistes appellent *imperium in
imperio*. Le whisky aura bientôt effacé sur la carte des
États-Unis ces petites souverainetés indépendantes.
Une seule de ces petites peuplades échappera peut-être
à la destruction de sa nation, mais une seulement, qui
a imité le travail des Américains, qui sème, qui cultive, qui vit misérable au dedans de ses limites, mais
qui n'en sort pas pour mendier et s'enivrer du produit
des aumônes. Ceux-là pourront passer à la civilisation. Des gens bienfaisants leur ont envoyé un maître
d'école, qui leur enseigne à lire, à écrire, à compter,
et qui m'a dit qu'ils apprenaient avec une facilité singulière. Les autres réservations n'ont emprunté des
blancs qui les entourent que leurs vices, en conser-
vant leur paresse nationale ; de sorte que l'ivrognerie,
les maladies et la misère les dépeuplent rapidement.

La découverte de Colomb a été bien fatale à une
grande partie du genre humain ! Que de sang, que de
pleurs elle a fait verser ! Une race presque tout entière
vouée d'abord à l'extermination et ensuite à un système moins violent, mais non moins certain de destruction ; une autre vouée à l'esclavage ! J'ai vu quelques
Indiens que nos vices n'avaient pas abrutis ; ils avaient
l'air grave et mélancolique. Leur tristesse profonde
n'était peut-être que le souci de l'avenir ; mais je crus
y voir un sentiment plus touchant, le regret du passé,
et ils m'inspirèrent bien de la pitié. Plus d'une fois
j'ai pensé qu'il eût été possible, sinon de les amener

aux formes de notre civilisation, du moins de les mettre
sur la route d'un ordre civilisé. On les a déclarés in-
civilisables, parce qu'on n'a pu les faire passer tout à
coup de la vie sauvage à un état de civilisation qui est
le fruit de vingt siècles. Mais qu'eussent fait de la république représentative, ou d'un roi et de deux chambres, les sauvages qui vivaient il y a deux mille ans
dans les Gaules? On ne refuse pas aux Indiens beaucoup d'intelligence ni même de finesse. N'était-ce pas
là le principe assuré d'améliorations réelles parmi
eux? La destruction de cette race fait perdre peut-être
à l'esprit humain des chances superbes. Qui sait ce
qu'ils auraient pu devenir avant peu de siècles, aidés,
secourus, conseillés, mais non contraints?... Ce peuple
pouvait être le sujet de la plus belle, de la plus grande
expérience de morale et de politique. Elle n'a pas été
tentée jusqu'ici, et bientôt il sera trop tard. Maintenant,
le pourrait-on encore? Je ne le pense pas. Pour être conduite avec succès, elle exigerait un concours de philosophie, de lumières et de bienfaisance publique, qui
n'existe pas aux États-Unis.

Je finis, cher ami, assez honteux vraiment de finir si
tard, car je crains fort de vous avoir ennuyé, ou du
moins fatigué. Pour être vrai, pour être fidèle, j'ai
voulu souvent être assez détaillé, et je m'aperçois que
je n'ai été que diffus. Il y a bien des choses que je ne
vous ai point dites : elles seront pour nos causeries du
prochain hiver, si elles peuvent vous intéresser. Dans
deux mois ! Pourquoi faut-il que l'incertitude où je

suis de la situation d'âme où je vous retrouverai vienne
mêler une pensée triste à la douce espérance de vous
revoir et de vous embrasser bientôt!

Adieu, adieu, cher et excellent ami; je vous aime de
toute mon âme.

XXVII

A MADEMOISELLE TINETTE, A PORT-AU-PRINCE.

Paris, 13 novembre 1827.

Ma chère mademoiselle Tinette, j'aimerais bien mieux
n'avoir qu'à monter sur Pierrot et à descendre de Marquissant à la ville en un temps de galop, pour vous aller
dire bonjour et vous porter quelques fleurs de frangi-
panier et de lilas, j'aimerais bien mieux cela que de vous
écrire d'ici, où le ciel est gris, où le soleil maintenant
se couche à quatre heures et demie, où il fait si froid
déjà, quoique l'hiver ne soit pas encore commencé.
C'est un bien vilain pays que la France pendant cinq
à six mois de l'année. Moi qui supportais si bien la chaleur d'Haïti, je souffre cruellement du froid ici. Vous
rappelez-vous une grande redingote noire bien épaisse,
bien douce, bien chaude enfin, avec laquelle je débar-
quai, le 18 février dernier, du célèbre brick *Volant* au
conservatoire de Port-au-Prince, et avec laquelle je
vous fis tant peur quand vous me vîtes pour la première
fois? Eh bien, ici, elle ne peut m'empêcher d'avoir

froid, quoique je sois devant un grand feu où je brûle mes bottes pour me réchauffer les pieds. L'hiver sera *soigné;* soigné trop, vraiment!

A propos de *soigné,* qui me faisait tant rire quelquefois, comme vous vous le rappelez sans doute, je vous dirai que je passe à Paris pour parler le créole parfaitement bien. C'est un talent tout à fait agréable que j'ai gagné dans mes voyages. Je regrette de ne l'avoir pas cultivé davantage. Mais c'était une grande affaire que de descendre de Marquissant à la ville, parce que Frédéric exigeait de moi un costume trop *soigné.*

L'herbe est toute jaune dans les champs; toutes les feuilles des arbres sont tombées; ils ont l'air d'être morts; et ils auront ce vilain air jusqu'au mois d'avril. — Jusqu'au mois de mai, nous n'aurons pas d'autres fruits à manger que des pommes et des poires. Elles sont meilleures que celles que nous apportent les Américains; mais je préfère ces bonnes oranges que vous me peliez le matin avec tant de complaisance; et les ananas de Jérémie de mademoiselle Augustine; et ces gros corossols dont je mangeais un tout entier, en y mettant la bouche jusqu'aux oreilles; et enfin, par-dessus tout, ces petits mangos jaunes et rouges que la charmante Persinette, toujours amoureuse de M. Regnard, je pense, achetait au marché. Je crains que les arbres que j'ai taillés avec Frédéric dans le jardin de Marquissant ne soient chargés de tant de fruits que les branches ne cassent; il serait peut-être prudent de les soutenir avec de longues perches. Si vous vous

faites tout à fait habitante, je vous enverrai des graines
qui produiront de bons fruits. L'Inde, où je serai dans
dix mois, est un pays chaud comme Haïti ; et tous les
fruits qu'on y cultive peuvent être également cultivés
en Haïti. Mais, quand vous aurez un jardin, souvenez-
vous bien qu'on fait mieux pousser les arbres en re-
muant la terre à leur pied, avec une houe, qu'en les
coupant d'un coup de hache, ou même qu'en leur don-
nant un léger lustre avec la *manchette*.

Mon père, mon frère aîné et moi, c'est-à-dire tout ce
qu'il y a de Jacquemont-Beaubuisson en France, nous
avons bu dernièrement à votre santé une bouteille de
vieux vin *soigné*, plus vieux encore que celui que Frédéric *largue* dans les repas d'apparat, sous le nom de
vin de M. Malter. Je leur ai dit combien vous étiez
bonne ; et eux, qui sont de bonnes gens, vous aiment
beaucoup.

Virginie ouvre trop la bouche en chantant : elle chante
trop haut ; c'est insupportable vraiment ; dernièrement
je l'entendais d'ici chantant, avec M. Gravouilhe, *Fleuve
du Tage*. Dites-lui donc de se modérer ; dites-lui aussi
qu'elle me fera plaisir si elle m'écrit ; mais qu'elle n'aille
point faire la honteuse, la sotte, et dire : *Moi pas capable !*
parce qu'alors, si je repasse jamais par Haïti (ce qui n'est
pas impossible), je me moquerai d'elle trop. Et puis,
allant passer huit jours en Angleterre dans quatre mois,
j'y verrai sans doute son grand-oncle, qui veut bien l'é-
pouser et dont elle est si amoureuse, et je lui dirai que
sa future ne répond à toutes les questions que *Moi pas*

capable! ce qui percera l'âme sensible de ce vieux gentilhomme.

Quoique je ne sois pas un cancanier d'une espèce
aussi *soignée* que Frédéric, les cancans m'amusent, et
vous devez vous rappeler certaine histoire de briquet
(qui n'était pas du tout phosphorique) et qui ne me faisait pas moins rire que vous. Ainsi je prie Virginie de
m'écrire tous les cancans de Port-au-Prince, de Jérémie, du petit Goave, du grand Goave, de Mirobolan,
des Caymites et autres lieux circonvoisins où vous avez
relâché dans votre voyage. Je tiens particulièrement à
l'histoire de la belle-sœur de M. Mac Guffie. Qu'est-elle
devenue? car je sais que M. Mackensie n'est plus en
Haïti. — Adieu, ma chère Tinette; je vous embrasse
sans plus de cérémonie, vous et Virginie.

XXVIII

A MADAME VICTOR DE TRACY, A PARAY.

Paris, mercredi matin, très-matin, 14 novembre 1827.

On ne trouve jamais moins de temps que lorsqu'on
n'a abolument rien à faire et que l'on ne fait rien du
tout. Quoique l'inverse ne soit pas également vrai, et
que je me tienne pour avoir beaucoup moins de loisir
que vous, chère madame, une heure cependant ne
m'est pas très-difficile à donner le soir ou le matin, et
je la trouve et la prends, sans plus tarder, pour vous

remercier de l'aimable lettre que j'ai reçue de vous
hier. Il y a au fond de cette diligence quelque chose
d'assez peu sentimental que je vais vous avouer : c'est
que, tant que votre petite lettre resterait là sans réponse, l'idée me viendrait souvent d'y répondre à des
heures où je ne le pourrais, et cela me distrairait; ce
serait pour moi un infiniment petit souci ; au lieu que,
dans une heure, en me remettant à mon travail accoutumé, j'en serai libre entièrement et je le reprendrai avec ce sentiment de satisfaction des joueurs
jouant sur le velours. N'allez pas m'en vouloir trop
pour ma candeur; il y a bien des lettres, je vous assure, que je garderais un mois dans ma poche en toute
paix de conscience ou, plus justement, de cœur; et j'en
reçois fort peu auxquelles je veuille ainsi répondre tout
de suite, dans la crainte de ne le pouvoir faire que longtemps après. Mon crime est d'être très-occupé, voilà
tout.

Et voilà une bien longue préface, dites-vous ; je me
hâte donc de la finir. Je suis charmé de ce que vous
me dites de votre goût nouveau pour les champs, et
je m'apprête, en conséquence, à vous faire bien des
questions sur Paray. Si vous y trouvez réellement de
l'intérêt, chaque année vous y en trouverez davantage;
la pluie et le beau temps, qui n'avaient pas le privilége
de vous passionner, deviendront pour vous des événements d'une grande importance. Et pourquoi pas?
On se passionne bien pour un bonnet, pour un fait
d'histoire ancienne dépourvu de toute moralité! Du

trèfle, des betteraves et du blé n'offrent pas moins de combinaisons à l'esprit; le succès de la production dépend jusqu'à un certain point d'artifices vraiment très-ingénieux, intéressants à connaître, je dirai même amusants, au risque d'être accusé par vous d'exagération; mais vous me savez un vieil ami des champs, et je leur trouve tout cet intérêt. Quand vous connaîtrez mieux votre domaine, quand vous saurez avec quelque détail la relation, la correspondance, la dépendance mutuelle de toutes les parties d'une exploitation, Paray vous plaira bien davantage.

Avant que je quitte la France, il faudra que vous me rendiez compte de cette *Wilderness*, de ses étangs, de ses bruyères, de ses futaies et de ses prairies. J'ai une mémoire parfaite des lieux, et elle me met aisément devant les yeux une carte de celui-là, où je distingue tous les sentiers où j'ai passé, les fossés, les clôtures que j'ai franchies, et souvent bien des arbres que leur isolement ou leur beauté (pittoresque, s'entend) me firent remarquer et dont je conserve un souvenir personnel. Ces choses me touchent quand j'y pense seulement pendant quelques minutes.

Comme, en quittant l'Amérique, j'avais entendu un concert d'admiration pour le livre de Walter Scott[1] (dont les trente premières pages, que le hasard m'avait permis de lire dans une auberge, m'avaient révolté par leur mauvaise foi), à mon arrivée ici, je demandai tout

---

[1] Probablement l'*Histoire de Napoléon*.

de suite ce qu'on en disait, et j'appris qu'on en disait
pis que mal, qu'on n'en disait rien du tout. Mais vous
m'étonnez fort en me parlant de dix-huit volumes. Je
croyais qu'il n'y en avait que deux.

Vous me demandez si j'ai vu jouer le *Roméo* de
Shakspeare. Où? A New-York, non. Je ne le vis jamais sur l'affiche, non plus qu'ici. Je n'y vois même
jamais ici aucune pièce de Shakspeare, et c'est ce qui
m'a empêché d'aller au théâtre anglais. Je suis peu curieux de voir *Jane Shore*, qu'on dit très-bien jouée.
C'est un beau sujet de mélodrame bien effroyable, et
non de tragédie, non d'œuvre poétique. La fiction des
souffrances physiques m'est odieuse à voir, et ne peut
m'être qu'odieuse. Il fallait que ce fût madame Pasta
qui le jouât pour que la dernière scène de *Roméo*, après
son empoisonnement, ne me fût, par la même raison,
excessivement désagréable à entendre. La douleur
physique, ou son imitation quand elle est vraie, et,
n'est que vraie, est physiquement pénible à voir.

Au reste, vous ne verrez pas ces comédiens anglais.
Ils quittent Paris à la fin de ce mois. Leur théâtre a
été, dit-on, très-suivi, et ils reviendront. Mon frère
m'a mené dernièrement entendre madame Pisaroni;
mais ce n'était pas dans le meilleur de ses rôles; et, de
plus, il m'est arrivé un autre malheur : c'est que, ne
voulant que l'entendre, il m'a été impossible d'éviter
de la voir, et vous sentez tout ce qu'il y a de funeste
en cela. Si tant est que vous en soyez folle, je n'en
suis pas fou, moi. Je conviendrai cependant qu'après

madame Pasta, c'est peut-être la plus *habile cantatrice*
que j'aie entendue. Notez que je n'ai jamais entendu
madame Fodor, et que je suis venu trop tard pour madame Grassini. Cependant, quoique lui connaissant
un mérite de premier ordre, elle ne m'a fait que très-
peu de plaisir ; il y a trop de positions où sa voix me
devient positivement désagréable à entendre ; ensuite,
quant à l'expression dramatique de son chant, j'y
trouve quelquefois de la force, et beaucoup de force
même, mais rien autre chose. Cette véhémence est monotone. En somme, elle paraît une actrice assez vulgaire, cantatrice très-habile, et voix très-remarquable ;
ici, belle, très-belle ; là, exécrable ; plus haut, assez
belle. L'ensemble ne me plaît pas. Je fais abstraction
complète de la figure.

Vous savez sans doute, chère madame, que le mariage ne se fera qu'au mois de janvier. Mademoiselle ***
est fort bien. J'ai pu causer deux fois avec elle, assez
longuement et d'une manière suivie. J'en ai été très-
satisfait ; au reste, elle m'a toujours plu. Elle a de la
bonté, de la sensibilité, de la raison ; le jeune homme
est un bon enfant, tout cœur, tout âme ; plus étourdi
peut-être qu'on n'est habituellement à son âge, peut-
être même un peu inconséquent, mais qui se fait par-
donner toutes les petites incohérences de sa surface,
par l'évidence de sa bonté parfaite. On est très-peu
républicain dans sa famille ; mais lui appartient à une
génération qui l'est presque tout entière. De son esprit, je ne vous en dirai rien, ne l'ayant vu encore que

chez vous, et fort distrait dans la conversation quand
ce n'était pas avec mademoiselle *** qu'il causait. Sans
croire aucunement qu'il en soit privé, je ne pense pas
cependant qu'il en ait beaucoup. Il me semble avoir
une impétuosité mobile qui ne permet guère que d'a-
percevoir des surfaces. Mais je me trompe peut-être et
me tais. Sans aucun doute, il sera très-riche. Nous le
serons peut-être si peu, nous autres, qu'il n'y a pas
grand mal à cela. Ce que M. Beugnot (qui n'est pas
pair) a dit autrefois de la police, s'applique bien mieux
à l'argent : il adoucit bien des frottements, et puis enfin, dans l'industrie, la plus grande différence qui peut
exister entre un homme et un autre, c'est celle de la
richesse. Industriellement parlant, le plus riche est le
premier : il est le plus distingué. Votre erreur est de
songer tout de suite à Sparte au nom de république, et vous ne pensez pas que l'amour des richesses,
que le respect pour elles, s'allie avec les opinions républicaines; vous voyez là une inconséquence, un oubli des principes, à tort je crois; car la république
existe, je pense, aux États-Unis, et le frugal brouet des
Spartiates y serait peu estimé. La richesse, au contraire, y est à peu près la seule supériorité sociale; et
elle doit paraître telle à ceux d'entre nous qui parta-
gent les opinions républicaines de l'Amérique.

Pour moi, d'ailleurs, je n'y vois (entre nous) pas
tant de système que vous; on se tire d'affaire comme
on peut, ce qui n'est point aisé, et, après l'événement,
on se fait sa théorie pour se prouver, ou pour paraître

croire qu'il est le plus convenable, le plus heureux, et
qu'il était le plus désirable du monde. Les raisons n'y
manquent pas.

Adieu, chère madame; écrivez-moi une longue lettre,
vous qui n'avez aucune obligation de travail; et ne
vous faites point scrupule de me tenter pour une réponse. Si près de vous revoir, je ne vous répondrai
pas. Parlez-moi en détail de vos filles, que voilà tantôt
grandes. Rapprochez-moi de vous par une causerie
douce et aisée, avec ce *relish* que j'aime tant. Qu'avez-
vous peint? etc., etc. Adieu, adieu. J'espère embrasser dans un mois la femme d'un député. Adieu encore.

XXIX

A LA MÊME.

Paris, 24 novembre 1827.

Il me semble, cher madame, que vos *extrêmes* re-
merciments sont une petite moquerie. Je la mérite assurément s'il est vrai que j'aie prétendu à tant de reconnaissance pour mon dernier griffonnage, ce dont je
doute vraiment; mais ce dont je ne puis douter, c'est
d'avoir été bien gauche ce jour-là. Je n'avais point,
d'ailleurs, l'excuse que vous avez deux fois l'an, celle
d'une chambre sans feu le matin; car alors je ne vous
eusse écrit ni bien ni mal. Je suis revenu de Saint-
Domingue frileux comme les plantes de ce pays-là, et

je suis obligé de me griller ici pour ne point geler.
Cependant je ne me réchauffe pas; et la sensation de
froid permanente que j'éprouve m'engourdit un peu,
me rend l'oreille dure, l'esprit lent, et, si vous le voulez, un peu maussade. Le mal-être physique a cet effet
sur tout le monde.

J'ai partagé votre joie de l'élection de votre mari,
sur laquelle aux derniers jours j'avais eu un instant
de doutes : elle est pour le mieux à Moulins plutôt qu'à
Montluçon; M. de Tracy m'a dit grand bien du général
Richemond. Ainsi tout est au mieux et je ne regrette
nullement la double élection pour votre mari; il y en
a déjà beaucoup trop, et plusieurs qui m'impatientent
fort.

Il est probable que les élections des grands colléges
vont rétablir l'égalité numérique ou un rapport très-
voisin de l'égalité entre les députés ministériels et
ceux de l'opposition; mais la multitude des élections
doubles de notre côté, nous laissera dans la Chambre
en minorité de fait jusqu'aux réélections; et il n'est
pas douteux que le ministère n'essaye de faire passer
tout d'abord à cette Chambre incomplète le budget,
une nouvelle loi de censure, et qu'il ne la dissolve immédiatement après. Mais voici un obstacle sur lequel
il n'avait pas compté : la Chambre des pairs apportera
les mêmes lenteurs à l'admission des soixante-seize
nouveaux que le ministère aux réélections; et tant que
les soixante-seize seront dehors, les ministres au dedans n'auront pas la majorité. Alors, point de lois. Le

duc de R... se chargeait avant-hier d'aplanir toutes ces difficultés, si on voulait le nommer ministre de la police, en substituant la mitraille à la mousqueterie. A propos de celle-ci, je dois vous dire que, de ce côté-ci de la rivière, nous n'aurions rien su de ce qui s'est passé, sans les journaux. Vous croyiez peut-être, en ce temps-là, que nous étions en pleine révolution. Personne ne doute ici que ces troubles n'aient été payés ou suscités par la police afin d'effrayer les électeurs réunis aujourd'hui dans les provinces.

Je vous fais compliment de votre amour nouveau pour la gloire civile, d'abord parce que c'est la plus belle, et ensuite parce que je suis bien persuadé qu'étant la femme de qui vous l'êtes, vous êtes destinée à en partager beaucoup.

Mais c'est assez de politique pour aujourd'hui. Nous politiquerons bien plus commodément et plus agréablement à trois, au coin de votre feu, dans une dizaine de jours. La session pourrait nuire un peu à votre musique; déjà les voyages n'ont pas trop réussi à la mienne, qui est, il est vrai, d'une espèce toute particulière; ainsi le *Minaccia pur* m'est tout à fait sorti de la tête, et votre assistance ne me sera pas inutile pour me faire admirer l'autre dont vous me parlez : *In si barbara sciagura*. Vous verrez que, quand je reviendrai de l'Inde, je n'aimerai plus du tout la musique, que théoriquement. C'est une passion que la jouissance entretient et qui s'affaiblit si elle n'est satisfaite. Je ne suis point retourné aux Bouffons depuis ce jour où j'allai y mériter votre colère ; j'y retournerai cependant pour entendre madame Pisaroni dans Arsace ; mais ce sera plutôt pour satisfaire une certaine curiosité d'esprit, pour compléter autant que possible ma petite érudition musicale que pour jouir. Pour achever et vous faire dire que je suis un malheureux livré aux bêtes, je vous avouerai que je ne suis pas encore allé voir l'exposition des tableaux, quoique tout le monde dise qu'il y en a de fort jolis. C'est que, habituellement, je passe mes journées à une lieue du Louvre avec des poissons ou des oiseaux, etc.; et, aujourd'hui que je demeure au coin de mon feu à étudier mes herbes de Saint-Domingue, la neige dont je vois la terre couverte ne m'invite pas à sortir : votre beau soleil de novembre (très-beau peut-être pour une Anglaise) n'en peut venir à bout depuis hier ; elle ne fond pas. Mes goûts sont plus matériels. Je préfère un bon gros soleil de juillet qui rende l'ombrage agréable, et alors cet ombrage lui-même bien épais. J'aime mieux cela que les rayons décolorés de l'espèce de soleil d'opéra dont nous jouissons en hiver, traversant librement les rameaux desséchés des arbres. Cela est bien peu ossianique, direz-vous, et j'en conviens.

Merci de vos montagnes bleues que j'aime tant, parce qu'elles sont les premières que je vis ; j'espère que vous aurez peint la tuilerie sur le devant avec le joli peuplier qui s'élève auprès. Je me creuse la tête pour trouver le sentier de l'étang Notre-Dame, à la futaie Paradis. J'espère bien que vous m'en ferez les hon-

neurs quelque jour; je vous promets de n'être plus aussi
embarrassé que je l'étais autrefois, des rencontres de
bœufs qu'on est exposé à faire dans ces bois. Cherchez,
en attendant, entre les Gomards et le moulin Grand-
vaux, ou plutôt entre l'étang Champignon et ce dernier
lieu, à l'entrée de ces jolis bois de bouleaux tout remplis
à l'automne de ces beaux champignons rouges, cherchez
une espèce fort jolie et fort rare de bruyère que j'y ai
vue une seule fois, et que je n'ai jamais pu retrouver
depuis, quoique vous vous fussiez un peu vantée, si je
ne me trompe, de me la faire retrouver tout de suite.
Nous y allâmes, en effet, il y a dix ans, et longtemps
je cherchai, guidé par vous; mais vainement.

Merci de tout ce que vous m'écrivez de vos filles.
J'ai dîné avant-hier avec mon frère rue de Varennes.
M. de P... n'a pas le verbe plus rare que ci-devant;
mais il ne l'a pas non plus varié davantage; en sorte
qu'après une séance de quatre heures, le soir, quand
nous nous retirâmes, j'aurais pu lui dire : « Je le savais. »

Adieu donc, chère madame; il est bien entendu,
cette fois, que c'est sans obligation, sans reconnaissance. Le point d'honneur m'oblige à vous déclarer
que, de mon côté, je n'en aurai aucune pour une réponse, quand même elle serait écrite en anglais, ce
que vous n'avez jamais essayé avec moi, juge terrible;
et je vous défie d'oser.

XXX

A LA MÊME.

Páris, 3 décembre.

Votre aimable lettre, chère madame, m'a charmé, et je ne saurais trop vous remercier. Vous ne pouviez répondre de meilleure grâce à mon défi que par cette diligence, et ce mérite est en vous le seul nouveau auquel je doive rendre hommage. Je suis donc tout fier de ma petite supercherie et de son succès, sur lequel je ne comptais guère; car, de croire qu'il ne vous fût pas indifférent d'écrire dans l'une ou l'autre langue deux ou trois pages sans conséquence, c'est ce dont, franchement, je ne m'étais pas avisé. Très-sincèrement encore, l'italien est la limite de ma confiance. Notez bien que c'est vous qui m'avez donné l'idée de cette provocation, si tant est que vous en voyiez une dans ce doute que je me permets de vous exprimer. J'avoue, pour moi, que vous m'embarrasseriez beaucoup si une jolie lettre italienne venait m'imposer la pénitence d'une réponse en cette langue; car ce n'est pas en Amérique qu'elle a pu me devenir plus familière, et je me rappelle qu'autrefois, la parlant alors tant bien que mal, je ne l'écrivais guère.

Vous devinez bien cependant que j'ai promené ma critique sur toutes les virgules et tous les points de

votre aimable lettre, et que je l'eusse étendue aux ac-
cents, s'il y en avait dans l'orthographe anglaise, et
aux pâtés si jamais vous en faisiez. Mais tout ce que j'ai
trouvé de plus favorable à mes recherches, c'est, dans
deux ou trois endroits, une marque d'hésitation à dou-
bler une consonne dans un mot. Votre rigorisme à cet
égard m'a fait penser que vous auriez peu de tolérance
et m'a ôté toute idée de réciprocité. Il n'y a qu'à madame de G... que j'oserais écrire un billet en anglais.

Le plaisir tout particulier qu'on trouve à lire dans
une langue étrangère ne tient-il pas à son étrangeté
même? Ce n'est pas, je crois, sa grâce réelle et absolue
ni sa beauté qui nous charment; elle nous plaît surtout par ce qu'elle a pour nous d'insolite et que nous
trouvons toujours élégant ou au moins original. Il est
bien aisé de se convaincre de cette originalité relative
d'une langue étrangère; il n'y a qu'à essayer de traduire quelques pages d'un écrivain étranger; on voit
alors que la grâce native disparaît entièrement dans
une traduction littérale, et qu'une traduction ornée ne
la reproduit nullement, mais y en substitue une autre
toute différente : elle n'est qu'un contre-sens continuel
de style.

Madame de G... porte aux nues mon anglais; mais
je sais mieux qu'elle ce que je dois penser de mon américain, et j'en pense très-humblement. Je réclame votre
indulgence pour la quinzaine prochaine où vous l'en-
tendrez. Il vous sera, j'espère, assez clair, parce que
vous êtes une Anglaise qui comprenez fort bien le fran-

çais; sans cela, vraiment... A New-York, cependant, dans les derniers temps de mon séjour, quand il m'arrivait de m'animer en causant, je risquais le petit *speech*, suivant la coutume du pays, et l'on me comprenait. J'avais un avantage : c'était de n'avoir aucune prétention. Je poussais la philosophie à cet égard jusqu'à porter partout dans ma poche un petit dictionnaire que vous verrez peut-être.

Je ne me rappelle pas trop, chère madame, ce que j'ai pu vous dire touchant ce sujet sur lequel vous n'êtes point de mon avis. Mais, pour n'y plus revenir, voici mon opinion catégorique à cet égard, et n'allez pas dire que je suis pédant, parce que j'en conclurai tout simplement que c'est que j'ai eu raison : si c'est la présence fréquente du danger qui vous fait admirer plus que tout autre la gloire militaire, songez qu'il y a plus de danger (de danger de la vie) dans la vie d'un malfaiteur que dans la vie d'un soldat.

Donc, conséquemment à votre théorie de l'admiration, vous en devez davantage à un malfaiteur.

Le courage qui fait que l'on expose sa vie est une vertu de tempérament; c'est un instinct animal assez commun chez les hommes. Il y a quinze ans, lorsqu'un million de Français étaient appelés à en faire preuve, on comptait ceux qui faisaient preuve du contraire. Il n'est qu'un instinct aveugle, indépendant de toute moralité, et qui ne devient digne d'estime et de respect, d'admiration si vous le voulez ainsi, que suivant la moralité des actions où il s'emploie. Quant à la

mesure de la moralité de nos actions, elle est assez facile à établir. Nos actions sont morales en proportion
de leur utilité à autrui; en proportion des sacrifices
que nous faisons de nos propres intérêts matériels (et
j'appelle de ce nom toutes nos jouissances, excepté
celle de l'approbation de notre conscience).

Vous direz que le mot *utilité* introduit dans la définition de ma gloire a quelque chose de vulgaire.
Moi, par contre, je trouve fort vulgaire la gloire telle
que le vulgaire la comprend, la gloire brillante, écla-
tante, sans que ce soit nécessairement par la moralité
ou même par l'esprit; et je ne doute pas qu'avec un
esprit élevé, une âme honnête et de la candeur, vous ne
partagiez un jour mon sentiment.

M. *** vient de dire à mon père que le mariage de
mademoiselle *** était fixé au 12. Vous n'y assisterez
donc pas? Il me semble, d'après un petit bout de conversation là-dessus avec madame ***, qu'on désirait
beaucoup et qu'on espérait votre présence. Comme il
n'y a rien du tout de solennel à mes yeux dans cette
cérémonie, lorsqu'elle s'accomplit pour des personnes
sans foi religieuse, je comprends mal le désir de la
rendre belle par l'assistance d'un plus grand nombre
de témoins.

Mes jours se succèdent avec autant de monotonie
que les vôtres. L'étude les remplit. L'idée d'aller voir
des tableaux ne me viendrait pas plus d'elle-même
que celle de m'aller promener au bois de Boulogne;
mais vous me trouverez très-disposé à me laisser faire.

Au reste, ma bonne volonté, mon désir même à cet
égard ne me serviront de rien. Vous serez ici comme
moi, sans loisir, et votre mari pareillement. Adieu
donc en attendant, et *felicissima notte!* ce qui est bien
plus joli que *good night.* Mille tendres respects. *I em-*
brace your lord.

APERÇU DE L'ÉTAT SOCIAL ET POLITIQUE
DE LA RÉPUBLIQUE D'HAÏTI.

(Fragment.)

1827.

C'est une expérience neuve dans l'histoire de l'espèce
humaine que celle qui se poursuit depuis un quart de
siècle dans l'ancienne colonie de Saint-Domingue : une
population de race africaine, affranchie violemment de
la domination de ses maîtres blancs, est devenue maîtresse exclusive de tout le territoire de cette île superbe, s'y gouverne elle-même, s'y essaye aux arts et
à la civilisation de l'Europe, et, déjà réunie en une
seule nation soumise aux mêmes institutions, elle forme
une société nouvelle, admise par la politique européenne au rang des États indépendants.

Beaucoup de personnes, en France, se font d'étranges
illusions sur l'état de cette société, qui ne nous est généralement connue que par des documents officiels les
plus insignifiants et par quelques actes écrits de son

gouvernement. Parce que nous entendons parler d'un
président et de deux Chambres, de jury, de liberté de
presse en Haïti, nous pensons aussitôt aux États-Unis
d'Amérique, et nous nous représentons la république
haïtienne libre et florissante. Ce vain protocole de liberté, de civilisation, nous trompe également à l'égard
des nouveaux États républicains du continent de l'Amérique équinoxiale. Comme si, en France, nous n'avions
pas eu aussi un libérateur, un sénat, des chartes libérales, et du despotisme avec tout cela! comme s'il était
possible enfin à des populations longtemps dégradées
par le système colonial ou abruties par l'esclavage
d'être libres en devenant indépendantes! Si la violence, l'anarchie, la misère désolent les nouvelles républiques américaines, il est juste de dire qu'une partie de ces maux est le triste héritage des vices de la
domination espagnole. Il y en a de passagers qui dis-
paraîtront sans doute bientôt avec les restes de l'ordre
de choses qui les produisait; mais il en est d'autres
aussi qui affligeront nécessairement plusieurs générations. La différence d'origine européenne, africaine et
américaine des habitants de ces États, si fortement marquée par la couleur blanche, noire et rouge de la peau
et par tous les autres traits de l'organisation physique,
sera bien longtemps avant de s'effacer par leurs al-
liances, et, jusque-là, elle sera une source constante de
haines et de discordes civiles.

La situation d'Haïti est, sous ce rapport, bien plus
avantageuse à l'ordre et à la paix intérieure, si elle

n'offre peut-être pas à l'avenir les mêmes chances de
perfectionnement social. Sa population est bien plus
homogène. Les blancs, au temps de la conquête, en
ayant exterminé jusqu'au dernier les indigènes Ca-
raïbes, et en ayant été depuis chassés tous par les noirs,
la race africaine seule, pure ou mêlée, forme sa population. Le commerce, il est vrai, y attire quelques Européens, qui y résident souvent de longues années;
mais ils n'y peuvent posséder de terres, ni occuper aucun emploi public, ni même contracter de mariage
légal. La loi les exclut à jamais des droits de citoyen
haïtien.

Il est bien difficile de prévoir l'avenir d'une société
dont les éléments diffèrent tellement de ceux des nations européennes; cependant, et sans rien préjuger ici
de l'infériorité ou de la supériorité intellectuelle des
diverses races humaines, on peut avancer, je crois, que
des races très-différentes par l'organisation physique
se distingueront aussi par leurs goûts, leurs penchants,
leurs aptitudes de tout genre, et que non-seulement
elles marcheront d'un pas inégal dans la carrière de la
civilisation, mais qu'elles y suivront quelquefois des
directions différentes. Peut-être un jour se développera-
t-il en Haïti des mœurs originales très-polies. Mais,
quelle que soit la condition actuelle de cette société,
qu'on se rappelle de quel degré d'abaissement et depuis combien peu d'années elle est partie, et l'on ne
s'étonnera point que sa civilisation soit encore si peu
avancée...

SAINT-DOMINGUE.

(Fragment.)

... Ne sont-ce point d'heureux hasards qui font faire à la civilisation ses premiers pas? ne sont-ce pas des circonstances fortuites, des événements extérieurs, qui poussent les tribus sauvages vers les commencements de la civilisation?

De ce que les nègres, dans leur pays en Afrique et dans toutes les autres contrées où on les a transportés, et où ils sont libres ou esclaves, se montrent généralement fort paresseux et stupides, on a conclu à l'infériorité de leur race sur la nôtre. Sans entrer ici dans la définition plus précise de ce mot de race, auquel peut-être deux écrivains n'attachent pas la même idée, je dirai que le type physique de l'homme est le plus flexible peut-être de tous les types animaux, et que sans doute son type moral ne l'est pas moins. Ce sont peut-être *les habitudes* des générations antérieures qui produisent les aptitudes de toute sorte des générations actuelles.

L'habitude, dit-on, est une seconde nature, et cela est vrai. Or, ne transmettons-nous rien à nos enfants de notre nature? A cet égard, il est vrai de dire que la race noire est extrêmement mal partagée, et la population noire qui s'essaye à la civilisation en Haïti, n'a reçu que le plus misérable héritage.

L'oisiveté est le suprême bien de tous les peuples
sauvages. Le travail fut toujours considéré comme un
mal, comme une souffrance. L'esclavage, qui marque
le commencement de toutes les sociétés humaines, l'esclavage, qui fut longtemps le principe du travail, d'un
travail forcé, il est vrai, a peut-être été la cause du
travail goûté. Il fallait peut-être cette inique nécessité
qu'il impose, pour développer, pour hâter, dans les
sociétés humaines, les habitudes actives et industrieuses.
L'homme fait prisonnier à la guerre et esclave fut condamné au travail, et sa postérité aussi; il travailla,
parce qu'il y était contraint, et fut malheureux. Cependant, il s'habitua peu à peu à cette peine, et l'habitude
la lui rendit plus légère. Ses enfants, qui y furent soumis dès le bas âge, et qui ne connurent jamais la satisfaction de leurs penchants oisifs, souffrirent moins du
travail auquel ils furent contraints ; leur nature, déjà
sensiblement modifiée par l'habitude, se transmit à
leurs descendants, et enfin, après bien des siècles, dans
beaucoup de nations, le travail cessa d'être une peine
pour l'être physique, il ne fut plus qu'une humiliation ;
les générations nouvelles apportèrent en naissant le
goût du travail, qui avait été durant des siècles le régime des générations antérieures.

Il fallait le fouet d'un maître pour faire travailler le
noir africain transporté aux Antilles. Le citoyen haïtien, qui est le fils de cet esclave, a presque au même
degré les penchants oisifs de son père. Au fouet, au
bâton, on substituera le plat du sabre, et, comme sol-

13

dat négligent, on l'en frappera sans l'avilir, car la
contrainte est nécessaire pour qu'il travaille. Or, voilà
à peu près ce qui se passe aujourd'hui en Haïti.

Il y a dans ce pays un luxe vraiment français de gouvernement. Le nombre de ses officiers est tout à fait
disproportionné à celui des habitants. Il en résulte une
charge considérable pour la population. Cet ordre de
choses ne me semble pourtant pas à blâmer. Dans cette
société dont tant de membres retourneraient si facilement à une vie presque sauvage, tout ce qui donne au
gouvernement de la force, tout ce qui le centralise, est
utile. Les vingt-quatre États qui composent la fédéra-
tion américaine du Nord pourraient sans inconvénient,
sans compromettre du moins l'avenir de leur civilisation, se diviser en une infinité d'États plus petits. C'est
qu'aux États-Unis il n'existe point de village qui ne
renferme des éléments nombreux d'ordre, de police,
de liberté et d'amélioration sociale; qui, en un mot, ne
soit très-propre à se parfaitement gouverner lui-même.

Mais il est loin d'en être ainsi en Haïti. Là, il y a dans
la plus grande masse de la population incapacité absolue de se gouverner soi-même; là, il faut que les
villes commandent aux campagnes; là, il faut qu'il y
ait un chef absolu dont la volonté soit pour les sujets
un principe nécessaire d'action. Généralement, ce pouvoir tombera aux mains du plus habile, du plus actif.
Christophe, Boyer, Pétion en sont la preuve.

Pétion est un des hommes qui font le plus d'honneur
à la race africaine, dont le sang coulait dans ses veines,

mêlé au nôtre, il est vrai, car il était mulâtre. J'ai vu partout en Haïti sa mémoire vénérée. Christophe, que nous croyons en Europe n'avoir été qu'un fou furieux, était, à la vérité, bien souvent cruel et furieux, mais il n'était point fou. Il suivait avec activité, sans relâche et sans ménagement aucun, un plan de gouvernement qui était favorable à l'amélioration matérielle de la portion du pays où il commandait. Il imposait le travail, non comme un maître à ses esclaves, mais comme un tyran à des sujets toujours tremblants. Ses cruautés ont fait exécrer sa mémoire. Il doit en être ainsi chez le peuple qui longtemps en fut la victime; mais il faut reconnaître néanmoins que rarement il en exerça sans but ni raison. Elles ne furent le plus souvent que des châtiments cruels.

Quant au président actuel, ce n'est point l'homme distingué qu'on nous a dit; c'est, au contraire, un homme d'une grande médiocrité. On ne peut guère connaître ses talents politiques, car on ignore quelle part il a prise aux conseils qui ont décidé des actes politiques de son gouvernement, conseillé comme il l'a toujours été par des hommes beaucoup plus habiles que lui. J'ai rarement entendu louer sa bonne foi et son équité. Susceptible, irritable, et alors capable de violences, ce n'est plus l'homme qui se fit remarquer d'abord autrefois, dans les guerres de Pétion contre Christophe, par une excessive bravoure, et que l'on admirait autant qu'on le craignait, quand il fut élevé à la présidence. Maintenant, on redoute son autorité, la

force matérielle dont il dispose; mais il n'y a plus d'a-
mour, ni de respect, ni d'estime pour sa personne. Il
était populaire, et il ne l'est plus. C'est l'acceptation de
l'ordonnance royale du 17 avril qui lui a fait perdre sa
popularité.

Nous avons été étrangement trompés sur les sentiments du peuple haïtien manifestés à la promulgation
de cet acte, lors de l'arrivée de M. de Mackau. La précipitation avec laquelle il fut reçu n'était point l'entraî-
nement de la joie, ni de l'enthousiasme, ni de la reconnaissance, c'était tout simplement la précipitation de la
peur. M. de Mackau, porteur de l'ordonnance royale,
vint à Port-au-Prince avec une seule frégate, il est
vrai, qu'accompagnait seulement un bâtiment léger, et
la négociation entamée par lui fut pendant vingt-quatre
heures sans résultat; le temps se perdait alors en objections vaines, en procédés évasifs de la part du président...

FRAGMENT DU PLAN DE VOYAGE DANS L'INDE, PRÉSENTÉ AUX PROFESSEURS DU MUSÉUM.

1828.

En envoyant un voyageur dans l'Inde, l'administration du Muséum royal doit désirer, sans doute, le
voir s'éloigner des parties de ce vaste empire depuis longtemps fréquentées par les naturalistes, et se

diriger vers des territoires encore vierges pour la
science. Le littoral de toute la presqu'île et les côtes
de Coromandel surtout sont les mieux connues; il serait difficile d'y recueillir maintenant un nombre considérable d'objets que le Muséum ne possédât déjà. Le
Bengale et les nouveaux territoires plus septentrionaux de la domination anglaise, le Népaul et le Bou-
tan, ont été aussi explorés avec tant de zèle et d'habileté, qu'ils n'offrent plus aux recherches des naturalistes qu'un intérêt déjà bien épuisé. Les attraits et, il
faut le dire aussi, les précieuses ressources de la civilisation européenne de Calcutta ont appelé de ce côté
bien des voyageurs, et c'est de là que sont partis ceux
qui ont poussé le plus loin leurs reconnaissances scientifiques. Cependant presque tous les ont dirigées dans
la même direction; presque tous ont remonté le Gange
en s'écartant peu des rives de ce fleuve. — L'Indus,
au contraire, dont le cours est pareillement si long,
dont les affluents arrosent un si large bassin, a été à
peine visité, si ce n'est vers son embouchure. Les
abords en sont difficiles. On quitte, en y pénétrant, les
possessions anglaises; on perd l'appui, la protection
d'une domination européenne, et l'on s'expose aux ca-
prices, aux violences, aux extorsions de gouvernements
faibles et soupçonneux, sans règle ni stabilité. Ces obstacles, exagérés sans doute dans les relations du très-
petit nombre de voyageurs anglais qu'une curiosité
stérile ou que des intérêts politiques ont conduits dans
le Caboulistan, semblent avoir arrêté aux frontières in-

décises de ce vaste empire tous les naturalistes européens. La fraude, le brigandage, ne sont pourtant pas
tellement le régime de ce pays qu'il ne possède une population nombreuse, plusieurs villes très-considéra-
bles, et qu'autour de ces centres de pouvoir et d'industrie, on ne jouisse de la plupart des avantages de la police européenne. Paishawur (où Elphinstone résida pendant son ambassade en 1809) et Caboul, situés l'un et
l'autre presque au pied du Caucase indien, semblent
être à ces divers titres des lieux de halte excellents
pour un naturaliste.

De nombreuses caravanes circulent entre Paishawur
et Cachemire, autre province du Caboulistan, si peu
connue encore des naturalistes. Peut-être que la tran-
quillité intérieure de l'empire permettra à un voyageur d'y pénétrer pour explorer les bases occidentales
de l'Himalaya.

Paishawur est aussi sur la route que suivent les caravanes qui se rendent de la Boukarie dans l'Inde anglaise. C'est de là que, suivant les bords de l'Indus,
descendent chaque année les chevaux destinés à la remonte de la nombreuse cavalerie de l'armée de la
très-haute Compagnie. Paishawur et Caboul, dont le
climat n'admet plus la culture des plantes tropicales,
fait aussi, et toujours par caravanes, un grand commerce d'échanges avec les villes de la vallée inférieure
de l'Indus, avec Moultan et Hyderabad. Ce commerce,
consistant surtout en matières premières d'une faible
valeur en coton, sucre et café qui remontent le long

du fleuve, en laine et en fruits qui le descendent, prouve qu'un voyageur aurait une voie sûre et économique pour rapporter jusqu'aux établissements européens les volumineuses collections qu'il aurait faites pendant son séjour dans le haut Indus. Il pourrait, d'ailleurs, s'arrêter, à son retour, dans les villes situées sur cette route, à Cohaut, Leïa, etc., etc., dont les environs lui offriraient plus d'intérêt. Ces stations successives depuis Paishawur et le haut Indus (latit. 34°-35°) jusqu'à l'embouchure de ce fleuve sous le tropique, lui permettraient sans doute de recueillir bien des objets et des observations pour faire connaître l'histoire naturelle de cette grande vallée.

Il semblerait peut-être d'abord que Bombay ou Surate doivent être le point de départ d'un voyageur qui voudrait y pénétrer; mais tous les renseignements que j'ai pu me procurer à cet égard s'accordent à indiquer Dehli pour ce point de départ et de correspondance. Dehli est la plus septentrionale des grandes villes de la domination anglaise; c'est le chef-lieu du commerce de l'Inde anglaise avec les provinces du Caboulistan, avec Cachemire. Là, plus qu'à Bombay, je trouverai des banquiers juifs, ou arméniens, ou persans, en relations constantes avec d'autres banquiers des mêmes nations établis à Paishawur, à Caboul et autres villes du haut Indus. C'est par Dehli que les tissus de Cachemire sont apportés dans l'Indoustan, de même que ceux destinées pour la Perse sont transportés, ainsi que je l'ai indiqué déjà, à Paishawur.

Quant à la route à suivre pour me rendre à Dehli, il me semble qu'il ne peut y avoir d'incertitude à cet égard. C'est de Calcutta qu'il faut partir. C'est donc à Calcutta que je devrai d'abord me rendre. A partir de ce point, je vais tracer sommairement l'itinéraire qui, d'après les renseignements qu'il m'a été permis de recueillir, m'a paru le plus favorable à l'objet de ma mission, et que je soumets aux lumières et aux désirs de l'administration du Muséum.

Un séjour de trois ou quatre mois dans la capitale du Bengale me sera extrêmement utile par les relations qu'il me mettra à même de former avec les hommes instruits ou puissants de ce pays, dont les conseils, la bienveillance et la protection pourront me servir dans une grande partie de mon voyage. On connaît la magnificence du jardin botanique de Calcutta; les envois que faisait autrefois son directeur, M. Wallich, au Muséum royal ont été arrêtés dernièrement, ainsi que le savent sans doute plusieurs de MM. les professeurs administrateurs, à l'instigation peu généreuse de M. R. Brown. Présent sur les lieux, peut-être pourrai-je obtenir la suspension de cette rigueur; et alors, les herbiers du Muséum royal s'enrichiraient plus sans doute de mes trois mois d'herborisation dans ce jardin que d'une année d'herborisation laborieuse dans la campagne. Ce séjour, que je m'efforcerai de rendre le plus immédiatement profitable à l'accroissement des collections du Muséum, me fournira, entre autres avantages précieux, l'occasion de commencer déjà l'étude du persan, langage dont la connaissance me sera absolument nécessaire lorsque je quitterai les possessions britanniques, et qui me suffira dans tout le cours projeté de mon voyage.

De Calcutta, je me rendrai par Benarès à Dehli en suivant les bords du Gange et de la Jumnah. Cette route, qui conduit à Bombay, est la plus fréquentée des possessions anglaises. Un voyageur muni, comme c'est l'usage, de nombreuses lettres de recommandation pour les officiers de la très-haute Compagnie et les négociants des établissements qu'elle traverse, la parcourt sans difficulté.

Dehli, situé à trois degrés environ au nord du tropique, semble devoir être, par son climat, la limite des productions naturelles de la zone équinoxiale et de celles de la zone tempérée. Un séjour d'une durée égale à celui que j'aurai fait à Calcutta y sera sans doute très-utilement employé à la collection d'objets nouveaux. Je trouverai certainement à Dehli, qui entretient directement avec le Caboulistan des relations commerciales, bien des renseignements précieux sur cet empire, dont il est assez voisin. J'aviserai là aux moyens de toucher de l'argent à Paishawur, à Cachemire ou à Caboul, pendant le temps que je séjournerai dans le haut Indus.

Avant de quitter Dehli, j'enverrai à Calcutta, par la voie ordinaire des transports du commerce, toutes les collections que j'aurai rassemblées depuis mon départ de cette dernière ville. Je les y adresserai au soin de

quelque naturaliste ou de quelque personne intelli-
gente avec laquelle je me serai entendu, à cet effet,
pendant mon séjour à Calcutta, et qui se chargera de
les expédier tout de suite en France, à l'administrateur
du Muséum royal. Le chef du comptoir français de Chandernagor, M. de Lesparda, sur l'obligeance duquel des
relations de société me permettent de compter entièrement, et que j'aurai vu fréquemment pendant mon séjour à Calcutta, pourra me rendre ce service avec plus
d'avantages peut-être que qui que ce soit.

Muni de lettres de change, de toutes les recommandations, de toutes les connaissances que j'aurai pu me
procurer à Dehli, je quitterai cette ville et, bientôt
après, les possessions anglaises, pour pénétrer dans le
bassin de l'Indus, en passant soit au sud, soit au nord
des États du nabab de Lahore, si ce prince m'interdit
le passage. Toutefois, autant qu'on peut du moins se
former une opinion à cet égard avec aussi peu de renseignements qu'il est possible de s'en procurer ici, la
route du nord, que suivent au pied des premiers gra-
dins de l'Himalaya les caravanes qui vont à Cachemire,
me paraît et la plus intéressante et la moins difficile.
J'arriverai avec ces caravanes à Attok, sur les bords
de l'Indus.

Je me trouverai là près de Paishawur et de Câboul,
au centre d'une contrée absolument neuve. L'intérêt
qu'elle offrira aux recherches d'un naturaliste ne peut
manquer d'être très-grand; d'autres considérations
très-favorables s'y présentent aussi au voyageur pour

l'engager à y prolonger son séjour. La population, étant
composée de races et de sectes très-diverses, ayant
peu de nationalité, n'y est point jalouse ou ennemie
des étrangers comme en d'autres contrées de l'Asie où
elle est plus homogène; de plus, il y a, d'après le témoignage d'Elphinstone, dans les vallées et les territoires fertiles, où cette population est fort nombreuse,
plus d'ordre public, plus de civilisation qu'on ne serait
tenté de le croire; un voyageur y trouverait donc ce
degré de liberté et de sécurité si favorable à ses recherches et à ses travaux. Enfin, dans ce pays très-
isolé, l'argent a une grande valeur.

Les collections que, pendant mon séjour, je ferai
dans divers lieux de la vallée de l'Indus, il est probable
que je serai forcé de les amasser jusqu'à mon départ de
cette contrée et de les emporter moi-même alors toutes
à la fois. Le commerce assez considérable que fait ce
pays avec Bombay me paraît suivre une ligne trop
brisée pour que je puisse les lui confier avec sûreté
sans les escorter moi-même; puis il faudrait encore,
pour cela, m'être assuré, pendant mon séjour à Calcutta
et à Dehli, d'un correspondant sûr et intelligent à
Tattah ou Hyderabad, ports d'embouchure de l'Indus,
et à Bombay, pour les recevoir, les visiter si le soin de
leur conservation l'exigeait, et les expédier tout de
suite en Europe.

Revenu avec elles dans le bas Indus, je m'y embar-
querais à Hyderabad, pour Bombay, ou je me rendrais

à cette résidence par terre en traversant le désert de sable qui se trouve entre la rive droite du fleuve et la province de Guzzerat. Ce désert est facile à traverser; les Anglais y ont quelques postes permanents.

Bombay, malgré sa position littorale, offre un intérêt moins épuisé que Calcutta et les grandes villes de la côte de Coromandel. L'état de guerre, qui a si longtemps régné entre la très-haute Compagnie et les Mahrattes, a été jusqu'ici un obstacle à la libre exploration des Ghattes occidentales. La paix qui existe entre eux maintenant me permettra sans doute d'y faire d'utiles recherches.

Là pourrait se terminer mon voyage; il ne me resterait plus qu'à effectuer, par mer, en repassant par l'île Bourbon, mon retour en Europe. Mais cette longue navigation que j'aurais déjà faite serait sans intérêt pour l'administration du Muséum royal, aux collections duquel elle ne me permettrait de rien ajouter; et il est un autre projet de retour qui me semble bien préférable.

Avant de l'exposer, je dois faire remarquer que je ne serai revenu à Bombay, du nord de l'Indoustan et du Caboulistan, qu'avec une connaissance parfaite de la langue persane, et que, pendant trois ou quatre années de voyages et de travaux, j'aurai acquis ce genre d'habileté toute spéciale d'un naturaliste voyageur; que j'aurai acquis alors l'art de voir et de collecter mieux et davantage en moins de temps, qu'alors

enfin mes services pourront être plus avantageux au
Muséum que précédemment, lorsque je n'avais pas
encore la même expérience.

Au lieu donc de revenir en Europe par le cap de
Bonne-Espérance, je proposerai d'y revenir par terre. Je
me rendrais, par mer, d'abord de Bombay à Busheer
(Bouchir), comptoir anglais très-florissant situé sur la
rive persane du golfe Persique, où je ferais une station.

Lasha, ville de l'Arabie orientale où viennent se réunir de tous les points de la Perse, du Béloutchistan et
du Caboulistan, tous les musulmans qui sont en pèlerinage à la Mecque, est située presque en face de Busheer
sur la rive opposée du golfe Persique, à l'embouchure
de la rivière d'Aftan, qui coule de l'Arabie centrale et
n'a pas moins de cent lieues de cours. Cette ville,
chef-lieu d'une grande pêcherie de perles, paraît avoir
de nombreuses relations commerciales avec Busheer;
il serait très-facile de s'y rendre; il n'y a que le golfe
à traverser. Son territoire promet à un naturaliste les
récoltes les plus neuves. De retour à Busheer avec les
collections que j'aurais faites à Lasha, je les expédie-
rais aisément par Bombay en Europe, et, traversant
obliquement la chaîne de montagnes secondaires qui
s'élèvent à peu de distance des bords du golfe Persique,
j'irais à Ispahan, et, de là, à Smyrne ou à Alexandrie,
ou à quelque lieu voisin de la domination européenne,
d'où mon retour en France serait le plus court et le
moins dispendieux.

Il est inutile d'observer que bien des circonstances

qu'on ne peut connaître ici, ni prévoir, modifieront
sans doute ce plan dans quelques-unes de ses parties.
Je ne le soumets à l'administration du Muséum royal
que comme celui dont je chercherai à me rapprocher
le plus, si elle l'agrée. Il faudrait n'avoir jamais voyagé
pour croire qu'on peut suivre sans déviation, à deux
mille lieues, un itinéraire tracé d'avance. On ne peut
non plus déterminer exactement la durée de ce voyage.
Tout ce que je puis avancer à cet égard, c'est qu'il me
paraît impossible de le faire en moins de quatre années,
et que cinq ou six me semblent devoir être sa durée
probable.

Une licence de la Cour des directeurs de la très-
haute Compagnie est nécessaire à tout Européen pour
être admis dans ses possessions. Je présume qu'il serait fort aisé de l'obtenir par une demande officielle
adressée à l'ambassadeur de Sa Majesté Britannique à
Paris. Je regarderais comme un temps parfaitement
employé pour le succès de mon voyage une semaine
passée à Londres, où je trouverais une foule d'informations qu'il est impossible d'acquérir ici, et où des
relations de société me feraient connaître les hommes
puissants dont les recommandations me seraient du
plus haut prix après le passe-port légal.

L'État enverra dans deux mois un navire à Pondichéry pour y conduire le nouveau gouverneur de cet
établissement. J'ai l'avantage de connaître cet officier;
en passant dans l'Inde avec lui, je me trouverais, presque sans frais, transporté fort près de Calcutta ; il ne

me resterait plus qu'une navigation de quelques jours
par les paquebots de Madras pour m'y rendre tout de
suite.

Quels que fussent le zèle, l'activité, la persévérance
d'un voyageur, sa mission serait bien ingrate, et elle
serait peu avantageuse pour le Muséum royal, s'il était
privé des ressources pécuniaires suffisantes. Le grand
nombre de bras dans l'Inde y rend à la vérité la location de leurs services peu chère et tient à bas prix bien
des objets de consommation ; mais il faut observer que
les nécessités de la vie sont loin d'y coûter propor-
tionnellement aussi peu que les objets de luxe ; c'est
une circonstance défavorable pour un voyageur dont
les dépenses sont toutes contenues dans ce cercle de
choses nécessaires. Sur les fonds qui lui sont alloués,
un voyageur doit prélever d'abord de quoi vivre ; il lui
faut se loger, se nourrir, se vêtir, se transporter ; et,
quelles que soient ses ressources, l'amour de la science
et une délicate discrétion lui feront toujours mettre la
plus excessive réserve dans sa dépense personnelle,
afin d'avoir le plus d'excédant possible pour le consacrer à l'objet spécial de sa mission.

XXXI

AU GÉNÉRAL SIR JOHN MALCOLM,
GOUVERNEUR DE BOMBAY.

Londres, 30 juin 1828.

C'est au nom des sciences et sous les auspices de sir
Alexander Johnston que je prends la confiance d'écrire
à M. le général Malcolm sans avoir encore l'honneur
d'être connu de lui. L'exécution d'un voyage scientifique dans l'Inde m'est confiée par le Muséum royal
d'histoire naturelle de Paris, et je vais l'entreprendre.
Les recherches auxquelles je dois me livrer sont toutes
relatives à l'histoire naturelle, et ce n'est pas, il est
vrai, par des études et des travaux de ce genre que sir
John Malcolm a tant contribué à mieux faire connaître
l'Inde à l'Europe savante; mais toutes les connaissances humaines s'enchaînent mutuellement; toutes les
sciences, aux yeux des hommes qui ne perdent point de
vue leur but le plus élevé, leur but moral, conspirent
également à une même fin; dans un avenir plus ou
moins rapproché, toutes conduiront également à des ap-
plications utiles au bonheur de l'espèce humaine. J'espère donc que le général Malcolm voudra bien accorder
le secours précieux de ses lumières, de ses conseils, et
l'appui de sa bienveillance à un étranger, à un inconnu,

qui les attend avec respect et les recevra avec reconnaissance.

Un navire de ma nation me transportera à Pondichéry, où j'arriverai en janvier 1829. Là, je compte ne
presque point m'arrêter; le territoire environnant, et
généralement toute cette côte de Coromandel, ont été
très-souvent visités par les naturalistes; je me rendrai
donc sans délai de Pondichéry à Madras, et, de là, par
mer, à Calcutta. Calcutta étant le chef-lieu de la puissance anglaise et de son gouvernement central, c'est là
que j'ai le plus de chance de rencontrer des savants, de
voir des collections, d'apprendre ce qui est connu déjà,
de savoir ce qu'on ne connaît pas encore. Je compte à
cet effet y séjourner deux ou trois mois, dont je profi-
terai en même temps pour commencer l'étude nécessaire de l'indoustani ou du persan.

Mon désir avait été d'abord de me rendre de Calcutta
à Dehli, ce que je savais être très-facile, et, de là, par la
route qu'a suivie Forster en 1783 avec les caravanes
qui vont à Cachemire, dans cette vallée même, ou dans
le haut Indus, à Attok. J'aurais consacré deux ou trois
années à l'exploration des affluents supérieurs de ce
fleuve, visitant Paishawur, Caboul et d'autres lieux où
la marche rapide de sir J. Elphinstone, en 1809, ne lui
permit pas de réunir des collections d'histoire naturelle; et enfin je serais revenu aux établissements européens en descendant les bords du Sind, par le Moultan, jusqu'à Tattah ou Hyderabad, où j'espérais qu'il
me serait possible de m'embarquer pour Bombay.

Je ne me dissimulais pas les difficultés d'un tel voyage; la narration d'Elphinstone me les montrait avec évidence. Mais ces obstacles, qui me paraissaient fort grands, ne me semblaient pas insurmontables, et j'espérais qu'il me serait possible d'explorer le premier l'histoire naturelle de cette contrée encore vierge pour la science.

Les renseignements que j'ai reçus à Londres m'ont forcé de renoncer à cet espoir. Ils s'accordent trop généralement à me prouver l'état habituel d'anarchie et de brigandage de ces peuples afghans, et il faut tant de sécurité à un voyageur qui doit faire de vastes collections! Ce serait peu pour lui que d'avoir la vie sauve, si, après plusieurs années de fatigues et de recherches, il venait à en être dépouillé, à en perdre tout le fruit.

Sir John Malcolm, que ses hautes fonctions dans les parties de l'empire britannique limitrophes de ces contrées doivent mettre à même d'en connaître mieux que qui que ce soit l'état intérieur, voudra-t-il juger en dernier ressort les espérances que j'avais formées d'abord sur la possibilité de les visiter?

S'il y faut renoncer, j'ai arrêté le projet de consacrer tout mon temps, toutes mes ressources à l'exploration des côtes du Malabar et de la longue chaîne des Ghattes occidentales. Ce territoire, circonscrit naturellement, forme une sorte d'unité géographique favorable sous plusieurs points de vue aux études d'un naturaliste. L'établissement scientifique auquel j'appartiens ne possède dans ses immenses collections qu'un bien pe-

tit nombre des productions naturelles de cette partie de
l'Inde. Elle a été aussi très-négligée par les naturalistes
anglais. Les musées géologiques de Londres, assez
riches déjà en collections du Népaul et de l'Himalaya,
sont absolument dépourvus des roches du Malabar. La
zoologie, à l'exception de celle du littoral, n'en est
aussi que fort peu connue, et les ouvrages volumineux
qu'on possède sur la flore de cette contrée, tels que le
Hortus Malabaricus de Rheede, se ressentent beaucoup
de l'imperfection de la botanique au temps où ils furent
écrits, et ne satisfont plus désormais aux besoins de
cette science.

Enfin une circonstance qui me fera accepter avec joie
cette résolution déjà presque certaine, c'est qu'elle me
ferait commencer la partie pénible et laborieuse de
mon voyage par les provinces placées sous le gouvernement du général Malcolm, et qu'elle me permettrait
d'y jouir des avantages de sa noble protection.

Renonçant au Caboul, devrais-je suivre, pour me
rendre de Calcutta à Bombay, la route de Dehli ou
d'Agra? ou plutôt, ne devrais-je point suivre une ligne
plus droite au sud de cette courbe si longue?

Voilà les doutes que je soumets respectueusement
aux connaissances du général Malcolm. Sir Alexander
Johnston me fait espérer que le général voudra bien
les lever, et me guider de ses conseils au travers de
cette vaste contrée. Le chevalier Johnston ajoute même
que la lenteur de mon voyage de France à Pondichéry
(lenteur causée par une station projetée de quelques

semaines à l'île Bourbon) me permettra sans doute de
recevoir à Pondichéry les avis de sir John Malcolm, s'il
veut bien me les y envoyer sous le couvert du gouverneur français.

En m'adressant aux pensées élevées et généreuses
de l'historien de l'Inde, je ne dois pas oublier en sir
John Malcolm l'homme public qui a des devoirs à remplir ; c'est pourquoi je ne solliciterai point sa bienveillance privée sans avoir l'honneur de l'informer que j'ai
obtenu officiellement, de l'honorable Cour des directeurs, la permission de voyager librement dans toutes
les possessions de la Compagnie. Le caractère innocent
de mes études me protégeait peut-être assez auprès des
officiers de son gouvernement, mais j'ai désiré avoir le
consentement spécial et formel de la Cour, et elle me
l'a accordé le 25 de ce mois.

Je prie sir John Malcolm de vouloir bien agréer l'expression de la haute considération avec laquelle j'ai
l'honneur d'être son très-humble et très-obéissant serviteur.

XXXII

A MADEMOISELLE TINETTE, A PORT-AU-PRINCE.

Paris, le 11 juillet 1828.

Ma chère Tinette, je vais partir dans quelques jours
de Paris, et m'embarquer pour aller dans un pays qui
est si loin de chez nous, que les vaisseaux mettent quatre

mois à s'y rendre, tandis que, vous le savez, ils ne restent que cinq ou six semaines ordinairement pour venir
de France ou d'Angleterre en Haïti. J'espère que,
dans quatre ou cinq ans, je reviendrai bien portant de
ce long voyage, et, sinon avec de l'argent dans ma
poche, du moins avec bien des plantes séchées dans du
papier gris, bien des morceaux de pierre que j'aurai
cassés aux roches des montagnes, et enfin bien du butin
de ce genre ; tout cela, à mon retour, fera que je serai un
des savants de ce pays-ci. Cela ne me fera pas être riche ;
mais cela me fera avoir sans doute quelque place payée
mille ou douze cents gourdes, quinze cents gourdes
peut-être, et, avec cette somme, un homme qui,
comme moi, vous le savez bien, n'a pas de goûts de dépense, vit ici assez à son aise. S'il y en a beaucoup de
plus riches que lui qui ont de meilleures maisons, des
voitures, des chevaux, tandis que lui va à pied, il se
console en pensant que ces gens à belles maisons et à
belles voitures s'ennuient souvent à crever du matin
au soir, ne sachant que faire de leur temps, tandis
que, moi, avec mes herbes et mes pierres, et mes
écritures en latin dont je faisais un peu à Marquissant,
je suis sûr de m'amuser toute ma vie. Et puis il faut
vous dire aussi, ma chère Tinette, que ces gens qui
passent comme moi leur temps avec les herbes et les
roches sont, en ce pays-ci, fort considérés dans la bonne
compagnie, et cela console bien encore de n'être pas
riche.

Les mangos d'Haïti y ont été apportés de ce pays où

je vais, de l'Inde; mais on dit qu'il y a plusieurs provinces de l'Inde où leurs fruits sont bien meilleurs encore qu'à Jérémie. Alors, je vous en enverrai des noyaux, et, dans une quinzaine d'années, quand vous mangerez les fruits que ces noyaux auront produits, vous penserez à votre ami Victor, et Virginie aussi.

Adieu, ma chère Tinette; je ne veux pas quitter la France et m'éloigner de vous encore davantage sans vous dire adieu. Je me souviendrai de vous toujours, et toujours je vous aimerai. Je ne renonce pas à l'espérance que le hasard, un jour ou l'autre, ne me fasse repasser en Haïti. Je serais bien heureux de vous revoir. Adieu.

XXXIII

A M. LE BARON ALEX. DE HUMBOLDT, A BERLIN.

Paris, 31 juillet 1823.

Monsieur,

Je suis chargé par le Jardin du roi de voyager plusieurs années dans l'Inde, afin d'y faire des collections d'histoire naturelle pour cet établissement. La durée de mon voyage doit être d'au moins quatre ans; je puis le prolonger de deux années au delà, si je le désire. Aucun itinéraire spécial ne m'est tracé. Je suis libre de choisir les routes et les lieux de résidence. On me laisse juge de l'intérêt qu'ils peuvent offrir et maître absolu de me diriger d'après cette appréciation.

Cette liberté, qui m'est précieuse, m'embarrasse
pourtant, parce que je crains de n'en pas savoir faire
le meilleur usage possible. Permettez, monsieur, que
je vous expose brièvement mes projets et mes doutes.
Vous avez si longtemps été occupé d'un plan de voyage
en Asie, que vous avez recueilli certainement à cet
égard plus de connaissances que qui que ce soit, et
puisque, malheureusement pour les sciences, il est peu
permis d'espérer désormais que vous fassiez ce grand
voyage, soyez assez généreux pour m'éclairer de quelques-unes des lumières qui devaient servir à vous guider vous-même.

J'aurai d'abord l'honneur de vous rappeler que l'objet de mon voyage serait mal rempli, si mes courses et
mes stations n'étaient pas choisies de manière à me
permettre de faire et d'envoyer au Muséum de grandes
collections. Le voisinage de la mer ou de routes fréquentées par le commerce m'est donc en quelque sorte
imposé. Mais la publication des objets nouveaux que
je rapporterai m'appartenant, à l'exception de la zoologie, je voudrais concentrer mes recherches dans
quelque grande circonscription naturelle du territoire,
afin d'en publier à mon retour une flore et une description géognostique. J'avais donc formé le projet d'explorer la longue vallée de l'Indus, depuis le sud du Moultan jusqu'au nord du Caboulistan. Elphinstone n'a fait
qu'indiquer tout l'intérêt d'un tel voyage; mais sa relation montre aussi de combien de difficultés et de
dangers son itinéraire serait accompagné pour un Eu-

ropéen qui tenterait de le suivre sans aucun des moyens qu'il avait de se faire respecter. Je m'étais flatté cependant qu'en se joignant aux caravanes qui traversent incessamment cette contrée en divers sens, un voyageur partagerait à peu de frais la sûreté qu'elles achètent par des avanies tarifées, ou, du moins, la protection qu'on se donne les uns aux autres dans une troupe nombreuse, et qu'il lui serait possible de faire de fréquentes haltes dans les villes placées sur sa route et où l'autorité bien établie d'un chef quelconque maintient quelque ordre, quelque police dans ses environs.

A Londres, où je viens de passer un mois, voyant à la Société asiatique un grand nombre d'officiers anglais revenus récemment de l'Inde après de longues résidences, je me suis aisément convaincu que l'exploration du Caboul était sinon tout à fait impossible, du moins bien plus difficile encore et bien plus hasardeuse que je ne l'avais pensé, et, sans renoncer absolument au projet de le visiter, j'ai reporté mes vues du côté que M. Cuvier m'avait conseillé, vers le Malabar et ses Ghattes. Ce pays n'est plus neuf pour un naturaliste, mais on n'en a guère exploré que le littoral ; les travaux les plus considérables dont il a été l'objet sont aussi assez anciens ; la science, depuis, en devenant plus complète, est devenue plus exigeante, et, par exemple, ce ne sont pas assurément les douze énormes volumes de Rheede qui satisfont aux exigences actuelles de la botanique. Rheede, d'ailleurs, n'a point décrit les plantes des Ghattes. Quant à la géologie de l'Inde, j'oserais dire, monsieur, que les Anglais, jusqu'ici, ne nous ont appris que bien peu de chose. Ce n'est pas qu'à Londres je n'aie vu, dans diverses collections, bien des armoires pleines de pierres venues de ce pays-là, mais recueillies sans discernement, sans système, et qui attestent le peu de connaissances géologiques des voyageurs auxquels on les doit. Ce n'étaient, pour la plupart, que de simples amateurs, et les amateurs ne peuvent guère être utiles à la science, en géologie. On ne peut pas n'être que collecteur de géologie. A cet égard donc, presque toute l'Inde offre encore l'intérêt de la nouveauté. Les Ghattes du Malabar joignent à cet avantage celui de leur proximité de la mer, et, conséquemment, de toutes les ressources qu'un voyageur peut désirer. Elles sont, en outre, coupées de routes assez nombreuses et fouillées en plusieurs places pour des exploitations métallurgiques : circonstances toutes favorables à leur exploration.

Mais je crains, monsieur, que vous ne désapprouviez beaucoup la longue route que je vais suivre pour m'y rendre. J'ignore si vous apprécierez comme moi la valeur des motifs qui me la conseillent.

Un bâtiment de l'État me portera sans frais à Pondichéry. J'y trouverai à mon arrivée des lettres de sir John Malcolm, le gouverneur actuel de Bombay, l'homme le mieux informé de la condition des États indépendants de la vallée de l'Indus et le plus capable de juger pour moi si je puis y entreprendre un voyage, jusqu'où je pourrai pénétrer, et avec quelle dépense, avec quel

14

degré de sûreté. Le général Malcolm, à qui j'ai adressé
de Londres, sous les auspices de sir Alexander Johnston, une série de questions à cet égard, me répondra sans doute négativement, et c'est dans cette
hypothèse vraisemblable que je poursuis ma route jusqu'au Malabar. J'irai sans délai de Pondichéry à Madras, observant dans l'une et dans l'autre place les terrains tertiaires qu'on a rapportés au London-Clay, et,
aussitôt, je me rendrai par mer à Calcutta. J'y arriverai
avec une masse de recommandations pour les hommes
éclairés ou puissants de ce pays, telles, je crois, qu'aucun voyageur encore n'y en aura porté, et je compte
y séjourner quelques mois pour y cultiver ces relations,
dont l'assistance et la protection me devront être d'un
si grand secours dans mon voyage. Là, je déciderai,
d'après les informations que j'y pourrai recueillir,
quelle route je suivrai de préférence pour me rendre à
Bombay, soit par Bénarès, Lucknow et Agra, soit plus
directement par Midnapoor et Ruttunpoor, Mundellah,
et la vallée de la Nerbuddha, dont la rive gauche est
bordée par la chaîne des montagnes Calygong, que
j'étudierais chemin faisant.

En tout cas, une fois que je serai arrivé sur la côte
de Malabar, Bombay deviendra le centre de mes excursions. Il est probable que je désirerai passer un an au
Nord, dans le Guzerat, qui n'est point connu du tout.
Les deux ou trois autres années qui me resteraient, je
les emploierais à étudier le Sud jusqu'au cap Comorin.
De toute façon, je reviendrai à Bombay afin de m'y

embarquer pour Busheer, car je dois revenir en Europe par la Perse, après avoir résidé plusieurs mois sur les bords, très-mal connus aussi, du golfe Persique.

Pour faire toutes ces choses, monsieur, j'ai en ma faveur vingt-sept ans, un tempérament des plus tempérés et qui s'accommode merveilleusement d'une vie irrégulière et pénible, qui se réjouissait il y a un an du climat de Saint-Domingue et de l'été de Philadelphie. Du reste, des habitudes modérées et des goûts très-studieux, sans cette ardeur du jeune homme qui emporte et qui tue. Le côté le moins favorable de mon entreprise, c'est l'exiguïté de mes ressources pécuniaires; mais, à Londres, tout le monde m'a dit que, recommandé comme je le suis, je trouverais presque partout (puisque je ne sortirai pas des possessions anglaises) une grande hospitalité qui m'épargnera bien des dépenses. M. Koreff m'a fait espérer, monsieur, que vous pourriez écrire en ma faveur à lord William Bentinck; j'ai déjà pour lui plusieurs lettres, les plus honorables sans doute; mais, d'après ce que j'ai entendu dire des lumières de lord Bentinck, je pense qu'il ne peut y avoir de recommandation plus puissante auprès de lui que la vôtre, surtout pour un jeune homme qui va modestement, et de bien loin derrière vous, se livrer à quelques-unes de ces mêmes études dont vous avez embrassé l'ensemble dans votre admirable voyage.

Je pourrais, monsieur, me recommander près de vous d'un ami qui nous est commun, M. Kunth, et, à Londres, où je rencontrais quelquefois monsieur votre

frère, dont j'avais eu l'honneur de faire ici la connaissance chez M. de Tracy et chez M. Girard ; j'avais
songé à le prier de vouloir bien me servir près de vous
d'introducteur, pour vous soumettre, de là, mes projets
et solliciter vos avis ; mais j'ai pensé, monsieur, que
ma seule prière vous inspirerait assez d'intérêt pour
que vous voulussiez bien ne pas me refuser quelques
conseils, sans que je fatiguasse encore, pour les obtenir,
l'obligeance d'un ami, soit de M. Kunth, soit de M. Girard, et j'ai laissé ce soin à M. Koreff. Il n'oubliera
sans doute pas de vous informer que mon départ est
très-prochain, et que votre bienveillance, si elle veut
m'être utile, n'a point de temps à perdre pour me servir ; mais ce que je dois vous dire, monsieur, et ce
que nul autre ne pourrait vous exprimer, c'est l'admiration que j'ai depuis longtemps pour vous et la profonde reconnaissance que m'inspireront vos conseils.

J'ai l'honneur d'être, etc.

XXXIV

A MADAME FANNY DE PEREY.

Brest, samedi 23 août 1828.

Je note soigneusement le jour de la semaine, ma
chère amie, parce que ce n'est pas le quantième du
mois, mais le jour, qui fait tout à l'affaire. L'essentiel
est de ne point partir un vendredi. Or, si, comme je

n'en doute plus, nous mettons à la voile tantôt, vous aurez du moins l'assurance que je n'ai pas commencé mon voyage sous un jour si funeste! Vous seriez amoureuse de Brest et de *la Zélée*, vous qui aimez la mer et les navires. Porphyre vous aura dit, et montré peut-être sur la carte, les détours sans fin que je ferai avant d'arriver dans l'Inde. Nous sommes une fière famille de promeneurs, ma chère Fanny; car enfin Porphyre lui-même, qui nous semble aujourd'hui *so great a lover of the fireside*, s'est aussi promené assez bien sur la route de Paris à Moscou.

Il me faut vous quitter, ma chère amie; on m'appelle pour descendre dans le canot qui vient me chercher. Adieu!

« Farewell! I shall be for ever, my dearest, your friend. Don't fail of speaking of me to your husband, when he will be again at home. Farewell[1]! »

---

[1] Adieu! Je serai toujours, ma très-chère, votre ami. Ne manquez pas de parler de moi à votre mari lorsqu'il sera de retour. Adieu!

XXXV

A M. VICTOR DE TRACY, A PARIS.

A bord de la Zélée, 17° 8′ de long. occid., 33° 8′ de latit. boréale, entre Madère et la côte d'Afrique, le mardi 9 septembre 1828.

Il y a aujourd'hui quinze jours, cher ami, que j'ai quitté Brest, et c'est à grand'peine que nous arriverons peut-être après-demain à Ténériffe, laissant à notre droite Madère, où nous comptions d'abord relâcher, mais où M. de Meslay ne s'est plus soucié d'aller, à cause des différends de la cour du Portugal avec celle du Brésil. Ce changement est loin d'être un contre-temps pour moi : Ténériffe, vous le savez, avec sa hauteur colossale et son volcan, est un des lieux du globe les plus intéressants à visiter, et des plus instructifs pour un homme livré aux études que je suis.

Le peu que j'avais déjà d'expérience de la mer me sert utilement à ne pas souffrir de certaines privations qu'elle impose; en même temps, j'ai su trouver tout de suite, et pour en jouir, ce qu'elle permet encore de commodités et d'agrément. Cependant, sur un bâtiment de guerre, j'ai eu à plusieurs égards presque une nouvelle éducation à faire. Ce n'est pas cette fois comme dans les rapides traversées que j'avais faites auparavant : je ne puis m'isoler, me tenir à l'écart des

personnes avec lesquelles je me trouve enfermé dans
un si petit espace. D'abord, elles sont plus nombreuses,
et puis ce n'est pas moins de cinq mois que je dois
vivre avec elles : j'ai donc ici à la mer, et pour la
première fois, de la société. Elle est, à l'exception de
M. de Meslay, très-jeune d'âge et surtout de caractère
et d'habitude d'esprit. Je me trouve apparemment
beaucoup plus vieux avec des jeunes hommes de mon
âge qui y sont arrivés depuis la sortie de leurs écoles
sans avoir vécu six mois à terre, et sans connaître ni
hommes ni choses. Il y a parmi eux, ce me semble, de
la bonté instinctive, de la gaieté de tempérament,
mais sur un fond ordinairement un peu puéril et toujours grossier. J'éprouve de la bienveillance pour presque tous, et il me semble qu'ils m'en témoignent également. Je donne au diable Béranger, dont ils chantent
(faux), du matin au soir, les chansons les plus lestes; ils
ne sont pas trop surpris qu'elles m'ennuient, et, quand
je suis à travailler en bas, la joyeuse musique va
détoner sur le pont et me laisse autant de repos et
de silence qu'on en peut espérer à bord. Je demeure
ainsi presque seul une grande partie du jour, mon
tapis vert n'ayant d'autres habitués que l'officier chargé
des montres marines, et ceux qui, après leur quart,
viennent, en maudissant les logarithmes, comme
moi les chansons, calculer leur position.

Je n'ai qu'à me louer de M. de Meslay; il est aimable
plus qu'on n'attendrait d'un homme qui souffre du mal
de mer presque continuellement : j'admire comment,

en 1794, après un an d'essai, il n'a pas quitté le métier de marin. Quand il fait très-beau, nous faisons de fondation, après le déjeuner, nos huit marqués de trictrac. Quand il ne fait que beau, nous causons une demi-heure. Au-dessous de ce degré, il boit du thé, et, un peu plus bas encore, reste couché tout le jour.

Les vents, qui soufflent presque constamment du sud depuis notre départ, nous apportent la molle température des tropiques ; elle me dilate et me fait éprouver un sentiment particulier de bien-être physique. — Au dedans, je me *rassereno* comme diraient les Italiens ; c'est une disposition qui n'est pas sans douceur et qui est très-favorable au travail de l'esprit. Je lis beaucoup, en variant un peu mes lectures pour me reposer de l'ennui de mon étude dominante actuelle, qui est celle du persan, en attendant l'indoustani.

C'est pour avoir le plus de moments loisibles à Ténériffe que je vous écris, cher ami, avant même d'en apercevoir le sommet au-dessus des nuages ; en sorte que cette lettre n'est encore qu'une lettre de France, de Brest ; elle ne peut donc avoir d'autre intérêt pour votre amitié que de vous apprendre, dès le début de mon voyage, l'assurance qu'il est tel que je le pouvais désirer : je me porte entièrement bien, ne m'apercevant d'ailleurs nullement, au régime alimentaire du bord, que nous sommes à la mer ; je vis à peu près comme vous le pouvez faire à Paray.

Adieu, mon bon et excellent ami. Les premiers

jours de navigation m'ont paru couler rapidement; il en sera ainsi des années qui doivent passer avant mon retour. Je pense trop souvent à vous, avec vous, pour pouvoir dire que nous soyons bien absolument séparés. Adieu; je vous embrasse de toute mon âme.

P.-S.—Il y a une prière que j'ai oublié de vous faire en vous quittant. Pendant mon voyage, je ne pourrai lire nos journaux que bien irrégulièrement; au retour, il me serait doux de trouver complet ce que vous aurez pu dire à la Chambre : faites-en une petite collection à mon intention.

XXXVI

A M. LE PROFESSEUR JULES CLOQUET, A PARIS.

A bord de *la Zélée*, en mer, 60° de latitude australe,
29° de long. occid., le samedi 17 octobre 1828.

Les occupations sans nombre qui m'ont assailli dans le court espace de temps que j'ai passé à Paris entre mon retour de Londres et mon départ pour Brest m'ont privé de vous voir aussi souvent que je l'aurais désiré, mon cher Jules, à la veille d'une absence si longue. Le malheur que vous aviez éprouvé aussi en ce temps-là rapprochait ma pensée de la vôtre, et j'ai souffert d'être constamment séparé de vous par des affaires, par des soins fastidieux relatifs à mon voyage, et auxquels, cependant, je devais par devoir sacrifier le plaisir d'affection. Du reste, mon bon ami, si je vous ai peu vu quand nous étions si près l'un de l'autre, malgré la distance qui nous sépare (et vous voyez par la date de cette lettre qu'elle commence à être longue), je pense souvent à vous. Je me plais à me représenter l'existence dont je vous trouverai jouissant lorsque je reviendrai en Europe. N'oublions pas alors de déjeuner quelquefois ensemble ; je vous ferai des contes persans ; vous savez comme ils sont jolis. Ce sera pour le dessert, car je m'attends auparavant, de votre part, à un feu bien nourri de questions sur les crânes de tous les gens que je vais voir. J'espère aussi rapporter de quoi être intéressant sans cesser d'être sérieux.

J'espère, mon bon ami, que vous allez voir mon père de temps à autre ; vous savez combien il vous aime et combien il a de confiance en votre médecine. C'est à vous de me le rendre à mon retour tel à peu près que je vous l'ai laissé. Quant à Porphyre, il ne pourrait être pour moi un sujet d'inquiétude. Il est malade de bonne volonté et ne rechigne pas aux remèdes. Néanmoins, si vous pouviez sérieusement le guérir de quelques petits maux qui le tracassent, je vous promets de puffer (to puff) votre médecine comme j'ai puffé votre chirurgie.

Vous aurez su par la rue de l'Université que nous avons relâché à Ténériffe, mais trop peu pour que j'y puisse faire aucune recherche scientifique. Cependant, entre le peu que j'ai vu et rien, j'estime qu'il y a assez de différence pour me réjouir fort des quatre jours que nous y avons demeuré. Il y a un mois aujourd'hui que nous en sommes partis, gênés d'abord par des calmes ou des vents contraires. Mais, au voisinage immédiat de l'équateur, les vents nous sont devenus très-favorables; nous l'avons passé au galop, et, depuis trois jours que ce solennel passage a eu lieu, nous avons gardé cette allure. Il nous suffirait de la conserver onze jours pour être à Rio-de-Janeiro.

Quoique vous n'ayez jamais rendu justice à mes talents médicaux, vous avoueriez cependant sans peine que j'aurais plus de droit à être chirurgien en chef de ce bâtiment que le jeune homme qui en remplit les fonctions. Je lui ai mis quelque livres aux trousses et le feu sous le ventre pour qu'il s'expédiât; et j'ai réussi, il travaille. C'est presque un phénomène à bord, où la paresse moyenne est portée au plus haut degré. Vous pensez bien que j'y fais diversion. La mer, et surtout le régime alimentaire qu'elle impose, rendent bien plus difficile encore ce qui, chez moi, ne va guère de soi-même habituellement; mais il est des moyens que l'art ingénieux... et j'en use, et aussi je me porte bien. Je suis libre ainsi de m'occuper de travailler comme au coin du feu, et ainsi fais-je.

Adieu, mon cher Jules; cette lettre partira de Rio... Je désire qu'elle vous trouve ne sachant où donner de la tête avec vos *patients*, comme disent les Anglais, par dérision sans doute. Munissez-vous de cartes géographiques, afin qu'à mon retour, nous passions quelques *après-déjeuner* à tracer dessus, au crayon, des projets d'itinéraire. Ces voyages qu'on ne fait ainsi qu'en imagination, du coin de son feu, au travers des neiges et des glaces, ne sont peut-être pas les moins agréables.

Je vous embrasse de tout mon cœur.

P.-S. — Vous avez trop de respect sans doute pour le vénérable public et pour la louable classe des souscripteurs, pour n'avoir pas fini avant mon retour votre grande anatomie. J'en ai déjà les trois premiers volumes magnifiquement reliés qui attendent les livraisons suivantes. Voudrez-vous penser à dire à votre secrétaire de les mettre de côté pour moi au fur et à mesure qu'elles paraîtront? Porphyre, en revenant le soir de la rue de l'Éperon, les rapporterait chez nous.

28 octobre 1828. — Rio-de-Janeiro, d'où un bâtiment pour la France sort quand nous jetons l'ancre.

XXXVII

A MM. LES PROFESSEURS ADMINISTRATEURS DU MUSÉUM, A PARIS.

Cap de Bonne-Espérance, 24 décembre 1828.

Messieurs,

Je profite de l'heureuse rencontre que je fais ici de M. d'Urville, qui retourne presque directement en France, pour vous donner de mes nouvelles. J'allais, sans le hasard heureux qui me fait trouver ici *l'Astrolabe*, avoir l'honneur de vous écrire par la voie d'Angleterre.

L'excessive lenteur du bâtiment sur lequel je suis embarqué allonge beaucoup la durée de ma traversée. *La Zélée* a relâché quatre jours à Ténériffe; elle devait en rester cinq ou six à Rio, et, en effet, elle en repartit au bout d'une semaine; mais, en sortant de la rade, elle aborda un navire à l'ancre et fit des avaries qui l'obligèrent à rentrer tout de suite pour se réparer. Ce travail, qu'on espérait terminer très-promptement, se prolongea de jour en jour, et, quand nous repartîmes de Rio pour n'y plus rentrer, nous y avions séjourné trois semaines. Mais l'incertitude, chaque jour nouvelle, du moment où l'on pourrait reprendre la mer, m'interdisait de m'éloigner du navire, en même temps d'ailleurs que son excessif encombrement m'eût fait perdre, faute d'espace pour les préparer et les conserver, les objets que j'aurais pu rassembler.

La Zélée ne s'est arrêtée ici que pour faire quelques provisions; elle va remettre en mer. Il nous faudra sans doute près d'un mois pour nous rendre à Bourbon, et un mois et demi de Bourbon à Pondichéry. Ce n'est donc que vers la fin de mars que nous pouvons espérer d'y arriver.

Je n'ai qu'à me louer du capitaine et des officiers de *la Zélée*. Quant au gouverneur de Pondichéry, M. de Meslay, j'étais assuré depuis longtemps de ses dispositions les plus bienveillantes à mon égard : il me secondera de tous les moyens qui sont en son pouvoir. Ma santé ne souffre pas de cette longue navigation. Je n'arriverai pas dans l'Inde, ainsi que beaucoup d'Eu-

15

ropéens, comme un convalescent. La chaleur m'excite au lieu de m'énerver, et j'espère que cette heureuse influence sera durable.

Veuillez agréer, messieurs, l'expression de la considération très-distinguée et du respect avec lesquels j'ai l'honneur d'être

Votre très-humble et très-obéissant serviteur.

XXXVIII

A M. LE DOCTEUR KOREFF, A PARIS.

A bord de la corvette *la Zélée*, doublant le cap de Bonne-Espérance, le 2 janvier 1829.

Monsieur et ami,

J'ai reçu au cap de Bonne-Espérance, par la plus heureuse rencontre, il y a douze jours, votre aimable billet du 1er septembre dernier, ajouté à la précieuse lettre de M. de Humboldt. Depuis quatre mois que j'avais quitté l'Europe, je n'en avais encore rien reçu; aussi ne puis-je vous exprimer combien votre souvenir, le premier qui soit venu de Paris me visiter dans mon long voyage, m'a touché et charmé. Je voulais vous en remercier tout de suite et remercier M. de Humboldt, à qui j'ai, grâce à votre bienveillante intercession, l'obligation la plus vive; mais, trop confiant dans la longueur de notre relâche à Rio, je me suis vu surpris par

le moment du départ, sans l'avoir fait, et alors qu'il
n'était déjà plus temps.

Une autre rencontre bien agréable que j'ai faite au
Cap est celle de M. d'Urville, qui rapporte, avec les
nombreux débris du naufrage de la Pérouse, plus de
travaux géographiques, d'observations de physique
générale et d'objets d'histoire naturelle que n'en a
jamais produit aucune autre expédition scientifique.
J'ai vu, à bord de *l'Astrolabe*, qu'il commande, plusieurs centaines de portraits de Polynésiens, d'Austra-
liens, de Tasmaniens, de Malais et de Nouveaux-Zé-
landais. On les dit infiniment ressemblants. Beaucoup
de ces figures-là vous intéresseront et vous surpren-
dront beaucoup par leur ressemblance avec nos traits
européens. Vous verrez les quatre vocabulaires assez
complets que M. d'Urville, depuis six ans, a recueillis
dans les divers archipels de la Polynésie. Ils ne peuvent
manquer de jeter un grand jour sur les anciennes mi-
grations de ces peuples insulaires.

Quoique fort ami des herbes et des pierres, parce
que la botanique offre à un esprit philosophique une
vaste étendue de rapports d'organisations, et que les
pierres, fort sèches assurément pour le minéralogiste
(qui trouve cependant dans leur examen de belles lois
de concomitance, sinon de causalité, des formes géo-
métriques avec la composition chimique), deviennent
pour le géognoste des monuments pleins d'intérêt, de
sens et de charme, j'ai toujours trouvé l'homme le plus
intéressant, le plus curieux de tous les *objets d'histoire*

naturelle. Je parle là en philosophe français, en idéologiste qui met bien haut la zoologie. Ce langage est
inexact, car je n'ai pas l'honneur d'être idéologiste du
tout, et je ne suis pas convaincu que la *science de
l'homme* ne soit absolument qu'une branche de celle
des animaux. Si tant est que l'homme ne soit qu'un
animal, que nous ont appris les zoologistes sur cet
animal-là?

Animal ou non, son organisation mobile se montre
variée de tant de façons, qu'il est bien difficile d'en faire
une étude générale embrassant toutes ses variétés.
C'est, comme vous l'appelez, un protée qu'on ne peut
saisir. Au Cap, où je viens de passer huit jours, a
commencé pour moi la confusion des races. Des Hollandais, des Anglais, des nègres cafres, des nègres
hottentots, des Mozambiques, des Madécasses, des
Malais des diverses îles de l'archipel des Moluques, et
des Malabars, y vivent mêlés, et, malgré les immenses
distances de leur état civil, l'antipathie de leurs reli-
gions, ils s'unissent entre eux depuis plus de deux
siècles; en sorte qu'on trouve dans les rues peu de figures qui ne soient des problèmes insolubles.

Chacun de ces peuples, je n'ose dire de ces races, a
ses instincts spéciaux, ses aptitudes caractéristiques.
L'Anglais, entre tous, a la capacité du commandement;
il gouverne moins par la force des baïonnettes de ses
régiments, que par la supériorité de son habileté dans
les spéculations commerciales, dans l'administration
de ses biens acquis, qui peu à peu fait venir en ses

mains toutes les richesses accumulées par l'économie, tout le pouvoir et toute la force, sans que nous nous en apercevions en Europe. Cette grande nation devient pacifiquement, sans guerres, sans violence, et par le pacifique exercice de son industrie, maîtresse du reste du monde. L'Italie, pendant ce temps-là, envoie des chanteurs aux capitales de l'Amérique du Nord et du Sud, et la France, des maîtres d'armes, des danseuses, des perruquiers et des marchandes de modes.

Adieu, mon cher philosophe; je compte sur vous pour adresser à M. de Humboldt mes remercîments.

Tout à vous de cœur.

En rade de Bourbon, par un temps détestable, le 29 janvier 1829.

XXXIX

A M. LE BARON ALEXANDRE DE HUMBOLDT.

Ile Bourbon, 25 janvier 1829.

Monsieur,

J'ai reçu au cap de Bonne-Espérance, il y a un mois, la lettre que vous m'avez fait l'honneur de m'écrire de Potsdam le 1er septembre. Votre recommandation auprès de lord Bentinck m'est d'un prix inestimable; je m'en promets tous les avantages que sa haute position me permet d'espérer de lui. J'avais emporté d'Europe plusieurs lettres d'introduction auprès de lui, toutes fort honorables assurément, et dont deux même sont écrites par des personnes qui ont entretenu avec lui des rapports d'amitié. Mais il me semblait désagréable d'aller si loin me présenter à des étrangers, attiré chez eux par des recherches scientifiques, sans pouvoir me réclamer près d'eux du nom qui a été le plus illustré par les voyages. Je m'efforcerai, monsieur, de justifier près de lord Bentinck les choses flatteuses que vous avez bien voulu lui dire de moi et de mériter les éloges anticipés de votre bienveillance.

J'ai l'honneur d'être, avec la plus haute considération, votre très-reconnaissant et dévoué serviteur.

XI,

A M. DE MESLAY, CAPITAINE DE VAISSEAU, GOU-VERNEUR DES ÉTABLISSEMENTS FRANÇAIS DANS L'INDE, A PONDICHÉRY.

Pondichéry, le 24 avril 1829.

Monsieur le Gouverneur,

Je ne crois pas sortir des devoirs que m'impose la mission scientifique dont je suis chargé par le gouvernement en soumettant à votre jugement quelques réflexions sur le Jardin du Roi qui m'ont été suggérées sur les lieux mêmes par la vue des objets, et en vous exposant quelques considérations sur ce genre d'établissements.

L'utilité d'un jardin botanique placé près d'un grand établissement d'instruction publique où l'on enseigne la botanique est évidente. Il ne sert pas seulement à offrir aux élèves des exemples très-variés des modifications infinies des formes végétales, en leur présentant des plantes de tous les pays; il est encore un champ d'expériences utiles au progrès de la science. La culture ramenant quelquefois à des caractères tout à fait semblables des végétaux que de légères différences semblaient séparer et faisaient considérer comme des espèces distinctes, tantôt, au contraire, n'apportant aucune modification aux caractères de plantes fort voisines en apparence et que l'on aurait pu regarder comme les enfants d'une même souche légèrement diversifiés par la nature des lieux où ils croissaient sauvages, la culture, dis-je, est une épreuve précieuse pour les botanistes : elle fait voir quels types végétaux sont plus fermes, plus immuables, quels types sont plus mobiles, et elle jette une vive lumière sur l'établissement et la distinction des espèces des plantes.

Pour rendre ces services à la science, un jardin botanique doit être dirigé ou surveillé par un homme assez instruit; car il ne suffit pas de cultiver des plantes, d'expérimenter sur elles ; il faut encore savoir lire les résultats de son expérience, sinon elle est perdue. C'est ce qui arrive partout dans mon opinion, excepté à Paris, à Londres et dans quelques villes capitales d'Europe, où des naturalistes vraiment dignes de ce nom les recueillent avec constance et sagacité.

Éloigné de ces foyers d'instruction, un jardin botanique ne doit être qu'un lieu de dépôt où l'on amasse des plantes pour les envoyer vivantes en Europe, afin d'en enrichir les grands jardins botaniques qui ne les posséderaient pas encore.

Je doute fort que la position de Pondichéry soit propre à l'établissement d'un dépôt de ce genre. D'abord la flore de la côte de Coromandel est assez bien connue; on possède en Europe un grand nombre des plantes les plus intéressantes dont elle se compose; puis l'extrême longueur de la traversée de cette colonie en France, la variété des climats qu'elle oblige les plantes à supporter, laissent peu de chances de conservation à celles que l'on embarquerait, sans un jardinier intelligent pour les soigner. Or, cette condition, que je regarde comme nécessaire au succès de ces envois, ne se rencontrera que bien rarement ici, et ainsi les occasions d'être utile seront extrêmement rares pour le jardin botanique de Pondichéry.

Il consiste actuellement en un seul carré qui occupe environ un arpent et demi dans le Jardin du Roi, et où huit à neuf cents espèces de plantes sont cultivées sans aucun ordre méthodique dans leur disposition, et sans autre nomenclature qu'un numéro de renvoi à un catalogue nécessairement très-inexact, parce que le botaniste le plus versé dans la connaissance des espèces ne peut les déterminer exactement qu'avec le secours

d'une immense bibliothèque et de vastes collections.
Ce travail ingrat, pour être bien fait, exige un homme
instruit et toutes les ressources d'une grande ville savante.

Tel qu'il est provisoirement, ce jardin n'a donc aucun
mérite scientifique. On pourrait cependant lui en donner
quelque peu sans rien changer aux moyens actuels de
son entretien. Il faudrait, pour cela, obliger le jardinier
à cueillir un rameau, une tige fleurie de chacune des
plantes qu'il y cultive, à les dessécher avec soin et à
les envoyer au Muséum royal d'histoire naturelle, avec
le numéro de la souche d'où ils proviennent. La détermination précise de ces échantillons desséchés sera
très-facile à Paris, et le Muséum fera connaître au jardinier le nom de chacun de ces numéros et l'ordre dans
lequel il devra replanter définitivement les plantes qui
les portent; chacune alors devra être étiquetée de son
nom ; il conviendra de laisser entre elles quelque intervalle, afin de pouvoir y intercaler les espèces nouvelles
dont le jardin pourra s'enrichir, avec cette attention
toutefois de n'en admettre la transplantation défini-
tive qu'après la détermination de leur nomenclature
par le Muséum royal de Paris.

Avec ces soins faciles que peut prendre un simple
jardinier, le jardin botanique de Pondichéry restera
toujours un petit jardin (son budget le condamne à
d'étroites proportions), mais il aura du moins tout le
mérite dont un établissement de ce genre est susceptible; savoir : une nomenclature parfaite et la savante

disposition méthodique du Jardin des Plantes de Paris. Un étranger instruit qui le visitera en passant sera forcé de lui donner des éloges.

Le reste du Jardin du Roi, dont la surface est d'environ trente-quatre arpents est inculte en grande partie; ce qui ne l'est pas a servi ou sert encore à des essais de cultures diverses que l'on espère sans doute pouvoir étendre avec avantage au territoire de la colonie. J'y ai vu quelques petits champs, épuisés et presque abandonnés, de cannes à sucre, de cotonniers et d'indigotiers; tout cela est languissant. Un espace assez grand est consacré à l'éducation et à la multiplication des arbres fruitiers; il m'a paru négligé. C'est sur celui-là que je croirais le plus utile de concentrer les moyens dont l'établissement du Jardin du Roi peut disposer. Quelques curiosités inutiles y occupent une place et y reçoivent des soins qui ne seraient pas perdus peut-être si on les donnait à des végétaux du pays, ou des provinces voisines, dont le climat ne contrarie pas sans cesse la culture, et dont il ne s'agirait que de se procurer les meilleures variétés pour les multiplier extrêmement, afin de les substituer partout dans la colonie aux variétés médiocres ou tout à fait mauvaises qu'on y cultive en beaucoup de lieux.

La plus petite amélioration dans ce qui est de consommation générale est bien plus importante que le perfectionnement ou l'introduction d'objets destinés à n'être jamais que des raretés. Il y a longtemps déjà qu'on a essayé de cultiver près de l'équateur les fruits

de l'Europe tempérée; ces essais ont été répétés assez
de fois en des lieux assez divers pour démontrer qu'on
n'en doit attendre aucun succès. On sait qu'avec des
peines infinies, on pourra y faire végéter plusieurs de
nos arbres fruitiers, qui y demeureront stériles ou n'y
donneront bien rarement que quelques fruits impar-
faits, mais que jamais leur culture n'y pourra devenir
un objet d'utilité.

Au lieu de quelques chétifs pêchers et de quelques
misérables oliviers qui se trouvent dans cette partie
du Jardin du Roi mêlés avec des arbres utiles, je voudrais voir la collection la plus complète et la plus
nombreuse des meilleures variétés de bananiers,
de cocotiers, de manguiers, de pamplemousses, de
dattiers, etc., afin que cet établissement devînt une
pépinière productive dont les plants, distribués aux
habitants de la colonie selon leurs besoins et le soin
qu'on peut attendre d'eux, finiraient par remplacer les
arbres médiocres qui y sont si répandus.

La ménagerie du Jardin du Roi renferme quelques
familles d'animaux domestiques qu'on y a réunies
pour améliorer par le croisement les races indigènes.
Je doute que les moutons qui s'y trouvent soient propres à cet objet. Il n'y a, d'ailleurs, que bien peu de
chose à faire dans l'amélioration du bétail, là où le
système de la culture le condamne à la plus chétive
nourriture. Les petites races de bestiaux sont très-
préférables aux grandes dans les pays maigres; et on

ne leur laisse ici pour pacages que les terres les plus stériles.

Quelque peu de connaissance que j'aie encore des localités, le nombre des bras occupés au Jardin du Roi me paraît évidemment beaucoup trop restreint pour en cultiver toute la surface. Mais cette surface est tellement grande, que, quelle que puisse être la munificence du gouvernement envers cet établissement, je crois qu'il convient d'en laisser inculte, ou d'en planter pour l'agrément d'une manière qui n'exige point d'entretien, un tiers au moins. Ce sera encore trop de ce qui restera pour les moyens actuels de travail. Ils suffiraient peut-être si, par le percement de deux ou trois puits nouveaux et l'établissement de roues à godets, ou d'autres machines mues par des bœufs, on rendait au jardinage un assez grand nombre d'ouvriers actuellement employés à élever de l'eau.

Enfin, quoi qu'il en soit de la direction actuelle des travaux du Jardin du Roi, de larges allées y ont été percées et plantées, dès sa formation, d'arbres qui commencent à s'élever, dont la plupart déjà n'exigent plus de soins pour prospérer, et qui feront un jour de cet établissement un magnifique ornement pour la ville de Pondichéry.

J'ai l'honneur d'être, etc.

XLI

A M. JOSEPH DE HEZETA, A CALCUTTA.

Lundi matin (mai 1829).

Il me reste de l'heure que je viens de passer avec vous une impression de tristesse qui s'étendra sur tout le jour. Je fus comme vous destiné à vivre plusieurs années parmi les hommes de cette nation et ils n'ont que de l'équité ou de la bienveillance, mais point de sympathie. J'ai sur vous l'avantage de n'avoir aucun besoin d'eux et bientôt la perspective de vivre avec les choses plus qu'avec les gens. Je sens néanmoins combien il est dur d'être isolé de tous les êtres qui peuvent nous inspirer de la tendresse.

Tâchez, mon ami, de vaincre le mal que vous avez dans l'âme; comparez votre situation à celle des personnes qui vous entourent. La leur n'est pas meilleure sous un des rapports qui vous affectent le plus. Rapprochés entre eux par la communauté de nationalité, ils ne s'aiment pas davantage.

Résignez-vous à cette condition morale de la société où vous êtes temporairement jeté comme à une nécessité de l'ordre physique ; ne vous en attristez pas.

Il y a, mon cher Hezeta, une étrange divergence entre l'instinct de votre cœur et le jugement de votre esprit dans l'opinion que vous avez du caractère an-

glais et de la vie anglaise. Vous êtes fait pour jouir avec
vivacité de tout ce qui y manque, et, de ce qui s'y
trouve de bon, vous ne pourrez retirer comme eux
qu'une satisfaction bien froide. Regardez-les vivre, ef-
forcez-vous de pénétrer leurs émotions les plus secrètes,
cherchez à voir dans leur âme ces lueurs de plaisir et
de bonheur qui brillent sans doute encore dans les
souvenirs de votre jeunesse, vainement vous le ferez.
Sentir, sentir si vivement, être attendri, pleurer peut-
être! ce serait déroger à la mâle dignité d'homme, et
ils se gardent soigneusement de cette humiliation.

Ne me dites plus que vous n'avez pas d'ami en ce
pays (je ne parle pas de *friends*, je parle d'*ami*, aussi
d'*amigo*), car je vous en connais un bien sincère; il
vous est acquis presque dès le jour où je vous ren-
contrai. Si dans la spontanéité de son affection, si bien
justifiée depuis, il y a quelque chose qui puisse vous
toucher, jouissez de ce sentiment. Je suppose, mon cher
Hezeta, que nous nous sommes dit ce matin des choses
que des amis de trente ans, Anglais, ne se disent jamais,
et, en dépit de vos plaintes, je vous répète que ce n'est
qu'avec un ami que le cœur parle ainsi.

Des chagrins de jeunesse, prolongés avec une violence extrême pendant une couple d'années, m'ont fait
vieux avant le temps et ont rapproché mon âge du
vôtre. Mes vingt-huit ans ne doivent pas être une ob-
jection pour vos cheveux gris.

J'irai vous voir mercredi à midi, ou à une heure,
ayant fait d'abord une visite au vieux général Pyne,

qui m'est venu voir ici. Nous *tiffinerons*[1] ensemble, ce qui sera une seconde visite; puis nous irons à Serampoor, où je dois une autre visite à M. Carey, et, de là, nous irons, soit à pied, soit en bateau, chez M. Ryan, et reviendrons ici, où vous aurez préalablement envoyé votre cheval pour effectuer votre retour, si vous préférez cette voie expéditive à la lenteur du bateau, lorsqu'il s'agit de remonter la rivière.

Adieu, mon ami.

XLII

AU MÊME.

(1829.)

J'ai passé hier matin chez vous, cher Hezeta, de grand matin vraiment, dans l'espérance de trouver la pie au nid; mais, du plus loin que vos gens m'ont vu venir, ils se sont levés en masse pour mettre le holà, et, comme dans leur discours il y avait du صاحب کهوروشر (*le maître est à cheval*), j'ai bien voulu croire que vous étiez dehors, disputant avec un être dépourvu de raison et plus fort que vous.

Je me suis, d'ailleurs, très-cavalièrement consolé de votre absence avec le joli brouillard du matin, qui m'a rappelé le gracieux pays d'Europe. Tandis que je m'amusais à contempler le fort William et les arbres épars sur le cours qui sortaient peu à peu comme des

---

[1] Le *tiffin* est une collation entre le déjeuner et le dîner.

revenants, la tête la première, de cet océan de vapeurs, et que je surveillais la foule des natifs autour de moi, les gens à la mode passaient, emportés comme des comètes dans l'espace, sans plus songer que les comètes, mus par une force qui leur faisait filer neuf ou dix nœuds à l'heure.

Si par impossible il m'était jamais arrivé dans mes plus jeunes années d'être planté là, avec toutes les circonstances aggravantes du genre, par une femme que j'aurais aimée passionnément, si enfin j'avais été réduit d'une façon quelconque à l'état de l'âme que les Anglais appellent *dead blank*, alors, mais alors seulement, j'aurais aimé aussi à être *empêché de penser* par le mouvement rapide d'un cheval vigoureux, ou par l'épuisement de la fatigue, ou peut-être par l'absorption, *intussusception*, comme disent les médecins, d'une large dose de porto. Il faut n'avoir rien dans la tête, ou, du moins, il faut n'y avoir rien de très-agréable à posséder, pour se priver comme font les Anglais de la faculté de *ruminer*, par ce genre de propriété, les sentiments que l'on éprouve et les pensées qui vous visitent. Si jamais vous me voyez faire comme eux, galoper sans but comme une mécanique, ou boire silencieusement une couple de bouteilles de vin, vous pouvez être assuré que j'aurai sur le cœur quelque secret bien triste.

Par un brouillard pareil à celui d'hier matin, mais d'où ne devait pas sortir un soleil aussi chaud, car c'était en France au mois de novembre, je me souviens d'avoir galopé comme les fashionables de Calcutta avec un sentiment vif de bonheur.

D'abord, il faisait froid, et, par la rapidité du mouvement, je repoussais cet ennemi, le froid ; puis j'étais seul, dans des lieux solitaires et sauvages ; il y avait encore quelques fleurs tardives dans les prairies, mais pâles et sans parfum ; les feuilles jaunes des peupliers couvraient déjà la terre, et les bois offraient les riches teintes de l'automne. Je cherchais à résoudre le problème suivant : « Madame *** m'aime-t-elle ? ou ne m'aime-t-elle pas ? »

Quand je penchais pour l'affirmative, je laissais mon cheval aller au pas, je ne m'occupais plus de lui.

Quand, au contraire, la négative l'emportait, pour fuir une idée si horrible, je galopais dans les sentiers étroits et pleins de boue. Tant galopai-je ainsi, qu'à la fin je me perdis au milieu des bois et des bruyères. J'entendis alors le bruit de deux chevaux qui s'approchaient au galop, et, dans le sentier que j'avais perdu, je vis passer comme deux ombres, une grande figure blanche de femme, suivie d'un valet paysan avec son large chapeau : c'était madame***. Je courus instinctivement après elle. Elle montait un poney ; moi, j'étais sur un noble cheval qui avait laissé son maître à Waterloo ; je fus bientôt près d'elle. Alors, je me demandai pourquoi je l'abordais et je regrettai amèrement ma démarche ; il était trop tard cependant pour reculer. Je parlai, surpris de la trouver seule par un jour si froid sans son habit de cheval et si loin du château, al-

lant si vite, elle qui aimait à aller doucement. Elle me
dit qu'elle avait, comme moi, perdu son chemin dans le
brouillard et qu'elle ne galopait que pour se réchauffer; mais je vis qu'elle avait pleuré... Je descendis de
cheval pour sangler le sien, car sa selle n'était pas
solidement assujettie ; elle me tendit la main pour me
remercier. Je remontai et nous revînmes ensemble
aussi lentement que possible.

Quand nous rentrâmes au château, nous trouvâmes
le feu presque éteint au salon ; il y faisait un froid de
loup et nous avions grand besoin tous les deux de
nous réchauffer ; dans ma chambre, il fumait ; je restai
avec elle dans la sienne tout le jour, jusqu'au dîner.

Nous nous sommes promenés, depuis, bien des fois
ensemble ; mais, depuis ce jour-là, nous n'avons jamais
galopé. Voilà, mon ami, la théorie du galop.

On m'apporte votre billet : « Je vais vous prendre à
dix heures et demie, après déjeuner. » Puisque cela est
votre projet, venez, je vous attends.

XLIII

A MM. LES PROFESSEURS ADMINISTRATEURS
DU MUSÉUM, A PARIS.

Garden Reach, près de Calcutta, le 29 août 1829.

M. Dussumier, que j'ai eu le plaisir de rencontrer
ici, où il est arrivé depuis huit jours, est à la veille de

retourner en France sur son vaisseau. Il touchera à
Pondichéry et séjournera un mois à l'île Bourbon;
l'occasion qu'il m'offre de vous écrire, sera donc un
peu lente, mais je la préfère à une autre moins sûre.

J'ai eu l'honneur de vous informer de mon arrivée
au Bengale dans ma lettre numérotée 3, que peut-être
vous avez déjà reçue à ce jour. J'étais alors depuis
trop peu de temps en ce pays pour bien reconnaître la
situation où m'y placent mes ressources pécuniaires
actuelles. J'étais frappé seulement, avec évidence, du
sentiment de leur insuffisance, et je vous signale cette
circonstance fâcheuse en sollicitant de vous, dans l'intérêt du Muséum, une augmentation de traitement
dont j'avais emporté l'espoir.

Depuis, j'ai appris que votre budget de cette année
1829 ne m'accordait aucun crédit supplémentaire.

Je le regrette vivement pour moi; mais, j'ose le dire,
je le regrette plus vivement encore pour le Muséum.

Je ne suis pas le premier voyageur que vous ayez
envoyé dans l'Inde, et vous avez dû être entretenus
plus d'une fois de la cherté de la vie et des déplacements surtout, dans ce pays. Je ne puis croire que
vous n'en soyez tous persuadés; me sera-t-il permis
cependant d'ajouter un témoignage nouveau à ceux
que vous pouvez avoir déjà reçus?

La stupidité, la faiblesse, mais bien plus la paresse et
les préjugés de caste des gens de ce pays, y rendent les
services domestiques plus chers que partout ailleurs.
Il est très-vrai que, pour cinq ou six roupies (douze ou

quinze francs) par mois, l'on a un serviteur que l'on
ne nourrit pas. Mais que fait-il pour vous ? Presque
rien. Celui qui cuit votre dîner, ne vous l'apportera
pas; celui qui vous le sert, disparaîtra aussitôt que
vous aurez fini; celui qui soigne un cheval, refusera
de charger un bœuf dans l'occasion; ils vous laisse-
ront tous manquer d'eau, et, pour en avoir un verre
au besoin, il vous faut un homme, qui vous en apportera vingt autres si vous l'exigez, mais qui se croirait
déshonoré de toucher à autre chose. Enfin, les services particuliers qu'un naturaliste requiert, ne coïnci-
dant avec aucun des usages, des précédents de la domesticité indienne, il faut non-seulement les payer
plus cher, mais employer beaucoup d'adresse et de
patience pour déterminer les gens à s'y soumettre et à
vous les rendre; car on n'a pas de moyens de coercition.
Ces misérables, accoutumés à vivre et parfaitement
résignés à mourir dans le plus complet dénûment, dès
qu'on leur impose un peu plus de travail qu'il n'est
d'usage, se dégoûtent de servir et s'enfuient.

On voyage par eau, par *dâk* ou par *march*. — Il
n'y a évidemment qu'un bien petit nombre de directions que l'on puisse suivre par la première voie, et
elles sont depuis longtemps les plus fréquentées. Cette
voie est dispendieuse, sans l'être extrêmement, et
elle offre un moyen de transport plutôt que d'exploration.

Le *dâk* est un établissement public de porteurs,
échelonnés régulièrement sur une multitude de lignes

qui coupent l'Inde en tout sens, et où les voyageurs
trouvent des relais d'hommes, toujours prêts à porter
leur palanquin et leurs effets. Le prix, réglé par le
gouvernement, varie beaucoup dans les diverses parties
de l'Inde ; mais il est toujours fort considérable à cause
du grand nombre d'hommes dont on a besoin. Cette
voie est celle des gens très-pressés, qui n'ont que leur
personne à transporter avec un très-mince bagage. Elle
ne peut naturellement convenir à un naturaliste.

Enfin, voyager par *march*, comme disent les Anglais,
c'est aller à petites journées avec les hommes, les animaux, les choses dont on a besoin proprement, afin
de poursuivre sa route sans nécessité d'emprunt. Il
est inutile de vous dire, messieurs, l'attirail qu'y portent
les gens riches ; je ne vous parlerai que de sa forme la
plus modeste.

Une petite tente, dont le poids n'excède pas la
charge de deux bœufs, est traînée par une charrette
légère ; d'autres charrettes portent le bagage. Dans le
Nord, où les chameaux sont communs (ici, il n'y en
a pas), ils remplacent les charrettes. On marche de jour
en hiver, et la nuit en été. On fait six ou sept lieues
par jour. Il y a quelques provisions qu'il faut traîner
avec soi en certaine quantité ; car on peut souvent
parcourir une longue distance sans trouver à les renouveler.

Si on loue les animaux et les voitures que l'on emploie, on est exposé à ne pas en trouver d'autres à
louer au lieu où finit l'engagement des premiers, et

l'on peut être assez longtemps arrêté. Leur achat, quoique d'un prix très-modique si on le compare à celui de chaque objet semblable en Europe, ne laisse pas que d'être une dépense considérable par le grand nombre de ceux que l'on doit acheter. Les animaux sont excessivement petits et faibles. Un cheval pour le voyageur est ordinairement ajouté à un palanquin, et il se sert alternativement de l'un et de l'autre pour ne trop fatiguer ni sa monture ni ses porteurs. Je ne doute pas que, pour les mois d'hiver, il ne puisse avantageusement lui être substitué. Il n'y a que dans le bas Bengale que le soleil soit extrêmement dangereux; ailleurs, il n'est qu'incommode. Un naturaliste, au lieu d'aller tantôt à cheval et tantôt en palaquin, ira tantôt à cheval et tantôt à pied. Il économisera par là une dizaine d'hommes chaque jour.

Pour conduire ces animaux, leur faire du fourrage, les garder dans les haltes, il faut du monde; et le monde devient cher, parce qu'il en faut beaucoup. D'ailleurs, des serviteurs ambulants exigent un salaire plus élevé que les sédentaires.

Dans cette petite caravane, prodigieusement misérable à voir vraiment, il doit cependant y avoir une caisse, et quelquefois le voyageur sera obligé d'avoir un petit trésor assez considérable, lorsque les lieux pour lesquels il pourra se procurer du papier seront éloignés les uns des autres. Ce sera pour ses gens un appât avec lequel il devra toujours craindre de les voir s'enfuir, s'il n'a un homme de confiance à peu près

honnête, pour le surveiller incessamment. Après une
expérience assez malheureuse en ce genre qui m'a
coûté une dizaine de louis, mais dont le voleur n'est
pas resté impuni, je crois avoir trouvé un homme capable de m'être très-utile. Cependant, une dose
quelconque d'honnêteté étant une qualité fort rare
parmi les gens de ce pays, il faut la payer à proportion même de sa rareté.

Cette manière de voyager, lente, pénible, pleine de
privations, dans le style modeste, où elle ne cesse pas
d'être possible quoiqu'elle cesse d'être pratiquée, convient mieux que toute autre à un naturaliste. Il voit
tout sur sa route et peut séjourner sous son abri où il
lui plaît de s'arrêter pour étendre ses recherches et les
prolonger. Elle est plus économique que toutes les
autres; mais elle est néanmoins impraticable pour un
homme qui n'a que six mille francs à dépenser par an.

Six mille francs par an seraient un peu plus qu'il ne
faut pour vivre chez les autres (si l'on pouvait vivre
toujours ainsi) et pour rassembler les objets d'histoire
naturelle du voisinage immédiat, en s'abstenant cependant de ceux dont la conservation exige des moyens
dispendieux. M. Dussumier vous dira, messieurs,
que ses seuls poissons, admirables il est vrai pour leur
état de conservation, et fort nombreux aussi, lui coûtent
neuf mille francs. Il ne compte dans cette évaluation ni
la place qu'ils ont occupée à bord de son vaisseau, ni
les soins que les gens de l'équipage ont donnés à leur
préparation. Il ne compte que ce qu'il a déboursé en sus

de ce qu'il aurait dépensé dans sa campagne, s'il n'avait pas formé cette belle collection. Comment serait-il possible qu'avec six mille francs, je pusse vivre, me loger, me transporter, former des collections et les transporter aussi?

Quelqu'un l'a-t-il jamais fait? Non, messieurs; plusieurs l'ont essayé, mais vous les avez tous vus, lorsqu'ils n'ont pu ajouter d'autres ressources à celles que vous mettiez à leur disposition, renoncer à l'entreprise. J'ai ouï dire vaguement que, par des conventions particulières avec de riches amateurs jaloux de posséder de belles collections, quelques-uns s'étaient mis en état de voyager d'une manière convenable pour en former, et qu'ils vous en avaient envoyé une partie, proportionnelle sans doute à la partie de leurs dépenses que votre allocation avait défrayée. On blâme sévèrement un tel arrangement, mais, en vérité, je le regarde comme avantageux aux intérêts du Muséum, puisque, sans lui, condamné à l'inaction par le défaut de ressources, un voyageur ne saurait lui faire que les plus insignifiants envois. Car, ici, messieurs, six mille francs sont loin d'être la moitié de douze mille. Je veux dire que la totalité de ce qu'on peut faire avec six n'est pas la moitié de ce que douze permettent de faire. En effet, de ces six mille francs, il y en a trois ou quatre mille, cinq mille peut-être, en ce pays dispendieux, qui ne servent qu'à satisfaire aux besoins personnels du voyageur; cette première dépense ne vous rapporte point d'intérêt, ce n'est qu'avec les fonds dont le voyageur peut disposer au delà de cette somme, nécessairement et justement prélevée pour son modeste entretien, qu'il peut se livrer aux travaux que vous attendez de lui.

Des démarches que j'avais commencées à Paris sans pouvoir malheureusement les y terminer avant l'époque de mon départ, mais au succès desquelles je suis loin d'avoir renoncé, devaient augmenter mes ressources sans m'imposer d'autres devoirs que ceux que j'ai contractés déjà envers vous; car c'était du gouvernement même que je sollicitais un traitement supplémentaire. Les mêmes lettres que je viens de recevoir, et par lesquelles j'ai appris que vous ne m'en aviez pas accordé par votre budget particulier de cette année, m'informent que rien n'est encore arrêté de ce côté.

Dans cette incertitude, messieurs, il eût été hautement imprudent de me livrer à aucune suite de travaux qui dussent m'entraîner à des dépenses supérieures aux seuls moyens dont je fusse sûr de pouvoir disposer. Dépenser tout ce que j'avais me parut même un mauvais plan; car, avec cela, que pouvais-je faire? Sans rendre le présent beaucoup meilleur, je me serais ôté tout moyen propre d'améliorer l'avenir. Après un mûr examen de ma position, je me suis décidé à user largement de la noble hospitalité que m'ont fait offrir chez les personnes les plus respectables de ce pays les recommandations honorables que j'y avais apportées de Londres et de Paris. Je me suis lié avec des hommes puissants dont la bienveillance et la protection ne me

16

manqueront pas dans mes recherches actives, lorsque
j'aurai le moyen de les entreprendre. Je m'y suis
préparé, d'ailleurs, par des études directes avec une
activité que le climat si chaud, si humide et si éner-
vant en cette saison n'a point ralentie. La langue
usuelle est un instrument d'absolue nécessité que j'ai
travaillé rigoureusement à acquérir, heureusement
servi par ma santé, qui demeure parfaite en des
circonstances où la plupart des nouveaux venus languissent, épuisés par la chaleur humide et par de
fréquents accès fiévreux.

Une adroite et stricte économie m'a permis de faire
pendant ce temps-là des épargnes considérables, si je
les compare à l'exiguïté de la somme. Malgré les pertes
d'effets personnels que j'ai faites par suite de l'ouragan
de Bourbon, malgré les frais indispensables dont la nécessité accueille tout homme qui arrive en pays nouveau, j'ai pu, jusqu'ici, ne pas entamer encore le crédit
de six mille francs qui m'est ouvert pour cette année,
que voilà écoulée aux deux tiers.

Mais vous savez, messieurs, à quelles conditions.
Elles n'ont pas été jusqu'ici très-fâcheuses ni pour les
intérêts du Muséum, ni pour le mien, que je n'en sépare pas. Je devais débuter ici comme je l'ai fait. Mais,
enfin, je n'ai fait que préparer l'avenir; il faut maintenant le réaliser, et, quelques moyens que j'aie amassés
pour le faire, ils sont encore insuffisants.

Dans la ferme espérance que, satisfaits de ces explications et persuadés de la sagesse de mes vues, vous

chercherez à les seconder des moyens qui sont entre vos mains immédiatement, et de ceux que votre haute situation vous donne près du ministre de l'intérieur, d'appuyer les démarches poursuivies près de lui par des amis dont une faible influence politique est pour moi le seul espoir de succès, je n'attendrai plus, messieurs, pour commencer mes travaux sur une échelle propre à produire des résultats considérables que la fin prochaine de la saison des pluies. Mes ressources me conduiront, je l'espère, où votre réponse à cette lettre m'apportera l'annonce des crédits nouveaux, sans lesquels ma position en ce pays lointain ne me laisserait que le regret d'y être venu.

J'ai l'honneur d'être, messieurs, avec les sentiments de la plus haute considération,

Votre très-humble et très-obéissant serviteur.

P.-S. — Des lettres dont la suscription porte mon nom, recommandées aux soins du *right honorable the Governor general*, m'arrivent exactement, mais taxées par la poste. Vous m'épargnerez cette dépense en pliant les lettres suscrites à mon nom sous une feuille portant cette adresse :

The Honorable
Sir Edward Ryan, etc.
Garden Reach, Calcutta.

Le chevalier Ryan est un des juges de la Cour suprême, avec lequel son amour pour les sciences naturelles m'a fait contracter une liaison. Sa place de juge lui permettra de recevoir et de m'expédier sans frais, à mes diverses stations, toutes les lettres modérément volumineuses qu'il recevra pour moi.

Je n'ai encore eu l'honneur de recevoir aucune lettre de vous.

XLIV

A. M. DE MESLAY, A PONDICHÉRY.

Tittaghur, sur les bords du Gange, le 6 septembre 1829.

Monsieur,

Sans M. Cordier, que j'ai eu le plaisir de voir chez lui, et qui a eu plusieurs fois occasion de m'écrire, j'aurais été privé de vos nouvelles depuis mon départ de Pondichéry. J'ai su par lui que vous aviez continué à être incommodé des petits maux que provoque la chaleur du 12ᵉ degré de latitude, et, chose plus grave, que vous aviez beaucoup d'affaires. J'espère, monsieur, que les pluies qui ont mis fin aux grandes chaleurs vous auront rendu votre santé d'Europe, et que, familier désormais avec les lieux, les choses et les personnes de votre petit empire, vous le faites marcher comme sur des roulettes, sans frottement et sans bruit. J'aime à me figurer que vous jouissez du loisir tranquille que vous vous promettiez, lisant sous votre belle galerie, en attendant qu'il vous tombe du ciel deux petites étoiles sur les épaules.

J'ai eu l'honneur de vous écrire, peu de temps après

mon arrivée, de quelle manière flatteuse j'avais été accueilli. Cette bienveillance, dont on m'a prodigué les marques dès le commencement, n'a pas été feu de paille. Fondée d'abord sur les honorables et puissantes recommandations que j'apportais, sur ma qualité d'étranger, et de Français particulièrement, elle s'est affermie par une connaissance plus intime. Le bonheur que j'ai eu de débarquer parmi ce qu'il y a de plus distingué dans l'Inde par l'esprit ou le rang m'a dispensé d'être roide et glacial, comme il convient de se montrer à des Anglais du commun, pour être respecté d'eux. J'ai gardé toute ma nationalité, toute mon individualité; et cette forme vraie, un peu dure quelquefois, n'a cependant blessé personne. Il y a tant de rapports importants sous lesquels je pense comme bien des Anglais, que j'ai le droit d'exprimer quelquefois une dissidence complète d'opinion.

Comme je n'avais pas moins de cinq lettres d'introduction près du gouverneur général, je craignais qu'il ne me prît en grippe; car il y en avait de longues, et il a peu de loisirs. Mais, par un bien aimable renversement de toute étiquette, lady William Bentinck, que j'eus l'honneur de voir tout de suite en débarquant, me présenta elle-même à son mari, et, comme nous avions commencé par causer une couple d'heures ensemble *de omni re scibili*, je n'étais plus un étranger pour elle, quand elle fit prier lord William de passer chez elle pour achever la cérémonie.

Ils m'ont, depuis, comblé de bontés. J'ai passé huit

jours chez eux à la campagne, tout à fait en famille,
monopolisant lady Bentinck le matin, travaillant le
jour à mes études, et passant les soirées avec son mari
dans un coin reculé du salon.   c

C'est un vieux militaire, diplomate aussi pendant
longtemps, qui a gardé une sainte horreur de la guerre
et un mépris vraiment bourgeois pour les finesses obli-
ques de la politique. Il ne ressemble pas mal à un qua-
ker de Philadelphie, beaucoup plus assurément qu'au
fils d'un duc anglais, grand mogol temporairement. Il y
a dans ce caractère une bonté vraie, une droiture, une
simplicité qui m'ont séduit. Lord Bentinck a peut-être
aperçu le respect qu'il m'inspirait, et c'est sans doute
ainsi qu'il m'a témoigné une confiance que sa position
et la grande distance de nos âges ne me permettait pas
d'attendre assurément.

Les distinctions flatteuses que je recevais chez le gouverneur général m'auraient servi d'introduction partout ailleurs, si j'en avais manqué. Mais mon paquet
était si bien fait, qu'il n'est pas un des hommes que je
vois ici avec plaisir ou profit, pour lequel je n'eusse apporté une recommandation directe, de Londres ou de
Paris.

J'ai trouvé, en arrivant ici, bien de la besogne à faire
avant que de chercher du neuf moi-même. J'ai pris langue et terre par le plus de points possibles. J'ai eu bien
des in-quarto à lire la plume à la main, et, quoique je
ne m'y sois pas épargné, il m'en reste encore quelques-
uns. Je m'interdis cependant de regarder dans bien des

sujets intéressants que je trouve sur mon chemin, et qui
ne se rapportent pas immédiatement à mes études spéciales ; je me confine sévèrement dans celles-ci. L'étude
du persan et de l'indoustani me prend encore beaucoup
de temps. Je regrette celui que je dois donner à l'indoustani, parce que c'est un ignoble patois, qui ne me servira
à rien hors de ce pays ; et, quant au persan, je ne puis
pas me flatter en quelques années de le savoir assez bien
pour en tirer parti, quand je serai de retour en Europe.
Le système d'écriture des langues orientales en rend
la lecture prodigieusement difficile. Les Persans et les
Arabes se dispensent presque toujours d'écrire les
voyelles des mots ; aucun intervalle ne sépare ceux-ci
les uns des autres. Aucun signe n'isolant les phrases,
une page ne fait qu'un mot. Ils écriraient votre nom :
D m l, et le mien : *J c q m n t*; or, les combinaisons de
voyelles que l'on peut placer entre les consonnes sont
innombrables. Il faut deviner presque dans l'infini, aussi
ne devine-t-on pas ; on reconnaît seulement ce que l'on
connaît bien, et les Orientaux eux-mêmes ont autant
de peine à lire un livre nouveau, que nous autres à dé-
chiffrer une page de tachygraphie écrite depuis un an.

A deux lieues de la ville, et sur l'autre rive du Gange,
il y a un admirable jardin botanique dont le directeur
est le mieux renté de tous les savants du monde ; car,
outre une habitation superbe, on lui donne soixante
mille francs par an. L'occupant actuel, qu'il me conviendrait passablement, comme bien pensez, de remplacer, s'il avait le malheur de mourir, est un Danois

très-actif, très-zélé et médiocrement habile. Il est en
Angleterre pour le moment. Je n'ai pas eu lieu de regretter beaucoup son absence, puisque celui des deux
conseillers suprêmes qui s'est chargé bénévolement de
la surintendance du jardin, pendant le voyage de
M. Wallich, a bien voulu m'y faire maître et seigneur.
Cette libérale faveur m'a été précieuse. J'ai quitté le séjour de la ville et je suis allé vivre en face du jardin, chez
un des juges, qui est jeune et fort zélé pour les sciences.
Je traversais chaque matin la rivière et passais le jour
au milieu du peuple végétant de l'Inde, rassemblé dans
un lieu étroit. Une admirable bibliothèque me servait de
quartier général. Assisté de tous ces moyens, j'ai fait
là, en six semaines, une besogne qui m'en épargnera
beaucoup d'inutile dans le cours de mon voyage.

Je désirerais bien, monsieur, que ma petite surintendance passagère (et, comme de raison, gratuite) vous
fût utile. La saison va devenir favorable au transport
des plantes, et il y a tant de chances pour les faire arriver en bon état de ce lieu à Pondichéry, que ce serait
pitié que de ne pas le tenter. Je désirerais donc savoir ce
que vous avez au Jardin du Roi, pour connaître ce qui
vous manque et vous l'envoyer. Voulez-vous en demander le catalogue au jardinier, en lui recommandant
surtout d'être précis et circonstancié au chapitre des
arbres fruitiers et des plantes utiles ? Et ne pourriez-
vous point me le faire parvenir par M. Cordier ?

Le désir que je vous exprime n'est pas désintéressé.
Comme on ne saurait avoir trop d'argent en voyage, je

pense que votre porte n'est pas à dédaigner, et j'y
frappe. Avant de quitter Paris, j'écrivis au ministre de
la marine, pour l'informer du voyage que j'entrepre-
nais, et lui offrir d'associer à mes travaux des recherches
utiles aux établissements coloniaux de l'Inde, moyennant finance. Je reçus une réponse ministérielle, ou
jésuitique, c'est tout un. Le ministre m'écrivit qu'il ac-
cueillerait avec plaisir les demandes que vous pourriez
lui adresser en ma faveur; il m'informait qu'il vous autorisait à lui en faire (sauf, bien entendu, quoique sous-
entendu, à trouver alors un nouveau prétexte pour ne
pas agir et débourser). J'ai cette lettre ministérielle du
mois d'août. Je puis vous l'envoyer, si vous pensez
qu'elle puisse vous servir de base pour m'accorder, de
votre propre chef, sur vos propres fonds, si vos pouvoirs s'étendent jusque-là, une indemnité, un traitement, de l'argent enfin, sous quelque dénomination que
ce soit. Mais, si, comme je le crains, une telle décision
dépassait votre pouvoir, vous pouvez du moins, monsieur, la provoquer du ministre, et je suis persuadé
que vous pouvez le faire avec l'assurance du succès.
Remarquez que je ne vous prends pas en traître. Je ne
vous promets pas de dépenser pour vous l'argent que
vous pourrez me faire obtenir. Tout au contraire. A
cette condition-là, le marché ne me serait qu'onéreux.
Ce que je promets de faire, c'est de vous vendre un petit
peu de mon temps, à l'effet de pouvoir employer plus
utilement le reste à mon objet principal. Les rares avantages dont je jouis ici parmi les Anglais me permettent

de vous donner, par un envoi considérable du jardin de la Compagnie, un excellent prétexte pour m'être utile.

J'écrirai autrement au gouverneur de Pondichéry, si M. de Meslay le désire. C'est à celui-ci que je demande ce que l'autre peut faire. Je présume que c'est au demandeur ou plaignant à prendre l'initiative ; je le ferai donc, quand j'aurai reçu votre conseil.

Je voulais vous parler du pays, vous écrire une lettre pour vous, et le *moi* a tout absorbé ! Vous me pardonnerez cette longue digression. Après vous avoir dû tant d'agrément dans le voyage d'Europe en Asie, je trouverais charmant, monsieur, de vous devoir ici des moyens positifs de succès. J'en ai, en vérité, beaucoup d'éléments dans les mains. Ma position parmi ces gens-ci est unique. Ils me comblent d'égards, de bontés. Je serai protégé et accueilli partout sur ma route, annoncé à l'avance, officiellement, privément, et cela, par milord et milady Bentinck, comme une de leurs connaissances ; de plus, comme un étranger. Mes propres moyens d'action seront multipliés par les avantages divers que me vaudra leur appui. Ajoutez à cela que je me suis porté jusqu'ici parfaitement bien, et que tous les médecins anglais, dans l'étonnement qu'un nouveau venu qui va au soleil ne soit pas mort plusieurs fois en cette saison fiévreuse, me prédisent une vie éternelle dans l'Inde, et *que j'y crois.*

Adieu, monsieur. Cette fois, je vous demande une réponse ; mais vous la ferez aussi courte que vous voudrez. M. Cordier me la fera passer ici. Vous

vous demanderez si, lorsqu'on donne à ce hâbleur
de B... de l'argent à manger en Grèce, ce sera
bien ou mal fait de m'en donner, ou de m'en faire
donner, pour le dépenser utilement, laborieusement,
dans l'Inde.

J'ai une si parfaite horreur pour tout ce qui sent
les affaires, que j'y suis gauche et bête. Un de
ces jours que j'aurai du persan par-dessus la tête, je
vous écrirai à l'exclusion du *moi*, et serai moins maussade. Je me repose, en attendant, avec confiance sur
l'avantage que j'ai d'être bien connu de vous, et sur
la bienveillance dont vous m'avez donné des preuves.
Je la reconnais par un attachement et une reconnaissance bien sincères. Qu'ajouterais-je à cela, monsieur,
que vous ne connaissiez de mes sentiments pour
vous ?

XLV

AU MÊME.

Chandernagor, octobre 1829.

Cher monsieur,

Je profite, pour répondre à votre longue et amicale
lettre du 27 septembre, d'un petit séjour à Chandernagor, où je suis depuis quarante-huit heures, et pour
quarante-huit heures encore, l'hôte du bon M. Cordier.

Je comprends mal, je l'avoue, l'espèce de folie et de
sottise des gens auxquels vous avez affaire, ou plutôt

qui ont affaire à vous. Ici, je vois un immense empire rouler sans frottement et sans autre bruit que les clameurs imprimées de quelques *blackguards*. Quand deux hommes ont une querelle particulière, ils vont, comme en tout autre pays, se couper la gorge derrière un mur; on enterre le mort, et tout est fini. Ceux qui ne s'en veulent pas au point de désirer cette issue radicale, évitent de se rencontrer, et ne se disent mot quand le hasard les fait se trouver sous le même toit. Quant aux querelles des officiers publics entre eux et à l'occasion de leurs fonctions, elles sont fort rares. La sphère de chacun est si étendue, à la vérité, qu'il est difficile d'être coudoyé par ses voisins. Le cas de désobéissance d'un inférieur à son chef se présente néanmoins quelquefois. Alors, celui des secrétaires du gouvernement (leurs fonctions représentent assez bien les fonctions administratives de nos ministres) dans le département duquel la chose a lieu, fait une petite enquête, et propose au gouverneur général en conseil d'ordonner à qui a tort d'*apologiser*[1] envers la partie qui a raison; et, quand le racommodement se fait de la sorte, on sépare les gens en les maintenant chacun dans un emploi semblable.

Le refus de la médiation du gouvernement est immédiatement suivi du renvoi du service.

Avec la discrétion que vous me recommandez, j'ai cherché à savoir de M. Cordier l'espèce de peste qui

---

[1] *Apologiser*, faire des excuses.

désole votre petit royaume. Il n'a pu me le faire bien comprendre. Je me tiens à cette conviction générale, qu'il ne manque pas de gens absurdes à Pondichéry. Je vous croyais merveilleusement fait pour votre place; et, malgré les difficultés que vous y avez rencontrées, j'y persiste. J'imaginais que vous alliez être adoré, dans ce petit coin du monde, comme les rois des anciens jours. Il me semblait que votre aimable *débonnaireté* devait rendre inutile l'exercice de votre fermeté. Mais, aujourd'hui que les moins clairvoyants vous savent ferme et très-ferme, ils vous sauront gré d'être débonnaire. S'il y a des gens dignes d'aimer le *molle et facetum*, ils le feront renaître à Pondichéry, en prenant mesure sur l'élégant modèle du prince.

Peut-être que, si les Anglais avaient amené des gouvernants dans la même proportion vis-à-vis des gouvernés que nous l'avons fait dans l'Inde et le faisons partout, lord William Bentinck aurait autant de tracas que vous en avez. Ce sont précisément ceux qui devraient vous aider qui vous embarrassent; je me figure que, sans votre armée d'employés, vos soixante et dix mille Hindous ne vous donneraient pas le moindre trouble. Mais nos compatriotes sont généralement absurdes en administration. C'est une des infériorités de notre nation, grande, raisonnable, excellente en d'autres choses. Et vous avez le malheur, cher monsieur de Meslay, de voir juste comme les Anglais et les Américains. Tel autre, à votre place, s'estimerait heureux d'avoir à faire, à gouverner enfin, comme ce juge de paix de l'Ardèche

avec lequel je déjeunais, il y quelques années, dans une
auberge de village dans la Lozère. Il se vantait d'être
le premier juge de paix du royaume, attendu que son
canton était le plus fertile, disait-il, en affaires judi-
ciaires, vols, meurtres, etc. Je lui contai l'histoire d'un
frère de M. Henrion de Pansey, qui, juge de paix en
Champagne, depuis l'institution des justices de paix,
était parvenu à empêcher tout procès de sortir de son
petit tribunal pour monter en instance ou en appel.
« C'est le dernier des juges de paix de France! me dit
mon homme. Si tous étaient ainsi, grand Dieu! à quoi
bon des tribunaux, des Cours, et que deviendrait le
gouvernement? A quoi bon le gouvernement? Moi, j'ai
des crimes, Dieu merci! je gagne mon argent et fais gagner le leur à MM. de la Cour et du parquet de Nîmes,
outre l'importance qui en rejaillit sur leurs fonctions. »

  Sur ce monstrueux contre-sens national en France,
depuis Louis XIV, sont fondées une multitude de ché-
tives existences, de modestes pots-au-feu; et la raison
et le sens commun ne peuvent rentrer dans l'administration sans les renverser. C'est comme les douanes:
les industries développées par elles, et qui par elles
seulement peuvent se soutenir maintenant, sont nombreuses. Le principe de leur existence est faux, mauvais, d'un avis assez unanime; mais tant de maux particuliers accompagnent le retour de la vraie économie,
que ceux qui la demandent sans cesse *spéculativement*
n'osent la favoriser pratiquement, quand le hasard en
place le pouvoir dans leurs mains.

Quand les choses en sont venues à ce point que le
personnel du gouvernement se considère comme
ennemi du peuple des gouvernés, le seul bon parti à
prendre à l'égard de tels fous est celui auquel ils vous
ont autorisé et contraint.

Si vous vous faites lire un peu régulièrement par
votre aide de camp Arnoux les journaux de Calcutta,
vous connaîtrez bien l'espèce d'opposition que le gouvernement d'ici permet contre lui. Mon hôte l'avocat
général, caractère ultra-libéral en Angleterre, mais qui
ne voit aucune similitude de circonstances et de droit
entre le principe du gouvernement anglais et celui de
la Compagnie dans l'Inde, est toujours d'avis de supprimer les feuilles qui abusent et d'en poursuivre les
éditeurs devant la Cour. Lui-même désapprouve plusieurs actes de l'administation; mais il voudrait qu'on
renvoyât en Angleterre les gens qui impriment à Calcutta, chaque matin, que le gouvernement de la Compagnie est détestable, et qui témoignent l'espérance de
voir le Parlement lui refuser la continuation de son
privilége. Comme c'est par une permission spéciale,
par faveur de la Compagnie que ces individus résident
sur son territoire, les obliger à le quitter, ce n'est pas
attaquer un de leurs droits, c'est leur retirer seulement cette faveur.

C'est pour rétablir un rapport raisonnable entre sa
recette et sa dépense, c'est pour faire bonne figure
devant le Parlement, lorsque bientôt la grande question du privilége de la Compagnie va y être agitée,

que la Cour des directeurs a ordonné au gouverneur général la rigoureuse et impopulaire réduction des traitements. C'est pour dire au Parlement : « Voyez comme nous sommes économes ! Qui gouvernerait à moins de frais que nous? qui donnerait aux créanciers de la Compagnie des garanties telles que celles que nous leur offrons maintenant par l'excédant de nos revenus sur nos dépenses? »

L'opinion de ceux qui sont le mieux placés pour voir loin est que le privilége sera continué, mais peut-être avec cette terrible modification, que le monopole du commerce de la Chine sera retiré à la Compagnie ; et, comme c'est là la source la plus importante de ses profits, à cette condition, vraisemblablement, elle refusera de garder le gouvernement de l'Inde, qui retombera au roi. Je dois croire, par la comparaison des opinions que j'ai entendu émettre sur ce sujet, que le pays n'en sera pas mieux gouverné ; et que le patronage des ministres anglais en sera énormément augmenté. Sous ce point de vue, les hommes libéraux désirent la continuation du privilége. Il ne corrompt maintenant que quelque-uns des directeurs, que l'on accuse de vendre les places dont la nomination leur appartient annuellement. Cette sorte de corruption privée est sans influence politique, le Parlement n'en est pas plus détestable ; tandis que les ministres, avec deux ou trois cents commissions de plus à donner chaque année, seront encore plus puissants sur les honorables et les très-honorables qui ont des neveux à pourvoir.

Malgré le *half-batta*[1], ces commissions sont des brevets de fortune. J'ai vu de près toutes les formes d'existence anglaises en ce pays, j'en ai pénétré le détail. Je connais très-bien le ménage du gouverneur général et celui d'un jeune sous-lieutenant d'infanterie. Ce dernier est bien curieux. Médecin manqué, j'ai lu bien des définitions de la vie, sans compter celle de *Werther-Potier* aux Variétés : pourtant je ne savais pas ce que c'est que vivre. Vivre, c'est aller à cheval à l'exercice du matin (qui doit être terminé à sept heures, pendant huit mois de l'année), avoir une maison seule à soi avec cinq ou six grandes chambres, varangues, etc.; un abonnement aux journaux du matin et aux romans de la saison; un déjeuner simple mais élégant; un dîner copieux et riche d'argenterie, de cristaux; deux ou trois bouteilles de vin ou de bière et un cabriolet pour se promener le soir. Il faut aussi, pour vivre, être éventé tout le jour, changer quatre fois de linge, et quelques autres conforts de ce genre, ne rien boire que refroidi au salpêtre, ne fumer que le narghilé, ce qui oblige à entretenir des domestiques à cet effet, etc., etc. A moins de tout cela, un jeune échappé du collége, qui arrive ici avec son brevet de sous-lieutenant, s'estime très-malheureux, se plaint, et croit fermement qu'on le frustre. Il croit à son droit d'avoir toutes ces choses. Nonobstant le half-batta, il peut encore se les procurer et ne pas s'endetter s'il a quelque ordre. Mais l'ordre est

---

[1] Traitement réduit.

quelque chose d'ignoble, de rapetissant; c'est précisément l'inverse de la grandeur, qui est proprement
l'attribut du gentleman, — etc., etc., etc.

Voilà les discours de ces jeunes gens ; et c'est vraiment l'opinion des Anglais de tout âge que j'ai vus, à
trois ou quatre exceptions près. Ils estiment que quitter
leur pays pour venir en celui-ci est un sacrifice immense,
dont ils doivent être indemnisés par toute sorte de
compensations. Un jeune cadet, débarqué de la veille,
qui ne sait pas un mot d'indoustani, et qui n'a jamais
eu dans les mains un fusil de munition, qui ne saurait
faire défiler quatre hommes, est sincèrement convaincu
de la validité de son droit à vivre richement dans
l'Inde.

Cet orgueil sans fondement, cette ambition sans droit,
m'étourdissent. Elles me paraissent quelquefois le
comble de la sottise et de l'impertinence ; d'autres fois,
j'y aperçois un principe de succès et de progression.
Un Anglais s'estimerait malheureux dans une foule de
situations où la médiocrité de nos goûts se trouve
satisfaite, et, pour s'élever à une meilleure, il travaille
et se donne de la peine, lorsque, contents du terme où
nous sommes arrivés, nous y demeurons oisifs. Je ne
crois pas que leur système soit favorable au bonheur
des individus ; mais il l'est extrêmement à la puissance,
à la force de la nation.

Il n'y a pas d'emplois subalternes pour eux dans le
gouvernement de l'Inde. Ils ne souffrent pas qu'un
homme de leur nation paraisse devant les natifs, si ce

n'est sur un pied de supériorité et de grandeur. Hors
de la foule de Calcutta, leurs sipahis portent les armes à
tout Européen. Ils mêlent ainsi de l'admiration à la
crainte qu'ils inspirent et au respect dont ils exigent du
moins l'expression.

Je crois ce système très-sage pour la tranquille
conservation de leur conquête : il leur donne la plus
grande force morale. Les natifs sont bien intimement
convaincus de la bassesse de leur propre nature; le
peuple, de temps immémorial rompu à la plus dure
obéissance dans cette partie de l'Inde, la plus anciennement possédée par les Anglais, n'a pour eux ni
haine ni attachement; il sème, laboure, et, pour peu
qu'on lui laisse de quoi ne pas mourir, il est content.

Le collecteur (qui, en même temps, est le magistrat
d'une vaste province) n'a sous lui qu'un assistant. Tous
leurs agents sont des natifs. Ceux qui sont au haut de
l'échelle sont des gens considérables par leur fortune,
qui est une garantie pour l'officier européen; et, jusqu'à
l'huissier natif, il y a un système bien échelonné de
responsabilité qui met à couvert celle du collecteur.
Son assistant fait la besogne avec deux ou trois chefs
de recette natifs, et le titulaire, qui correspond avec les
secrétaires du gouvernement, ne paraît devant le peuple
qu'il gouverne réellement, que comme juge. Or, dans
ce caractère, il est évidemment le protecteur des basses
classes, il est populaire.

Je n'ai, d'ailleurs, aucun doute que notre *modus ope-
randi* n'épargne au petit peuple des natifs bien des

vexations arbitraires commises chez les Anglais par
leurs agents indiens. Les صاجب, les *sahèbs* anglais
sont si puissants, que la réputation de quelque bienveillance de leur part donne à un natif le droit de piller,
sans que les volés osent trop se plaindre. Il n'y a pas
longtemps qu'on envoya un résident à Chittagong, de
l'autre côté de la baie du Bengale : c'était un simple
capitaine. Il avait un assistant, *civilian*[1], je crois. En
arrivant au lieu de sa résidence, il devait faire une
visite au prince destitué, honoraire; le lendemain, le
radjah devait la lui rendre avec sa petite cour. Le *vakeel*
ou ministre honorifique de ce soi-disant prince, qui
devait briller en second dans cet échange d'étiquette,
alla chez l'assistant du résident qui ordonnait les conditions, lui offrant un lac[2] s'il voulait insérer la clause
que le résident lui frapperait sur l'épaule. Cette marque
d'amitié familière, qui est une des formes du salut
indien, devait élever si haut le vakeel dans l'opinion
du public de Chittagong, elle devait donner de son
crédit près du résident une telle idée, que le drôle eût
regagné promptement son lac par la vente en détail
de son influence supposée. Il y a plusieurs babous[3] à
Calcutta qui roulent carrosse sur ce principe. Ils vivent
sur la crédulité des riches natifs. De très-grands intérêts pécuniaires sont quelquefois pendants ici devant

[1] Employé dans le service civil.
[2] 253,238 francs.
[3] Négociants.

la Cour suprême ou l'administration. Ils sont censés
alors s'entremettre près d'un juge, près d'un secrétaire du gouvernement, pour faire pencher la balance
du côté qui les paye. Sur une échelle microscopique,
la chose se passe de même à Pondichéry, m'a dit votre
avocat général, M. Moiroud. Vos domestiques vendent
à quelques sots le droit d'approcher de vous, et peut-
être le grand *dobachi* du lieutenant de police se fait-il
payer en disant que c'est pour le compte de son maître.
Comment le prouver? comment l'empêcher?

Un acte du Parlement oblige la Compagnie à entretenir vingt-cinq mille hommes de troupes européennes.
Comme elles sont très-chères, jamais on n'atteint à
ce nombre. Actuellement, il n'y en a pas plus de
quinze mille. La mortalité est très-considérable parmi
eux; l'ivrognerie, qui abrutit les gens en Angleterre,
ici les tue. Aucun rapport entre les soldats anglais et
les sipahis. Ils occupent ensemble le fort William, et,
quoique refoulés dans un petit espace, jamais ils ne se
querellent. Ce n'est qu'entre les officiers que s'échan-
gent quelques mots et quelques coups de pistolet, ceux
de l'armée du roi affectant de se regarder comme bien
au-dessus de ceux de la Compagnie. Ceux-ci cependant sont brevetés par le roi comme les autres; à grade
égal, ils ont sur eux la préséance lorsqu'ils sont plus
anciens; mais, au delà du Cap, ils ne sont plus rien. Au
reste, ce n'est pas comme militaires que les officiers de
l'armée du roi prétendent, sur ceux de la Compagnie,
à une insultante supériorité : c'est comme *gentlemen;*

prétention fondée. Non pas que les officiers de la Compagnie n'appartiennent à d'honorables familles, mais il n'y a pas d'esprit de corps dans l'armée de la Compagnie ; chaque officier vit seul dans sa maison ; à la guerre, il traîne ses domestiques, son lit, sa cuisine ; point de table commune, peu de fréquentation entre les officiers du même corps. Ils peuvent ne se voir que sous les armes. Mariés ou garçons, tous vivent seuls. L'éducation s'efface, le naturel reparaît au-dessus d'elle, et conduit doucement vers la crapule ou l'escroquerie de malheureux jeunes gens, honnêtes jusque-là, mais honnêtes et délicats seulement par l'habitude des bons exemples. Il est rare que la gazette ne rende compte de quelque procès devant une cour martiale, et ce ne sont pas de pauvres diables de soldats que l'on y juge, ce sont des officiers, *pour avoir perdu leur caractère d'officier et de gentleman.*

Ce scandale n'afflige point les régiments du roi. Là, tous les officiers sont obligés de faire table commune, depuis le colonel jusqu'au sous-lieutenant, sans distinction. Si un officier s'était manqué le matin, un affront unanime de ses camarades et de ses chefs, le refus de boire avec lui le soir à dîner, l'obligerait à décamper avant qu'il fût allé assez loin pour donner de la besogne au conseil de guerre. On est solidaire de l'honneur des gens avec lesquels on s'assied à table. De là, dans les régiments du roi, un esprit de corps admirable.

Cela viendra aux officiers des troupes de la Compa-

gnie, quand ils ne seront plus assez riches pour avoir
chacun une maison à soi.

Vous avez vu la repoussante froideur des officiers
anglais avec leurs soldats européens. Ici, avec les
simples natifs, c'est pis encore. Je cherche vainement
le lien qui attache leurs gens à eux. Cependant la disci-
pline est admirable.

Il y a dans chaque compagnie deux ou trois officiers
natifs (comme chez vous à Pondichéry), que l'on renvoie du service avec leur paye entière pour pension
de retraite, lorsqu'ils sont trop bons : c'est sous prétexte de les récompenser. Ils ont la capacité nécessaire
pour ordonner et surveiller tous les détails automatiques du service, mais ils ne doivent pas aller au delà.
Dès que les sipahis s'attachent à eux, dès qu'ils ébrè-
chent l'admiration, le respect qui doivent être l'exclusive propriété des officiers européens, aussitôt on les
renvoie. Il y a même un règlement général qui fixe, et à
un temps assez court, la durée des fonctions actives de
soubehdar[1]. Les soubehdars ne parlent pas anglais.
C'est en indoustani qu'ils dépêchent chaque matin leur
petite besogne avec l'officier européen. Celui-ci, en
moyenne, ne sait ni lire ni écrire aucune langue native ;
mais, au bout de deux ou trois ans, il en baragouine le
strict nécessaire.

Tout jeune officier qui, au lieu de dormir, fumer et
boire du grog tout le jour, veut travailler sérieu-

[1] Officier natif.

sement, apprendre l'indoustani, le persan, lire quarante à cinquante volumes imprimés depuis soixante ans sur les choses de l'Inde, est sûr d'être tiré de la foule et employé d'une manière très-lucrative dans des fonctions importantes.

Les grades ne s'acquièrent dans l'armée de la Compagnie qu'à l'ancienneté; et, après dix-huit ans de service, qu'il y ait ou non des places vacantes, chacun a droit au brevet de capitaine. Voilà de la sécurité pour la multitude.

Mais l'emploi n'est pas selon le grade. Quand le gouverneur actuel de Bombay, le général Malcolm, fit sa première ambassade en Perse, en 1801, il n'était qu'un petit capitaine. L'emploi s'accorde à la capacité pour le remplir. Le nouveau résident à Lucknow, l'homme qui fait marcher à la baguette le roi d'Aoude, n'est aussi qu'un major. A Catmandou en Népaul, où ces fonctions sont importantes aussi, c'est un capitaine. N'est-ce pas le plus beau de tous les services militaires que celui de la Compagnie? Quelles garanties pour la médiocrité! Et quelles chances superbes pour le talent, ou simplement le mérite!

L'affaire de Rangoon, arrivée le mois dernier, n'a produit ici aucune sensation. L'officier anglais qui a abandonné son poste, sera jugé et fusillé, sans doute, si on le prend. On pendra sans obstacle une douzaine de Birmans, et tout sera dit. Quant aux démonstrations hostiles faites récemment sur la frontière du nord-ouest par Rundjet-Singh, elles n'ont existé que dans ces jour-

naux dont mon hôte l'avocat général voudrait renvoyer
les éditeurs en Angleterre. Ce Rundjet-Singh est un
homme du genre de Méhémet-Ali, d'Égypte. Il est parvenu à se faire le roi non contredit de tout le Pundjâb
ou Pentapotamide, entre le Sutledje et l'Indus. Il
a une assez forte armée, disciplinée à l'européenne,
tant bien que mal, par quelques-uns de ces aventuriers
qui sortirent de France à la deuxième restauration. Au
moyen de quoi, il est le maître chez lui et chez quelques
pauvres diables de radjahs voisins, dont il a envahi
les États, mais ne le peut être aucunement chez les
Anglais. Il est vrai qu'au temps de leur guerre avec
les Birmans, ils durent le surveiller ; mais, en temps
de paix, c'est pour eux le meilleur des voisins. Avant
lui, les peuplades qu'il gouverne absolument faisaient
sans cesse des incursions sur le territoire anglais.
Leurs petits princes, alliés quelquefois sincères des
Anglais par la crainte du châtiment, ne pouvaient souvent retenir leurs gens ; maintenant, la frontière, occupée par des troupes régulières, est parfaitement respec-
tée. La situation de l'empire, sous le rapport militaire,
est ainsi la plus satisfaisante.

Je croyais le commerce de l'Inde et de l'Angleterre
bien plus considérable qu'il n'est, et, chaque année, il
diminue. L'exportation du coton est assez insignifiante,
comparée à celle qui se fait des États-Unis, de l'Amérique équinoxiale et de l'Égypte. Le sucre, que je
croyais coûter deux sous la livre, en coûte six et sept ;
c'est le prix de la Havane, et il est d'une qualité infé-

rieure, et, de plus, à cinq mille lieues, au lieu de mille quatre cents, des marchés européens. Généralement, la main-d'œuvre est beaucoup moins économique que nous ne le pensons en Europe. La division du travail est organisée ici contre la quantité du travail, au lieu de l'être comme chez nous à son profit. La fabrication des tissus de coton décroît chaque année ; les étoffes anglaises écrasent, par leur bas prix, les étoffes indigènes. Cependant, il faut être deux pour commercer, et voici que, du côté de l'Inde, les objets d'échange manquent pour les retours ; du salpêtre que l'on porte en Europe et en Chine, de l'opium que l'on porte presque tout en ce dernier pays, et de l'indigo, c'est là tout ce que la manufacture de l'Inde offre aux spéculateurs.

Suivant la coutume nationale, les bâtiments français qui sont venus depuis quelques années à Calcutta ont fait des pertes énormes. Cependant les armateurs ne se dégoûtent pas de ce jeu ruineux ; ils semblent trouver plaisir à fournir aux gens de ce pays du vin de Bordeaux à plus bas prix qu'ils ne l'achètent eux-mêmes en France. N'en est-il pas ainsi sur la plupart des points du globe que visite notre commerce maritime ? Le capital national s'accroît-il en France, ou plutôt ne décroît-il pas chaque année par ce genre d'industrie ? Se fait-il plus de fortunes que de faillites au Havre, à Nantes, à Bordeaux ? Vraiment, je ne le crois pas.

Vous savez que, jusqu'ici, les Anglais ne pouvaient posséder des terres dans l'Inde. Un acte nouveau du

Parlement les a relevés récemment de cette incapacité; d'ici à peu de temps, ils pourront acquérir des terres.

La convenance de cette mesure est contestée par beaucoup. Les Anglais ont ici sous les yeux le spectacle affligeant des descendants avilis des premiers conquérants de l'Inde. Il y a à Calcutta une population assez nombreuse de Portugais. Bien peu, à la vérité, peuvent se vanter d'une origine européenne sans mélange; mais il y en a cependant, et tous sont noirs, plus noirs que les natifs, et ils languissent, méprisés des natifs mêmes, dans la crapule et la misère. Or, je vois bien des gens persuadés qu'après trois ou quatre générations dans l'Inde, dans cette partie de l'Inde du moins, leur race fière et robuste se dégraderait pareillement. Leur orgueil souffre de l'idée qu'un jour, dans un siècle ou deux, des Anglais, des hommes de race anglaise, parlant la langue, professant la religion de l'Angleterre, noircis par le climat, affaiblis, bistournés, seront réduits à remplir parmi les Indiens des emplois subalternes; et certainement l'inconduite, l'ivrognerie surtout y en précipiterait bien vite un grand nombre, si beaucoup venaient s'établir ici, sans qu'un emploi du gouvernement garantît leurs moyens d'existence.

Le *chief-justice*[1], auquel ses talents donnent une grande importance dans le gouvernement hors du département qu'il préside, est d'avis qu'il n'y a qu'une manière convenable à la dignité de la nation et avanta-

[1] Grand juge.

geuse aux individus, de s'établir en ce pays ; et voici
son plan. La Compagnie a une dette considérable ; elle
en acquitte annuellement l'intérêt sur ses revenus, dont
la majeure partie provient du fermage des terres,
lesquelles lui appartiennent presque toutes. On mettra
les terres en vente par lots énormes, on attachera à
leur possession de grands priviléges seigneuriaux, et
il se trouvera sans aucun doute beaucoup de riches
country gentlemen qui, ennuyés de n'être pas même
baronnets en Angleterre et de payer un million de
francs pour être de temps à autre membres inaperçus
du Parlement, achèteront ces espèces de principautés
(indivisibles entre leurs enfants).

Du même chevalier Grey (le grand juge) je tiens — et
de manière à pouvoir vous le dire sans aucune indiscrétion envers lui — que des démarches très-vives ont été
faites, il y a peu de temps, par le gouvernement anglais
près du nôtre, pour obtenir, moyennant finance, la cession de nos établissements en ce pays. La Compagnie,
par l'entremise du gouvernement du roi d'Angleterre,
nous offrait plus d'un million de livres sterling, deux
millions, je crois (cinquante millions de francs comptant), et se serait tenue encore notre très-obligée. Répugnance absolue de notre part. L'ordonnance du 17
avril 1825 et les clameurs de tous les partis contre elle,
sous M. de Villèle, firent craindre sans doute à nos
ministres qu'une proposition de loi au sujet de la cession de nos colonies en ce pays ne fût accueillie de la
même façon ; ou bien l'embarras de donner à une telle

négociation une forme que l'orgueil du roi et les prétentions des Chambres pussent agréer. Vous vous rappelez qu'au temps de l'affaire de Saint-Domingue, il
fut laissé indécis si le roi pouvait sans les Chambres
aliéner, par un traité, une portion du territoire, etc.
Quoi qu'il en soit, vous pouvez être sûr que le gouvernement anglais reviendra à la charge près du nôtre ; celui
de l'Inde met un grand intérêt, je ne sais trop pourquoi, à ne pas nous laisser en ce pays. On négocie en
même temps près de la cour de Copenhague la cession
de Serampoor et de Tranquebar. Le fait est que Tranquebar, Pondichéry, Mahé, Carical, Yanaon et Goa
sont bien innocents de toute offense envers l'administration de ce pays ; mais Serampoor, par son extrême
vicinité de Calcutta, gêne la justice. C'est le repaire de
tous les grands banqueroutiers frauduleux de la capitale de l'empire. Quelques hommes malheureux et intéressants y trouvent, à la satisfaction des honnêtes gens,
un asile ; mais, pour un homme de cette espèce que
l'on est heureux d'y voir échapper aux poursuites de
la loi, mille coquins, très-dignes du pilori, y narguent,
dans des fêtes continuelles, la misère des gens qu'ils
ont ruinés ; et, si la Compagnie se contentait d'obtenir
Serampoor des Danois, en nous laissant à nous Chandernagor, ce lieu, habité déjà par quelques drôles en
sous-ordre, deviendrait ce qu'est Serampoor. Le gouvernement anglais a eu la moralité de ne pas demander,
au lieu d'une cession complète, le droit réciproque d'ex-
tradition. J'en suis charmé pour l'honneur du nôtre,
qui, peu robuste vraiment, eût cédé peut-être.

Je comprends mal quelle satisfaction d'orgueil ou de
vanité nous pouvons trouver dans la possession d'établissements qui ne sont susceptibles d'aucune défense,
et que nous n'occupons actuellement que par la grâce
de Dieu et des Anglais surtout. Mais peut-être que des
gens très-influents dans la négociation entamée et man-
quée ne savent pas mieux la géographie que lord
Castlereagh; à l'appui de votre charmante histoire d'à
qui mieux mieux entre lui, proposant au duc de Riche-
lieu l'île de France ou Pondichéry, et le duc choisis-
sant de préférence Pondichéry, je puis vous dire qu'il
lui fut impossible de trouver Java sur la carte quand
sir Thomas Raffles lui reprocha si vivement d'avoir
rendu cette île aux Hollandais, en échange de deux microscopiques comptoirs qu'ils avaient en ce pays. Il
avoua qu'il ne savait pas où était Java, et qu'il croyait
que c'était une petite île tout à fait insignifiante. Puis
donc qu'on peut être *très-honorable* et fort mauvais
géographe, *auguste*, c'est pis encore sans doute.
Ajoutez à cela que nous avons le plus chevaleresque
de tous les ministres de la marine passés et à venir.
Ainsi vous devez dormir tranquille chez vous.

Toute la partie bête du public anglais dans l'Inde
nous méprise cordialement, à cause de notre pauvreté.
J'ai eu le bonheur de n'avoir affaire qu'à la fraction la
plus distinguée d'entre les riches, et je n'ai pas souffert une seule fois dans ma vanité de ne pouvoir les
imiter. Je n'aurais pas attrapé un plaisir ni reçu une
honnêteté de plus, si j'avais eu une voiture au mois, au

lieu d'un cabriolet très-accidentel. J'ai assez d'estime
pour l'esprit des gens que je vois, pour leur dire que
leur excessive opulence est un monstrueux abus et une
méprise. Je ne leur cache pas ma pensée, que le système de la vie anglaise n'est qu'une suite d'erreurs
toutes fatales au bonheur ; ils se pendent ou s'enivrent
par *ennui*, quand nous nous noyons par *passion*. Ils
parlent d'*home* sans cesse (*home*, la maison, le chez
soi), et cet *home* qu'ils aiment tant, ce sont les chaises
élastiques, les canapés, les choses matérielles de leur
maison ; notre *home* à nous, dont nous ne parlons pas,
c'est le cœur. Je leur dis que les pauvres de notre pays
ont plus de plaisirs, des plaisirs plus doux et plus
nobles que les riches du leur. Si j'étais gouverneur de
Chandernagor, je ne me cacherais pas d'eux. Je dirais
que je me trouve très-bien payé pour des fonctions si
faciles ; qu'eux le sont extravagamment dans des emplois qui n'exigent pour la plupart aucun talent, et, au
lieu de confiner ma petite société à quelques pauvres
diables de compatriotes, encore bien plus raffalés que
moi et bien insignifiants, je voudrais avoir, le soir, chez
moi deux ou trois hommes vraiment distingués d'entre
les riches ennuyés du voisinage. Je les y ferais s'a-
muser les uns par les autres, sans leur donner que
des verres d'eau à boire, et je suis très-persuadé qu'ils
ne m'en considéreraient pas moins pour cela. C'est ce
que fait, quoique un peu timidement, le gouverneur de
la très-petite ville de Serampoor. Il est prodigieusement mal payé. Mais il a une grande instruction, il

parle français, anglais, allemand, tout ce que l'on veut ;
sa jeune femme est également aimable et distinguée ;
ils ont l'air le plus *gentlemanlike* du monde tous les
deux. Lord et lady Bentinck les comblent d'égards, les
attirent chez eux le plus qu'ils peuvent ; je les y ai vus
souvent à dîner, et ils y jouissaient comme moi, sans
arrière-pensée triste, du plaisir de faire un très-bon
dîner en excellente compagnie, avec un beau concert
pour les intervalles de l'appétit. Quand la place est si
petite, c'est à l'homme qui l'occupe à la faire considérer par son caractère, et, s'il le peut, par son esprit.

Ce qui me vexe, ce n'est pas notre pauvreté, c'est
notre apparente vulgarité quelquefois. Hier au soir,
par exemple, après dîner, il est venu chez le bon M. Cordier une collection de compatriotes, sans doute les
plus estimables, les plus respectables du monde, mais
enfin j'aurais été très-mortifié qu'un officier anglais,
ayant vécu un an à Paris, vînt en ce moment présenter
ses respects, en passant, à notre gouverneur. Il se serait
fait une idée trop peu relevée de la fleur de ses administrés.

Ce lieu est joli. Ces petites maisons basses, mais bien
entourées de varangues supportées par des colonnes,
ces jardins qui les séparent, ces rues étroites, herbeuses,
me semblent plus pittoresques que Calcutta. Si je des-
sinais, je voudrais m'arrêter à chaque pas pour faire
quelque détail gracieux. Calcutta n'est plus pour moi
la ville des palais, c'est la ville des grandes maisons.

Mais votre patience doit être à bout. Au reste, de

longtemps telle pierre ne vous tombera sur la tête.
Bientôt, voyageant, je n'aurai plus le loisir de causer
aussi longuement avec vous. Vous digérerez comme
vous pourrez ma volumineuse mixture d'aujourd'hui,
à laquelle j'ajoute pourtant un nouvel ingrédient. Le
gouverneur général part le 14 pour les hauts. Il arrivera à Simlah (cent lieues au nord de Dehli, forte station
militaire dans l'Himalaya; 8,000 pieds au-dessus de la
mer, climat d'Europe) à la fin de mars, et ne reviendra
au Bengale que l'hiver suivant. Une grande partie du
gouvernement le suit.

On désigne généralement, pour remplacer à Bombay
le général Malcolm, qui bientôt retourne en Angleterre,
le chevalier Metcalfe, un des deux conseillers du gouvernement.

Enfin les *bananiers* sous l'ombrage épais desquels
M. de Marlès, dans votre histoire de l'Inde, fait asseoir
les brames pour adorer l'Éternel, sont évidemment les
banyan trees, ou figuiers d'Inde, arbres sacrés dont
vous avez un grand nombre à Pondichéry.

Quelques mots d'affaires. Comme je comptais fort
peu sur votre pouvoir de m'obliger immédiatement,
votre réponse ne m'a pas désappointé. Je vais, comme
vous me le conseillez à tout hasard, vous écrire une
petite lettre d'éloquence officielle dont vous ferez l'usage
que votre amitié vous suggérera, apostillant, etc., etc.,
avant que de l'envoyer au ministre. Mais je ne sais
comment je ferai : c'est une sorte de composition littéraire toute neuve pour moi.

. Ce que je vous enverrai de plantes, quand j'aurai
reçu votre catalogue, ne vous coûtera à peu près rien.

Adieu, cher monsieur de Meslay ; merci de tout ce
que vous m'avez écrit d'aimable. Les sentiments que
vous m'avez inspirés me faisaient vivement désirer de
vous quelque retour. Je suis heureux d'être apprécié
par vous selon l'échelle d'estime que vous me dites.
L'esprit, le savoir sont bien peu de chose vraiment,
près du caractère. Recevez mes vœux pour votre tran-
quillité, santé et bonheur.

XLVI

A M. JOSEPH HEZETA, A CALCUTTA.

Octobre 1829.

Mon cher ami,

Je garde quelques jours, pour la faire lire aux personnes chez lesquelles je demeure, la brochure du
docteur Channing que vous m'avez envoyée, et je
vous assure que je n'écrirai pas à Paris sans en parler
à quelques amis et les prier de faire en sorte qu'on la
traduise en français.

A l'exception de quelques lignes de *cant*, vers la fin,
—tribut qu'un auteur bostonien est obligé de payer à
la ferveur ou à l'hypocrisie religieuse du Massachus-
sets, — tous les jugements du docteur Channing sur
Bonaparte sont les miens, y compris l'appréciation de
la conduite des ministres anglais envers lui à Sainte-

Hélène. «He had acted all his life out of every law. He had made himself an outlaw, he was not to be protected by any law [1].» Les choses que le docteur Channing a écrites s'accordent si merveilleusement avec ma propre pensée, qu'il me semble les avoir exprimées dans les mêmes termes, et que je cherche dans mes souvenirs si je ne l'ai point vu quelque part et ne me suis pas entretenu avec lui; à ce point que, si j'eusse lu la brochure sans savoir par vous le nom de l'auteur, j'aurais cru, sans hésitation, que l'anonyme était une de mes connaissances familières de New-York.

Je lève les épaules quand on veut s'apitoyer sur le sort de Bonaparte à Sainte-Hélène. Il avait huit domestiques, quatre courtisans, douze mille guinées par an, dix chevaux dans son écurie, etc., etc!...

Quand j'avais huit ans, — il y en a vingt de cela, — des gens de la police, munis d'un ordre de Fouché, vinrent, un dimanche, envahir notre maison; ils enlevèrent les livres, les papiers; fouillèrent partout pour trouver des traces de conspiration, puis emmenèrent mon père. Pendant onze mois, il resta enfermé dans une chambre étroite et obscure, que je me rappellerai toute ma vie, y étant allé, pendant ces onze mois, deux fois par semaine, c'est-à-dire autant que cela était permis. C'est là que j'appris à lire et à écrire. Mon père, en prison, n'avait pour domestique qu'un misérable

---

[1] « Il avait agi toute sa vie en dehors de toute loi. Il s'était mis lui-même au-dessus des lois: aucune d'elles n'avait à le protéger. »

détenu qui venait le raser et le coiffer tous les matins; car on ne lui permettait pas d'avoir des couteaux ni des rasoirs. Au bout de onze mois, il sortit enfin, mais pour subir un exil qui dura autant que l'Empire.

Il est vrai qu'il n'avait pas eu, comme son persécuteur, la gloire de désoler le monde. Ce n'était qu'un obscur patriote, qu'un penseur innocent; son crime secret était d'avoir gardé les opinions et les amitiés qui l'avaient fait exclure du Tribunat, avec Benjamin Constant, Say, Daunou, Laromiguière, Andrieux, etc., etc. Car il est sans doute inutile de vous dire que ces arrestations, ces emprisonnements, ces exils, et quelquefois ces meurtres, n'étaient ordonnés que par la police. Mon père n'a jamais vu la figure d'un juge d'instruction ni d'un procureur impérial. Cependant, les lois sur la liberté individuelle étaient alors les mêmes qu'aujourd'hui; le Code édictait contre les auteurs de détentions arbitraires les mêmes peines qu'aujourd'hui !

Ces choses étaient fort communes, et la rigueur avec laquelle fut traité un homme âgé déjà, contre lequel ne pouvaient exister que les préventions les plus légères, qui avait fait partie d'un des grands corps de l'État, qui se trouvait lié par une vieille amitié avec les membres les plus illustres du Sénat, laisse à penser quelles cruautés furent commises alors contre les malheureux sans appui et sans nom...

Il y a une grande élévation de sentiments dans le livre du docteur Channing; mais ce qui le rend original surtout, au milieu des nombreux écrits publiés depuis quelques années sur le même sujet, c'est que le *bon sens* y domine. C'est avec le bon sens qu'il faut apprécier les héros pour les juger convenablement ; lui seul ne trompe pas.

Quel noble et modeste portrait de Washington j'ai trouvé dans cet ouvrage ! Non, ce n'était pas un très-grand général, ce n'était pas un orateur éminent, ni un homme d'État extraordinairement habile ; c'était mieux que tout cela : c'était un honnête homme, un grand citoyen ! Ce n'est pas aux qualités de l'esprit que nous devons accorder l'estime ou la considération, le mépris ou la haine ; le talent n'est ni estimable ni mésestimable en soi, il n'a aucune moralité nécessaire ; or, c'est la moralité qui est estimable, et l'immoralité, à quelques rares talents qu'elle soit unie d'ailleurs, ne mérite que le mépris. — Bonjour, mon ami.

XLVII

A MM. LES PROFESSEURS ADMINISTRATEURS DU MUSÉUM, A PARIS.

19 octobre 1829.

Messieurs,

La dernière lettre que j'ai eu l'honneur de vous écrire était datée du 29 août. Je l'ai confiée à M. Dussumier, qui partait pour Bordeaux par son vaisseau.

J'espère qu'elle ne tardera pas à vous arriver heureusement.

Je vous exposais alors, avec bien des détails, les embarras de ma situation. Je vous disais comment, réduit aux seules ressources que vous aviez mises à ma
disposition, sans les augmenter après mon départ
comme j'en avais emporté l'espérance, je m'étais
trouvé condamné à l'inaction, parce que les moindres
recherches actives eussent absorbé sans profit en
ce lieu, et les épargnes du passé, et le présent et
l'avenir. J'ai dû par prudence temporiser, faire le mort
à tout ce qui m'eût occasionné des dépenses : consolé
quelque peu par la circonstance de la saison au début
de laquelle les lenteurs de ma navigation m'avaient
fait débarquer en ce pays, et faisant, d'ailleurs, de mon
immobilité forcée le meilleur emploi pour me préparer à agir avec intelligence et facilité lorsque je me
serais créé par mes épargnes une possibilité d'action.

Ce temps est venu. Il n'y a que huit jours que j'ai dû
entamer mon crédit de six mille francs sur cette année
1829 ; en sorte que, calculant d'après la plus fâcheuse
supposition, celle où l'année 1830 ne m'apporterait
aucun supplément, j'ai, d'ici au 31 décembre de cette
année, douze mille francs à dépenser. Instruit des
choses de ce pays comme j'ai pu l'être pendant mon
séjour ici parmi les hommes qui le connaissent le
mieux, j'ai mûrement examiné quel était le meilleur
emploi à faire de ces quatorze mois et de ces douze
mille francs. Pour former des collections de quelque

importance, il faut résider en un lieu, non courir, et il faut résider *chez soi*. Avec les relations que j'ai formées ici, je suis sûr de trouver dans l'Inde, partout où il y aura un officier du gouvernement anglais, la plus grande et la plus noble hospitalité, et j'ai fait ici l'expérience que l'on pouvait sans indiscrétion en user longtemps; mais je ne puis faire un laboratoire d'anatomie de l'élégante et magnifique demeure de mes hôtes, il me faut pour cela une maison qui soit la mienne.

Impossible d'y penser dans aucun lieu habité par les Anglais. Tout est calculé pour des revenus considérables, et le cas d'un homme à douze mille francs n'est pas prévu parmi eux. Je n'ai trouvé qu'une place tenable avec mes moyens : c'est une des hautes vallées de l'Himalaya; mais elle a l'inconvénient d'être à cinq cents lieues d'ici. Cependant, je n'ai pas à choisir, la saison est propice, et, demain, je partirai; je ferai ce voyage par terre, à petites journées, traînant mon bagage d'ici à Bénarès sur des chars à bœufs, et, de là à Dehli et aux montagnes, sur des chameaux, qui seront une voie de transport plus économique; je monterai sans peine jusqu'à mille mètres au-dessus de la Simlah, environ trois mille mètres d'élévation absolue, et, achevant les derniers degrés avec quelque embarras et un peu plus de dépense, je choisirai ma station sur les bords de la rivière Jumna ou Sutledje, dans le lieu qui me semblera le plus riche à explorer à fond. Là, je piquerai ma petite tente, ou je composerai avec quelque montagnard pour occuper sa barraque durant la belle saison, qui dure sept mois.

Ainsi fixé à demeure, libre des soins de la surveil-
lance que je dois donner à mon attirail sur la route et
qui absorbent presque tout mon temps, le jour aura
pour moi douze heures pour le travail. J'espère donc
ne pas redescendre des montagnes sans de vastes
collections. Il me faudra repasser à Dehli. J'y réglerai
leur envoi à Calcutta et, de là, en France, si j'y trouve
des moyens de transport très-sûrs. Sinon, je serai obligé
de les traîner avec moi jusqu'à Bombay sur des chameaux.

Mais mon voyage à Bombay est nécessairement subordonné aux circonstances pécuniaires, qui pourront
changer d'ici à cette époque en faveur de mes intérêts.
Ce n'est, j'ai l'honneur de vous le répéter, messieurs,
qu'en ajoutant les épargnes d'une année presque entière de mon traitement à celle qui va commencer, que
je puis oser me mettre en route. Et si, en redescendant
l'automne prochain à Dehli, je n'y trouvais pour l'année 1831 aucune augmentation de crédit, il faudrait me
résigner à terminer là mon voyage et songer au retour
par la voie la plus directe. Mais je ne puis penser,
messieurs, qu'instruits de ma position, vous ne cher-
chiez pas à la rendre meilleure par les moyens dont
vous disposez sans contrôle, et je me flatte que vous
voudrez bien faire en ma faveur, près de M. le ministre de l'intérieur, une démarche extraordinaire,
appuyée sur l'urgence de mes besoins et des intérêts
véritables du Muséum.

Je ferme cette lettre à Chandernagor. D'ici, prenant les soins nécessaires pour la conservation de mes gens et de mon bagage, il me faudra trente-cinq jours pour gagner Bénarès. J'aurai l'honneur de vous instruire de là des progrès de ma marche dont les commencements sont heureux.

Veuillez agréer, messieurs, l'assurance de la haute considération, avec laquelle j'ai l'honneur d'être, etc.

Chandernagor, 22 novembre.

P.-S. — Aucune lettre de vous ne m'est encore parvenue.

XLVIII

A M. DE MESLAY, A PONDICHÉRY.

Tittaghur, près de Calcutta, 23 octobre 1829.

Monsieur le gouverneur, en quittant la France pour venir dans l'Inde remplir la mission scientifique qui m'a été confiée par le gouvernement, je me suis adressé à Son Excellence le ministre de la marine, pour lui représenter les services que mes voyages et mes études me permettraient de rendre à nos établissements coloniaux par l'envoi de plantes et d'animaux utiles, et par la communication de procédés perfectionnés d'agriculture et d'industrie, et j'ai demandé en même temps à

Son Excellence une allocation de fonds pour m'indemniser des dépenses où ces recherches spéciales devaient
m'entraîner.

M. le ministre, par sa lettre d'août 1828, m'a informé qu'il vous autorisait à lui transmettre en ma
faveur les propositions que vous jugerez convenables
de lui faire dans l'intérêt de la colonie que vous administrez.

C'est donc à vous, monsieur le gouverneur, que je
dois exposer les moyens de lui être utile que je puis
trouver dans ma situation.

Sous l'administration de votre prédécesseur, des
dépenses considérables ont été faites par le gouvernement pour favoriser le développement d'industries qui
semblent, si elles prospèrent, devoir l'indemniser largement de ses avances, en augmentant les produits de
l'agriculture et les revenus du fisc établis sur eux. On
a fait de vastes plantations de mûriers et de cannes à
sucre ; la culture de l'indigo, puissamment encouragée,
a reçu une extension nouvelle. Un établissement de
teinture a été fondé, et un jardin botanique a été créé
en même temps, dans le double but d'y rassembler les
végétaux de l'Inde qui n'intéressent que la science,
et d'y cultiver, pour les multiplier rapidement et les
répandre dans la colonie, des espèces nouvelles de
plantes utiles et les meilleures variétés de celles que
depuis longtemps déjà on y cultive.

J'ai eu l'honneur de vous soumettre, pendant mon
séjour à Pondichéry, des vues que vous avez approu-

vées sur le Jardin du Roi, afin de mettre en harmonie
les diverses parties dont il se compose, et de régler
l'extension de chacune sur la convenance du lieu. Par
le premier navire qui partira de Calcutta, dans cette
saison favorable au transport des plantes, je vais très-
prochainement vous en faire un envoi.

La culture de la canne à sucre et surtout l'éducation
des vers à soie ont rencontré à leur début des obstacles
qu'on semblait n'avoir pas prévus et que plusieurs
personnes, promptement découragées, ont attribués à
de certaines conditions du climat. Je me suis soigneusement informé des résultats obtenus jusqu'ici dans
des établissements fondés sous les auspices du gouvernement, et j'ai vu travailler ceux où les opérations de
la fabrication se poursuivaient activement lorsque j'é-
tais à Pondichéry.

Bourbon, où la manipulation des cannes est entièrement perfectionnée depuis quelques années, a servi
de modèle aux sucreries de Pondichéry, et c'était le
meilleur à suivre pour la fabrication. Mais le climat et
le sol de Bourbon diffèrent totalement de ceux du sud
de l'Inde, et je doute fort que les procédés de culture
qui réussissent si bien dans cette île, conviennent à ce
pays. Il est à craindre qu'ils n'épuisent en peu de temps
un sol peu fertile. Toutefois, monsieur le gouverneur,
quoique j'aie eu occasion de voir et d'étudier en des
contrées diverses cette importante industrie, j'attendrai,
pour vous proposer avec confiance des modifications
aux procédés pratiqués à Pondichéry, que j'aie vu dans

l'Inde même, dans des circonstances analogues de sol et de climat, les succès d'établissements du même genre. L'activité anglaise, dans le champ immense où elle peut ici s'exercer, en élève de nombreux. Je vais, dans mon voyage au travers de cet empire, en rencontrer un grand nombre, je les visiterai ; renseignements, dessins quand il le faudra, je vous enverrai tout ce qui pourra vous rendre utile l'expérience de nos industrieux voisins.

L'occasion que j'ai eue de suivre, pendant deux années de voyages entrepris jadis dans l'intérêt spécial des mêmes études qui m'occupent en ce pays, les travaux de la culture du mûrier et de l'éducation des vers à soie dans les contrées où elles sont le plus perfectionnées, le midi de la France et le Piémont, m'ont donné sur cet art délicat des notions que je crois malheureusement assez rares parmi les personnes dont la louable activité s'essaye à naturaliser, sous les auspices du gouvernement, cette industrie à Pondichéry. L'administration est doublement intéressée à leurs succès puisqu'elle a eu la générosité de les aider pécuniairement. Sans doute qu'en les encourageant aussi efficacement, elle s'est réservé le droit de les conseiller et de les éclairer. Une telle assistance serait superflue en Europe, où la diffusion des connaissances utiles rend chaque intérêt privé son meilleur guide ; mais, dans les colonies que vous administrez, où l'industrie n'a pu se mettre en marche qu'avec l'aide du gouvernement, elle peut être utilement guidée par lui. Je vous offre, monsieur le gouverneur, le tribut des connaissances que je suis à même d'acquérir sur cet objet. Je comparerai les meilleurs procédés européens à ceux que je vais voir sans cesse pratiquer dans diverses parties de l'Inde anglaise. Or, la production de la soie est une source importante de richesses, et je m'estimerai heureux d'associer dans un but d'utilité publique les recherches aux études qui sont le premier de mes devoirs et pour lesquelles elles me donnent tant de facilité.

Je connais quelles modiques ressources restent à l'administration de Pondichéry, après ses récentes libéralités; je sais combien peu riche est la colonie elle-même : ne craignez donc pas, monsieur le gouverneur, que, séduit par des succès obtenus chez nos opulents voisins sur une échelle colossale, mais à des conditions premières impossibles à remplir dans nos modestes établissements, je ne vous envoie que des projets stériles et inexécutables. Mon but est d'être utile et je vois, du moins, très-clairement les moyens de l'être.

Il vous appartient, monsieur le gouverneur, de juger si je saurai les utiliser. L'inappréciable avantage que j'ai eu de venir d'Europe en Asie par le vaisseau qui vous portait et de pouvoir me faire connaître de vous pendant une longue traversée, me donne lieu d'espérer que vous ne dédaignerez pas ma coopération aux travaux qui se poursuivent dans la colonie que vous gouvernez.

Mais les recherches où je m'engagerai pour elle, les

envois que je serai dans le cas de vous faire, nécessi-
teront de ma part des dépenses. Vous n'ignorez pas
combien les déplacements sont chers en ce pays, et je
ne puis ni ne dois rien distraire des fonds qui sont
actuellement à ma disposition. J'ai donc l'honneur de
vous proposer de me faire jouir des avantages accordés
jadis à feu M. Lechenault de Latour, au même titre
pour lequel je sollicite cette faveur.

J'ai l'honneur d'être, etc.

XLIX

AU MÊME.

Tittaghur, près de Calcutta, 23 octobre 1829.

Cher monsieur,

Voici de quoi me maudire. J'ai dû faire quatre
mortelles pages, longues comme des lieues de pays,
pour arriver au denoûment que je ne savais absolument comment faire venir, et qui, je le crains, n'est
pas amené suivant les règles de l'art. L'idée de Lechenault m'est venue. Je me suis rappelé qu'il avait, pendant son séjour à Pondichéry, un traitement avantageux du ministère de la marine, ou de la colonie. De
qui des deux exactement, je l'ignore. Veuillez le
demander dans vos bureaux, et, si vous croyez qu'il y
ait possibilité de me faire passer par cette porte-là,
poussez-m'y. Sinon, stipulez vous-même en ma faveur

les conditions auxquelles vous regardez mes services comme désirables. Si, par exemple, des frais de déplacement étaient accordés au directeur de votre Jardin du Roi lorsqu'il résidait à Pondichéry, et si, à raison de son éloignement actuel, aucuns fonds de ce genre ne lui sont alloués (ce que j'ignore), ne pourriez-vous pas proposer de les reverser sur moi? Je me confie en aveugle en votre amitié. Mais, de grâce, pardonnez-moi la multiplicité des *je* et des *moi* auxquels j'ai été sans cesse ramené dans un récit dont je suis le héros. Puis-je espérer de vous quelques lignes avant d'entrer dans les jungles?

Adieu, cher monsieur, recevez de nouveau l'expression bien sincère de mon respect et de mon attachement.

L

AU MÊME.

Calcutta, 17 novembre 1829.

Cher monsieur,

Des catalogues que j'ai reçus par vos soins, il y a quatre jours, il appert que le Jardin du Roi à Pondichéry possède cent quarante-neuf espèces de plantes du Bengale et qu'il lui manque soixante-quatre espèces de cette contrée. Ce qui, si je sais faire l'addition, indique péremptoirement que la flore du Bengale est réduite à deux cent treize espèces de plantes; estima-

tion trop faible d'environ cinq à six mille, seulement.
Jamais jardinier, ni jardinier-botaniste, ni botaniste
pur, n'a conclu aussi *huîtriquement* que le signataire
du mémoire en partie double que vous m'avez envoyé.
Ajoutez — pour comble d'*huîtrisme* — que, parmi
les soixante-quatre plantes du Bengale qui vous manquent, il y en a des environs de Paris, de Mada-
gascar, de la Chine et du Canada!

C'est donc à l'aveugle que je vais choisir au jardin
de la Compagnie ce que je vous enverrai, et vous êtes
conséquemment exposé à de doubles emplois.

Quant aux frais, M. Bonaffé, un négociant français,
l'unique respectable Français de ce lieu, m'assure qu'il
y a des capitaines si dévoués au service de la monarchie
légitime et constitutionnelle, qu'ils se feront un plaisir
de vous les épargner.

Je ne pourrai assister à l'embarquement, attendu que
je serai à une centaine de lieues déjà, lorsque les vaisseaux français partiront, vers la mi-décembre.

Quelques jours après.

J'ai fait de vos plantes. Vous en recevrez six caisses
de vivantes et une de graines. Les premières, pour la
cuisine et l'office des Pondichériens; les secondes, pour
la science. Quelques-unes de ces dernières, si vous ne
les avez déjà, pourront être utiles aussi. J'ai été hier
dire adieu au jardin botanique et régler cette petite
affaire.

Je pars demain pour Bénarès, par terre et *by marches*,

comme disent les Anglais. Il me faudra trente-six jours
pour y arriver. La route que je suivrai habituellement
est la seule de l'Inde où l'on trouve quelque chose qui
ressemble à des auberges ; de quinze milles en quinze
milles, il y a un *bungalow*, jolie maison confortable
avec l'apparence d'une chaumière, hangars près de là
pour les bêtes et les gens, et vous trouvez trois ou
quatre serviteurs payés par le gouvernement pour
prendre soin de cet utile asile. Ainsi gouverné, il est
propre et décent ; deux familles peuvent s'y loger, et,
quand trois s'y rencontrent, les *ladies* passent dans
l'une des suites d'appartements, et tous les *gentlemen* occupent l'autre en commun. Cependant, comme
j'ai des mines de charbon de terre à visiter à quelque distance de la route, je coucherais forcément
sur la terre et sous la voûte azurée, etc., etc., etc., du
ciel, si je n'avais une tente et un lit. Je pars donc avec
tout cet attirail traîné sur un char, ou porté sur des
bœufs. A Bénarès, je trouverai des chameaux qui sont
une admirable *convoyance* ; je persisterai probablement
dans ma petite tente de montagne, que je trouve très-
passablement confortable, et je m'épargnerai la dépense et les embarras d'une tente en règle. Nul n'aura
voyagé avec aussi peu d'appareil ; mais vous êtes Français, et c'est assez pour que vous en deviniez la raison.

Cependant, ma misérable caravane ferait, sur le papier, assez bonne figure, car j'ai deux cuisiniers, deux
valets de chambre, etc., etc. ; et notez que j'ai trois
assiettes, mais il faut un homme pour les laver. C'est

ainsi que s'enfle ma suite. La division du travail est
ici merveilleusement combinée contre le travail. Il
faut se soumettre à ces coutumes et faire le grand
seigneur malgré soi.

Milord William Bentinck m'a fait un joli présent en
me disant adieu. Il m'a donné onze lettres d'introduction pour les résidents et autres gens considérables de
son gouvernement, échelonnés sur la ligne que je
dois suivre d'ici à Bombay. Ce sont des billets à vue
sur la plus magnifique hospitalité, si je la désire. J'en
ai bien d'autres de mains les plus puissantes après lui ;
et, outre cette masse inusitée, et je crois *unprecedented*,
d'honorables et amicales recommandations, un passe-
port d'une forme pareillement inusitée, accordé par le
gouverneur général en conseil, où il ordonne d'abord
à tous de me laisser passer et circuler librement, et
ajoute que son désir est que je sois protégé, assisté de
tous les moyens qui seront propres à faciliter mes recherches, et que je reçoive de tous les officiers anglais,
civils et militaires, toutes les attentions qu'il sera en
leur pouvoir de me marquer. Peut-on être plus aimable ?

C'est un miracle vraiment que j'aie pu me mettre à
flot sur des eaux si basses que celles de mon fleuve
Pactole ; mais je ne m'y suis pas épargné, j'ai rusé,
j'ai fait le mort quelquefois, pour ne pas bouger lorsque la locomotion eût pu faire envoler par bandes mes
roupies ; et j'ai si bien gouverné ma barque, que je
sors sans encombre des écueils financiers de ce pays

terrible, où des polissons qui sortent à dix-sept ans du
collége, avant d'avoir fini leur éducation européenne
et avant de savoir plus d'indoustani que moi, gagnent
vingt-quatre mille francs par an. Demain, je défilerai fièrement la parade à la tête de mes huit hommes pour
m'en aller aux frontières du Thibet, amplement récom-
pensé des sages privations que je me suis rigoureusement imposées ici par la perspective de sécurité que
j'aurai devant moi dans ce long voyage.

Au lieu d'aller de Bénarès à Delhi par la route
accoutumée, celle qui passe à Lucknow, et, de là,
entre le Gange et la Jumna, dans le monotone Doâb
(دوآب do-ab, duo-aqua), le pays d'entre les deux
rivières, je suivrai le chemin un peu plus long, mais
bien plus intéressant à tous égards, de la rive droite
de la Jumna, au travers des collines de Bundelkund;
de là, à Agra, puis à Delhi, droit au nord. De Delhi au
pied des montagnes, il n'y a que quinze jours de
marche. J'irai par Meerut au nord-ouest. Si je dois
en redescendre à l'automne par Karnaul, au nord-
nord-ouest de Delhi, je monterai en tout cas droit à
Simlah, où le gouverneur général doit passer l'été; puis,
de Simlah, je grimperai quatre ou cinq mille pieds plus
haut, jusqu'à la hauteur du mont Blanc à peu près, où
je trouverai des villages dans des vallées. Là, dans un
lieu convenable, je piquerai ma petite tente, si je ne
trouve une maison de montagnard à louer, et je vivrai
at home, chez moi, faisant le plus sévère examen des
lieux étranges où je me trouverai. Beaucoup d'officiers

anglais les ont parcourus, mais personne n'y a *vécu*.
Je crois que l'intérêt qu'ils peuvent offrir à un *voyageur*
dominé par la pensée de gagner son gîte nouveau
avant la nuit, regardant à la hâte et n'emportant rien
de ce qu'il aperçoit, est à peu près épuisé, mais qu'ils
en offrent encore un tout à fait nouveau et entier à un
nomme qui y résiderait comme je le ferai. Voilà, cher
monsieur de Meslay, comme j'aurai sué pendant quinze
mois, dont plus de dix passés sous les tropiques,
pour aller m'enterrer dans les neiges éternelles de
l Himalaya.

Combien y serai-je seul! car, de tout l'été, je n'ai pas
la chance de voir un Européen. Mais cet isolement
des hommes, qui me rapprochera des choses exclusivement, me sourit. Je vais dans ce long pèlerinage
m'imbiber d'Asie. J'ai rompu déjà avec l'Europe, et,
depuis huit jours que je me prépare, moi, mes gens
et mes bêtes, au nouveau genre de vie dont nous joue-
rons demain la première représentation, j'ai cessé de
regarder les journaux, j'ai resserré mes affections dans
le cercle étroit de mes amis; je ne regarde plus en
arrière, je me fais une idée fixe.

En supposant que l'amitié pondichérienne, à défaut
de sa gratitude à laquelle je n'ai pas de droits, pût
faire monter une petite marée d'équinoxe dans ma
bourse de voyageur jusque sur les montagnes du Thibet, voici le canal par où les eaux sacrées pourraient
s'élever jusqu'à un tel niveau :

Mon *agent* ici, suivant l'expression anglaise, c'est-à-dire mon banquier, est MM. Cruttenden et compagnie. Leurs correspondants à Madras sont MM. Binny et compagnie. C'est à cette maison de Madras que le banquier de Pondichéry, l'unique M. Parisot, je crois, auquel préalablement, si le cas y échoit, vous remettriez les fonds, devrait les faire passer, avec prière d'augmenter de tant mes crédits, chez MM. Cruttenden et compagnie, de Calcutta. J'espère, cher monsieur de Meslay, que vous aurez ajouté à mon factum officiel une telle apostille, qu'elle aura touché l'âme du Neptune régnant, et que ledit Neptune, quel qu'il soit, vous donnera licence de m'envoyer là-haut des étrennes. Quoi qu'il puisse m'arriver en ce genre, je n'en dînerai pas mieux, quand je dînerai chez moi, résolu que je suis à ne pas me départir du pilau indéfiniment; c'est en bagage savant que je convertirai vos roupies.

Adieu, cher monsieur de Meslay; adieu pour la dernière fois avant que d'entrer dans le désert! Le désert! c'est un des districts les plus peuplés de l'Inde que je vais d'abord traverser; mais qu'importent les hommes quand ils sont tellement différents de nous? Je vous écrirai en route, datant fastueusement de *mon camp*, suivant l'usage anglais. Faites-moi la grâce de m'écrire au moins à Delhi, poste restante, que j'aie un dernier adieu de vous avant que de m'enfoncer dans les montagnes et les solitudes absolues de l'Himalaya! Je pars plein de confiance et d'une santé déjà éprouvée par des essais que l'on dit funestes à un grand nombre d'Européens. Je n'emporte qu'un petit mal local — ne riez pas — qui va se dissipant; ce sont les restes d'une chute de cheval bien lourde, et je n'y penserai plus.

Si vous écrivez à celui que mes amis appellent Clusius Pictor, veuillez lui dire un mot de moi, afin qu'il le répète aux autres. Je mets sous votre couvert confidentiel un mot pour votre secrétaire du conseil. Tout le mérite de ce billet est dans la suscription. Adieu, enfin; recevez mes vœux et l'expression non banale de la haute considération que, dès les premiers jours de notre connaissance, déjà se faisant vieille, j'ai conçue pour vous, et de mon bien sincère attachement.

LI

A M. JOSEPH HEZETA, A CALCUTTA.

Tittaghur, novembre 1829.

Grand Dieu, mon bon ami, quel horrible patois que l'indoustani que j'apprends depuis un mois! Depuis ce temps-là, je n'ai pas entendu parler de vous. J'ai été à Barrackpoor plusieurs fois; mais je n'y ai trouvé que des bêtes, excepté depuis huit jours que le chevalier Grey y habite avec son esprit subtil, et sa femme avec ses belles mains et cet air gracieux de nonchalance répandu sur toute sa personne. Que devenez-vous? Irez-vous faire de l'indigo, ou bien entreprendrez-vous le voyage des montagnes? Vous retrouverai-je à la ville, etc., etc., etc.?

Pour prononcer le ع des Arabes, sir William Jones recommande, d'après Meninsky, d'imiter le cri du veau qui appelle la mère. Le maître de philosophie du *Bourgeois gentilhomme* est plus clair, ma foi! dans les explications qu'il donne à M. Jourdain. Or, j'ai découvert un procédé infaillible — digne de ce philosophe — pour prononcer ع, غ et ق.

Prenez votre élève à la gorge, étranglez-le à demi, et, lorsqu'il est prêt à suffoquer, commandez-lui de crier *a*; le pauvre diable fera de l'arabe sans le savoir : il dira, malgré lui, ع; menacez-le de le tuer s'il ne crie *ra*, et il criera غ; — *ka*, et il prononcera ق.

J'ai été dernièrement déjeuner chez un jeune officier d'infanterie qui vient souvent chez M. Pearson. C'est un grand et beau jeune homme, fort bien acclimaté depuis quatre ans. Je le joignis au *Target ground*, où la compagnie s'exerçait au tir; c'est à quatre cents pas de son bungalow. — Son cheval néanmoins était là. — Moi qui, sans y penser, le fusil sur l'épaule, étais venu depuis Tittaghur en me promenant, je ne concevais pas trop l'utilité du cheval pour un voyage de quatre cents pas, à six heures et demie du matin. En tout cas, la précaution fut nulle ce jour-là, mon amphitryon m'accompagnant chez lui, à pied comme de raison, puisque j'étais à pied. — A peine étions-nous dans son bungalow, que trois ou quatre *behras* prirent possession de la casquette, des bottes, du sabre, etc., etc., de M. F... — Le camarade avec lequel il vit, rentra en même temps, et fut désarmé, débotté, déshabillé pareillement. Nous nous étendîmes tous trois sur des canapés sous une varangue, et le café arriva, puis les journaux, puis les chiens favoris pour recevoir un morceau de pain; puis le *sodawater*, puis l'*abdar*[1], à l'effet d'être grondé, parce que le sodawater n'était pas très-frais. On causa half-batta, et l'on gémit sur cet âge de fer où nous vivons. — Après quoi, l'heure du déjeuner approchant, on alla se baigner et s'habiller. J'insistai pour qu'on ne fît pas de cérémonie en ma faveur, jurant que des convives en robe de chambre ne m'ôteraient pas l'appétit. Mais on me répondit qu'il fallait être baigné, repeigné et rhabillé pour déjeuner confortablement, et j'eus toutes les peines du monde à n'être pas moi-même déshabillé, baigné, frotté et rhabillé de neuf par les domestiques de mon amphitryon.

Pendant la toilette des jeunes gens, je lus un excellent article dans la *Revue d'Édimbourg*.

Le couvert était aussi propre et presque aussi élégant que celui de Pearson. Nous déjeunâmes avec toutes les recherches minutieuses du luxe anglais. Puis les houkas entrèrent, furent installés sur leurs tapis, et la fumade commença (ici, nouveaux gémissements sur la half-batta). A onze heures, un des jeunes gens proposa de me reconduire chez M. Pearson dans son cabriolet, et je revins ainsi par terre, au lieu d'opérer mon retour par eau comme je pensais le faire, ayant en-

[1] Le porteur d'eau.

voyé à cet effet le bateau de la maison à Barrackpoor.

Je voudrais voir ces jeunes gens sur la route de Moscou à Vilna au mois de décembre; j'ai un frère dans l'armée, qui a fait cette promenade jadis, et quelques autres en Allemagne, tantôt battant, tantôt battu, mais toujours couchant par terre, l'hiver comme l'été, buvant de l'eau le plus souvent, et n'ayant qu'une chemise sale sur le dos, lorsqu'il avait une chemise!... Nos maréchaux seuls avaient une tente à la guerre, et des généraux de division, qui commandaient vingt mille hommes, couchaient par terre. — Ce que je vois ici de la vie militaire confond toutes mes idées sur votre ancien état.

Je parais à ces jeunes gens-ci dépourvu de *manliness*, parce que je préfère un poney à un arabe, et trouve bête de se faire casser le cou par un animal contre lequel on dispute. — S'ils savaient que je prends un lavement souvent le matin, ils me mépriseraient décidément; mais je me trouve beaucoup plus *manly* qu'eux, car je dîne gaiement avec un morceau de pain et de fromage et un verre de vin, sans nappe, sans couteau, etc., etc., sur le coin de ma table à écrire, et j'ai, plus d'une fois, sans y penser même, couché sur ma table avec un livre sous ma tête en guise d'oreiller : je n'étais pas confortablement dans cette position, mais je ne souffrais pas dans mon être physique, et, sur ce mauvais lit, dormant d'un sommeil léger, interrompu souvent par les moustiques, je me charmais moi-même au moyen des visions de mon être moral. C'est par là que l'homme doit jouir, c'est par cet ordre de jouissances seulement, plus répandu parmi les hommes, que l'égalité peut exister sur la terre; c'est à étendre le goût de ces jouissances qu'un philanthrope doit s'appliquer. — Malgré le commencement de corruption auquel vous n'avez pu échapper en Angleterre, j'espère, mon cher ami, que votre nature méridionale vous fera entrer dans mes sentiments.

Ici, il m'est indifférent de changer à chaque moment de verre et de couteau; mais, chez mon père, il y a un couteau qui, depuis dix ans, est le mien, il y a un verre aussi qui est le mien, et une tasse de porcelaine de Sèvres devenue mienne également par l'usage; j'aime ce couteau, ce verre, cette tasse; j'ai beaucoup plus de plaisir à boire dans ce verre que dans tout autre, et je prétends qu'il y a de la poésie et du sentiment dans cette préférence.

N'avez-vous pas quelque vieux manteau avec lequel vous aurez fait quelques centaines de lieues à cheval à la guerre, dans lequel vous aurez dormi cent fois sur la terre, ou sur le pont du vaisseau à la mer, et que vous conservez religieusement? Tout *cant* de philosophie à part, je déclare que je préfère n'être pas riche. Je crois que j'en ai plus de sympathie pour les hommes et pour les choses. Dans notre vie *unfurnished*[1], diraient les Anglais, il y a plus de simplicité, de candeur de

---

[1] Sans mobilier.

vérité, et, par cette raison, plus de poésie. — L'homme qui est le maître de cent femmes, n'en aime aucune : elles ne sont pour lui que des *choses*, et, nous, nous savons faire presque des êtres avec des choses.

Je trouve beaucoup plus pittoresque de parcourir à cheval les majestueuses solitudes de Saint-Domingue, et de dormir dans un hamac de pître, suspendu à deux arbres, que de *marcher* au travers de l'Inde en regardant, devant soi, dans le temps et l'espace. Un Anglais se voit vivre à l'avance. Une certaine dose d'éventualité est, à mon sens, préférable à cette règle uniforme. Nos jours se ressemblent moins que ceux des Anglais; notre existence tout entière est moins automatique.

Bonjour, mon ami. Considérez, je vous prie, que, si je me fusse ennuyé à vous écrire avec une bonne plume sur du beau papier, ce bavardage ne paraîtrait que d'une longueur légitime. Mais mon canif ne coupe pas, et je trouve plus commode de me servir d'une mauvaise plume que de me donner de la peine pour en avoir une bonne. — Quelle admirable recette de bonheur — savoir se passer !

De grâce, quelques mots ! M. Pearson ne reviendra que vendredi soir; envoyez, chez lui la veille, votre charité, il me la rapportera vendredi. — Je me porte parfaitement bien et vais au soleil.

A vous de cœur.

P.-S. — Je suis si révolté de l'ignorance et du défaut absolu d'intelligence de mon *moonshee*[1], que, si vous pouvez m'aider à en trouver un autre, je crois ne pouvoir que gagner au change. — Je donne quarante roupies par mois.

LII

A M. DE MESLAY, A PONDICHÉRY.

> Camp de Keendha, jeudi soir, 3 décembre 1829,
> à 140 milles au N.-N.-O. de Calcutta, sur la rive
> droite de la Dammoodah.

Cher monsieur de Meslay, recevez ma première petite carte de visite du désert. Il y a quatorze jours que j'ai cessé de coucher sur un matelas, dans des maisons, de manger du pain, de boire du vin, de voir des hommes blancs, de parler anglais ou français... Quel changement! Je me réveille avant le jour sous une tente, le froid, malgré deux ou trois couvertures, me venant tirer par les pieds sur ma couche de rotin, avant mon *sirdar-behrah*. Je l'appelle aussitôt. Il éveille les autres domestiques dont je fais, toujours sous les couvertures, l'appel nominal, besogne lestement expédiée, car je n'ai que neuf hommes à appeler. Là-dessus, mon valétissime de chambre, le susdit sirdar-behrah, entre avec une lanterne et un pot d'eau. En deux minutes, je suis *paré* (style de *la Zélée*, voire

---

[1] Maître de langue.

même de *la Médée*[1]); entrent alors processionnelle-
ment le cuisinier avec un tumulus de riz sous lequel
gisent les membres d'un poulet; le saïsse ou palfrenier,
qui vient prendre la selle et la bride du cheval; le
sous-valet de chambre, qui roule les couvertures, plie
le lit, ferme l'appareil barbificateur, et un autre serviteur dans la hiérarchie de la domesticité indienne,
oléagineux dans ses fonctions, et chargé, entre autres
choses, de tenir fusils et pistolets en bon ordre. Pendant
que tout ceci se passe au dedans, mon grand maréchal
des logis, l'homme qui préside à la tente, travaille au
dehors à la démolir; si bien que, lorsque toutes choses
en sont tirées et toutes gens sorties, elle tombe comme
par enchantement, est roulée, empaquetée aussitôt,
chargée sur un char, et moi, nivelant mon tumulus de
pilau avec l'assiette, je préside à la haute direction de
l'ensemble. Au crépuscule, ma caravane se met en
marche, les pauvres diables qui ont couché à la belle
étoile toussant à qui mieux mieux, le verbe bas et la
queue dans les jambes. Ma petite garde, qui ne fait pas
exception à la règle du rhume, complète la ressemblance avec un enterrement. Ne voyez-vous pas, de Pondichéry, la figure à porter le diable en terre des con-
scrits ou des vétérans qui vous accompagneront un jour
ou l'autre au Père-la-Chaise? Un fusil sous le bras, ou
un marteau, suivant l'occurrence, je marche pendant
une heure avec le gros de mon armée, et, lorsque je

[1] Frégate qu'avait commandée M. de Meslay avant d'aller dans l'Inde.

suis bien convaincu de l'excellence de l'arrimage, et
que j'entends les esprits animaux de mes gens, dégelés
par le soleil, se manifester par le babil accoutumé, je
monte à cheval, suivi de trois de mes serviteurs qui
n'ont point d'objections à courir derrière moi, et je fais
dans la campagne mon métier de naturaliste.

Suivant la moralité de la fable du lièvre et de la
tortue, mes bœufs, qui sont de véritables tortues, me
rejoignent souvent avant le rendez-vous. Quand j'y
arrive avant eux, je trouve néanmoins toujours deux
de mes sipahis qui m'ont prévenu et m'ont fait, assez
peu constitutionnellement, je le crains fort, préparer
un emménagement temporaire jusqu'à l'arrivée de mon
monde. Je trouve sous un grand arbre, à l'ombre, une
place nettoyée avec une natte pour m'asseoir et toutes
les vaches de la contrée requises pour me procurer une
tasse de lait. Mon palefrenier me donne alors un gi-
gantesque portefeuille, dont il a la garde, où je trouve
de quoi écrire, dessiner, etc. — J'examine, au grand
détriment de mes yeux que la loupe fatigue beaucoup,
les herbes ramassées sur la route, bâcle, séance tenante,
trois ou quatre pages de latin de cuisine à leur occasion, causant par intervalles avec quelques pauvres
villageois de haute caste qui m'adorent comme Brahma;
et, quand le gros bagage est venu, et la tente piquée,
et le lit tendu dessous, je m'y retire et travaille tranquille jusqu'aux approches du soir, si rien dans les
environs ne me sollicite à les fouiller pied à pied. Au
coucher du soleil, je fais ma reconnaissance en prince

ami des peuples, sans autre garde que mon harkarah ou guide, héraut, messager, pauvre diable à six roupies par mois, habillé comme un doge de Venise, figure impayable pour le mélodrame, et dont il renforce l'expression avec un sabre d'une longueur prodigieuse. Je trouve, en rentrant chez moi, le dîner servi à la lumière. La lumière, c'est une bougie dans une lanterne suspendue, à la place d'un baromètre. Le dîner, un autre tumulus de poulets sous du riz. Je bois du lait en mangeant et lis de l'indoustani, afin de ne pas manger trop vite et pour ne pas étouffer. On installe près de moi un énorme verre d'eau sucrée, avec un peu d'eau-de-vie pour en corriger la mauvaise qualité, et l'on abaisse la porte de ma tente. Je me trouve fermé, *snug*, comme disent les Anglais, avec deux, trois et quatre heures de recueillement pour le travail.

C'est, en général, lorsque je vais m'y mettre, que mon généralissime arrive à la tête de deux hommes, auxquels il dit dans un anglais fort extraordinaire : « Portez arme, présentez, etc., » la ritournelle obligée avant de poser une sentinelle, et il donne gravement à l'un d'eux la consigne pour la nuit. Elle est de se promener autour de ma tente et de mes chars, veillant aux voleurs, tigres, ours, etc., etc. Ils sont quatre qui se relèvent de deux heures en deux heures. Ses dispositions prises, le sergent me crie au travers de la toile «Excellence (خُوَدَاوَنْد en indoustani), vous pouvez dormir tranquille. » A quoi je réponds : بَهِی جِی (très-bien) Et ainsi fais-je. Je m'attendais à mille vexations qui ne

s'offrent point : à être planté là sur la route par des
domestiques payés d'avance, à des essieux rompus ou
des gens malades, etc., etc. Mes domestiques, tous
engagés trois ou quatre jours avant mon départ, quelques-uns le jour même, un d'eux sur la route même,
dans les rues de Calcutta, pris de toutes mains, mar-
chent le plus droit du monde. Habitués à servir des
officiers, leur condition est beaucoup plus douce. Relativement, elle est heureuse. Puis, en même temps
qu'ils n'ont aucune raison de me vouloir du mal, je
suis pour eux, avec mes grandes jambes, celles fort
vites de mon petit cheval de Perse, et mon attirail de
fusils et de pistolets, de baromètres, etc., un personnage tant soit peu mystérieux et très-redoutable. Une
petite garde de sipahis est aussi fort utile pour les
tenir en bon ordre; et, puisque milord William Bentinck m'a autorisé à en demander partout où cela me
conviendrait, je me donnerai cette sécurité pendant
tout mon voyage.

Mes gens actuels, que j'ai pris à Burdwan, me mène-
ront jusqu'à quatre-vingts lieues de chez eux. Là, mais
là seulement, passant dans un autre établissement
anglais, je les renverrai chez eux et en prendrai d'autres pour m'escorter jusqu'à Bénarès, et ainsi de suite.
Dans le Bundelkund, province moins pacifique que
celle-ci, j'en augmenterai le nombre jusqu'à une vingtaine, de façon à être partout, non sur une respectable
défensive, mais de fait le maître absolu. Cette conduite
ne me coûte qu'un certificat de satisfaction en congé-

diant mon escorte. Ce sera du luxe de politesse si
j'ajoute mes compliments à leur colonel. Sans le détour
considérable que je fais maintenant, hors de toutes
routes décentes, pour l'amour d'une mine de houille,
la seule que j'aurai occasion de voir dans l'Inde, où il y
en a excessivement peu, j'aurais fait quatre-vingts lieues
dans le Bengale sans voir un officier du gouvernement
anglais, ni un Européen. Mais, demain, aux mines de
Rannigung, je trouverai une espèce de conducteur de
travaux de ma couleur.

Burdwan, grande villasse native où demeure un radjah, le plus riche particulier de l'Inde (douze laks par
an au moins), capitale jadis d'une principauté vaste et
populeuse, — quatorze cent mille habitants, — est actuellement ce que les Anglais appellent *a civil station*.
Ces quatorze cent mille habitants sont administrés,
jugés, taxés par un *commissioner*, un *judge*, un *ma-
gistrate*, un *collector*, deux officiers invalides qui commandent un régiment provincial, fort de huit cent
quatre-vingt-deux hommes, et j'ai tout dit en ajoutant
un médecin entretenu aux frais de la Compagnie pour
le service de ces messieurs, et, aujourd'hui, mais temporairement, un officier du génie chargé d'établir des
routes. Cela fait huit Européens, ou un Européen pour
deux cent mille Indiens, à peu près. Il va sans dire que
les moins payés de ces employés (les militaires, le capitaine du génie, par exemple, dont j'ai été l'hôte
trente-six heures) ont tous deux chevaux au moins et
un bon cabriolet, demeurent dans une jolie maison

avec des jardins bien entretenus tout autour. Aucun n'est subalterne. Je suis très-persuadé que, si les appointements de ces huit employés étaient partagés entre cinquante ou cent, comme ce serait le cas dans des possessions françaises, la Compagnie n'y gagnerait rien en pouvoir ni en considération. — Bonsoir.

Fermé à Hazarubang, à deux cent vingt-huit milles à l'ouest-nord-ouest de Calcutta, le 16 décembre; tout étant au mieux dans le meilleur des mondes possible; en très-grande hâte.

LIII

A M. JOSEPH HEZETA, A CALCUTTA.

Jeudi, 14 janvier 1830, sous un arbre, dans un site charmant, en Bundelkund.

J'ai peur, mon cher Hezeta, de n'être pas modeste, mais force m'est d'avouer que je suis certainement le plus pittoresque des voyageurs indiens, et que, pour un homme comme vous, je ne serais pas, parmi les monts et les vaux de ce pays, le moins agréable compagnon. J'ai souvent pensé à vous, mon ami, depuis le jour où je vous dis adieu en passant sous vos fenêtres. Maintenant, je vous sais je ne sais où, j'ai oublié le lieu, près de Dacca, faisant du bleu. Mademoiselle Pearson, dont j'ai reçu à Bénarès une longue lettre bien triste m'annonçant son départ pour l'Europe, m'a dit que, peu de

jours après le mien, vous aviez fait à la famille une
visite d'adieu. J'admire votre courage, mon cher ami.
Vous faites un métier bien peu fait pour vous. Je voudrais voir le sieur Ferdinand de Bourbon, vulgairement
appelé Sa Majesté Ferdinand VII, le sieur de Cor-
dova et consorts à votre place, et vous et vos amis à la
leur, elle serait mieux remplie. Hélas! vous l'avez pu.
Quand l'occasion renaîtra-t-elle pour l'Espagne?...

Vous avez été riche, vous voulez le redevenir; à quoi
bon, si vous n'avez pas d'enfants? Quand vous aurez
un lak, prenez passage sur un vaisseau de Bordeaux.
En quarante-huit heures, vous serez de Bordeaux à
Paris, et vous découvrirez que, dans ce spirituel pays,
la fortune n'est pas nécessaire à la considération.

Vous avez vu en Angleterre le tunnel, Portsmouth,
des chevaux extrêmement laids et vifs, des femmes
vertueuses, des hommes dignes d'être aimés, les *coun-
try-seats* de quelque *nobleman*; mais vous ignorez ce
que c'est que la société de Paris pour les *happy-few*.
J'ai vu en Amérique un pauvre ami qui a connu ce bien
suprême, et qui, retenu désormais dans son libre et
ennuyeux pays par le manque de fortune, enrage, en
devient fou, et se sauvera prochainement chez les sauvages.

Pour moi, mon ami, malgré la disposition naturelle
de mon esprit et mon peu de goût pour ce qu'on appelle les plaisirs du monde, je ne trouve d'intérêt dans
la société anglaise qu'en la considérant comme un lien
et un objet d'étude.

Sans transition,—j'ai été un peu mouillé sur la route de Calcutta à Burdwan; je me suis séché là vingt-quatre heures et me suis jeté à corps perdu dans les jungles, sur la rive gauche de la Dammoodah, pour aller aux mines de houille de Rannigung, autres jungles sans routes; de là, à Rogonautpoor, où j'ai rejoint le *new military road*, sur lequel j'ai défilé une vingtaine de jours, jusqu'à Bénarès, sans avoir vu l'ombre de la queue d'un tigre vivant, sans qu'un seul de mes domestiques payés d'avance m'ait volé, enfin sans le moindre accident ou événement. A Burdwan, on me conseilla de demander une escorte. Un mot de politesse au magistrat fit l'affaire. Je l'ai renouvelée partout, depuis; dans les stations militaires où j'ai passé, et c'est à la vertu de cinq habits rouges qui veillent autour de moi, et de mon bagage surtout, que j'attribue la susdite absence totale d'événements; car les voleurs ne manquent pas de fleurir sous la ridiculement insuffisante justice et police du gouvernement anglais. Pour extirper les habitudes de brigandage invétérées dans quelques castes, il faudrait des tribunaux militaires français.—Je me suis rasé, en général, tous les deux cents milles, et ne me suis jamais déshabillé que pour changer de linge. Ma petite tente est la plus commode et la plus suffisante du monde. — J'y *feel home*[1], le soir, occupé à lire ou à écrire. J'y dors admirablement, roulé dans mes couvertures, sur le lit

---

[1] Je m'y sens chez moi.

que vous avez vu, sans matelas ; je dîne invariablement
avec un poulet cuit dans une livre de riz, et bois de
l'eau, pure quand elle est bonne, mêlée d'eau-de-vie
et de sucre, quand elle est mauvaise. Jamais de lé-
gumes, ni de fruits, ni de pain. Je déjeune à quatre
heures du matin, avec quelque peu de riz au lait su-
cré, fait la veille exprès, et je marche ou chevauche
tout le jour, sans boire ni manger jusqu'au soir, heure
du dîner. Je vais, depuis le jour où j'ai quitté Calcutta,
je vais au soleil exactement comme en France, et ne me
suis de la vie mieux porté. Aujourd'hui, j'ai fait treize
milles, d'une traite, à pied, et dix à cheval ; levé à trois
heures et demie, je me coucherai à dix heures seulement. Un peu plus, un peu moins, c'est tous les jours la
même chose : jamais un sentiment de lassitude. Quatre
ou cinq de mes huit domestiques — car je n'en ai
pas davantage — sont habituellement près de moi,
l'un portant mon fusil, l'autre mon rifle, un troisième
des marteaux et l'appareil géologique, plus un carton pour serrer les plantes que je vais ramassant par
la route, etc., etc.

Mes haltes sont studieuses : à cheval même, je lis
constamment quand je trouve plus d'intérêt dans un
livre que dans la campagne. Mon petit cheval, soi-
disant *half-persian* (de deux cent cinquante roupies
avec une excellente selle, deux brides et tout l'appareil de la cuisine), est excellent. Son pas est extraordinairement vite et doux. Il fournit, quand il est en
requis, une longue course au galop. Mais c'est un

jeune homme sans mœurs. Il fait le diable quelquefois
quand des juments passent près de lui : feu de jeunesse excusable. Dans les commencements, quelquefois nous nous querellions, et il me jetait tout doucement à terre : c'était quand je le contredisais trop
brutalement; maintenant, je suis aussi sage que Figaro : je cède aux sots, au lieu de disputer avec eux, et
ma bête, à ce régime, est devenue la plus docile du
monde. Je lui mets la bride sur le cou, je prends mon
livre à la main, et j'arrive infailliblement, comme une
lettre mise à la poste. — Les Anglais trouveraient
que cela n'est ni *gentlemanlike*, ni *manly*, ni *war-*
like, etc., etc., et je conviens, moi, que cela n'est
ni académique ni théâtral; mais je dis que c'est naturel, commode, vrai, spirituel, et me prétends mille
fois plus *manly* qu'eux tous : il y a plus d'arabe dans
ma manière d'être, assurément, que dans la leur.

Je cause avec mes serviteurs et avec les soldats de
mon escorte; je cherche à pénétrer le fond de leur
existence, à connaître par où ils jouissent ou souffrent
le plus, leurs affections dominantes, leurs idées habituelles. Mon vocabulaire indoustani s'accroît chaque
jour; je poursuis, d'ailleurs, dans les livres l'étude de
ce baragouin, et la circonstance de lire les caractères
persans me fait passer, dans ma petite caravane, pour
un profond *moullah*. Comme j'ai eu occasion de niveler
barométriquement quelques points de la route, mes
gens, auxquels le plus grand respect est recommandé
pour les baromètres, supposent qu'avec ces tubes de

cuivre, je puis tuer un homme dans la lune. Je suis
pour eux un homme fort mystérieux, et je les vois faire
mille détours subtils pour savoir qui je suis. J'en ai
battu un terriblement, pour avoir méchamment brûlé
l'habit d'un autre pendant la nuit, un second pour
mauvaise volonté : moyennant quoi, ils me craignent
sans avoir lieu de me haïr, et ne me donnent pas le
moindre ennui.

Il me manque deux choses : 1° vous, mon ami, pour
partager les plaisirs simples dont je jouis; 2° un cha-
meau avec deux femmes dans des paniers. J'en ai vu
plusieurs transportées de la sorte, exactement comme
de gros oiseaux rares dans une cage pour une ménagerie. N'était la nécessité d'un contre-poids pour faire
l'équilibre, il me suffirait d'une, assurément... Je n'ai
pas la prétention... malgré la bonne opinion que madame *** semblait avoir de moi... Mais l'autre bayadère
serait pour vous..., à l'effet d'apprendre l'indoustani,
comme vous diriez.

Quelques mots du pays. — Les jungles [1] ne sont
qu'une plate caricature des forêts vierges de Saint-
Domingue et du Brésil. — Je m'attendais aux formes
bizarres et colossales des tropiques, à la magnificence et
à la variété des teintes du feuillage, à des retraites im-
pénétrables, tissues, enlacées de lianes embrassant les
troncs des plus grands arbres, courant sur leurs cimes,
et en retombant avec grâce en cascades de fleurs...

[1] Mot qui signifie *pays boisé*.

Mon imagination avait caché sous chaque feuille la tête d'un serpent monstrueux, et accordé dans le lointain une basse concertante de tigres... *Humbug! humbug* [1] *!* J'ai vu des bois misérables, sans un grand arbre, sans retraites inaccessibles, sans fleurs, sans serpents; et, au lieu du rugissement des tigres, j'ai entendu dans le lointain le bruit de la hache du bûcheron!

L'admiration pour les beautés de la nature a une sorte de virginité que la jouissance flétrit aussi. Les majestueuses solitudes de Saint-Domingue, fort semblables à celles de votre pays, seront toujours pour moi le type idéal de la nature équinoxiale. J'ai vu le Brésil depuis : il n'est pas moins admirable, mais il ne m'a pas fait éprouver la même impression de surprise et de tendresse. Quand je ferme les yeux, et que je me reporte par la pensée en Hispaniola, j'éprouve encore un ravissement.

La monotonie des forêts vierges de l'Amérique septentrionale a aussi sa sublimité et sa poésie. Vous avez pu, comme moi, en connaître le charme sévère. Que d'avenir sous leurs ombrages!... que de richesse, de paix, de grandeur!— Sous les jungles que l'on arrache dans l'Inde, il ne pousse que du riz et des esclaves! A quoi bon les arracher?

Sasseram est la première ville que j'aie vue dans l'Inde. Elle est à plus de trois cents milles de Calcutta. C'est un cimetière musulman. Je suis arrivé sur les

---

[1] Mensonge absurde.

bords du Gange, en face de Bénarès, dans les derniers jours de l'année. — Benarès est bien étrange. J'y suis resté sept jours, promené, *ciceronisé* par des hommes aimables et instruits. — Me voici maintenant lancé (à pas de bœufs) sur Agrah, faisant un grand détour, au sud-ouest, par les provinces de Boggholkund, pour l'amour des pierres. Après-demain matin, j'arriverai à Rewah, capitale d'un petit radjah indépendant, sur le territoire duquel je marche depuis hier. J'ai une lettre pour lui du magistrat de Mirzapoor. Elle me paraît inutile, car les *cottwats*[1] des villages se montrent tout naturellement pleins d'égards et d'attentions pour moi.

J'entends cuire mon pilau ; que n'êtes-vous là, cher Hezeta, pour le partager ! Nous philosopherions, politiquerions, moraliserions (disputerions), jusqu'à huit heures ; et alors, je vous surprendrais par l'arrivée inopinée de la théière, des biscuits de Calcutta, et d'un *Christmas cake*[2] dont mes excellents hôtes de Bénarès grossirent furtivement mon bagage quand je les quittai. Car je veux que vous sachiez que, si je ne prends pas de thé, j'ai du moins une théière et du thé pour les cas imprévus ; mais, à vous dire vrai, je ne *salis* pas ma vie de tous ces plats raffinements de la civilisation. Je dîne en dix minutes, me promenant autour de ma tente. Il me reste une longue soirée qu'aucune importunité ne trouble.

Sur la route de Calcutta à Benarès, j'ai rencontré

---

[1] Chefs, maires.
[2] Gâteau de Noël.

un voyageur, marchant comme moi à petites journées
avec tout son attirail. Mais c'était un collecteur; il avait
un éléphant, trois voitures, six chevaux, quatorze
chars à bœufs, quarante domestiques et soixante porteurs; changeait de toilette trois fois par jour, déjeunait, tiffinait, dînait, le soir prenait le thé de la même
manière, exactement avec le même appareil qu'à Calcutta, sans en rabattre d'une fourchette. J'arrivais
des jungles avec une barbe de quinze jours, des habits
déchirés et couverts de boue. Je me fis bien aristocrate,
bien pédant pour avoir l'air, à distance, d'un homme
très comme il faut. Je citai quelques vers d'Anacréon,
que, par hasard, je me rappelle; je parlai de la philosophie, de Shakspeare, d'Homère, etc., etc. : expé-
dient qui me réussit; et mon homme, que j'ai rencontré dans *le monde*, où il avait appris qui j'étais, m'a
confessé que je l'avais grandement intrigué par le
contraste du contenant avec le contenu. Je ne lui ai
pas caché que je trouvais son style confortable de
voyage le plus prosaïque du monde, avoisinant le
vulgaire : ce qui est vrai. Le bon jeune homme me
suppose quelque peu dérangé.

Bonsoir, mon ami! J'ignore quand et d'où ce long
bavardage (où je désire que vous voyiez la confiance
de l'amitié) vous sera expédié; mais, quoiqu'il puisse
tarder à vous parvenir, je me flatte que vous n'attri-
buerez jamais à de l'oubli mon silence apparent ou
réel. Je suis constamment arriéré de besogne et sans
loisir pour aucune correspondance.

LIV

A MM. LES PROFESSEURS ADMINISTRATEURS DU MUSÉUM, A PARIS.

Samalkah, près de Delhi, 16 mars 1830.

Messieurs,

J'ai eu l'honneur de vous écrire, au mois de novembre dernier, une lettre datée de Chandernagor le 22 et numérotée 5, dans laquelle je vous détaillais la marche que je comptais suivre vers les hautes provinces du nord-ouest, et les arrangements que j'avais pris pour la rendre aussi fructueuse que possible à l'objet de mon voyage.

J'ai le plaisir de vous annoncer aujourd'hui que j'ai laissé très-heureusement derrière moi presque toute la distance qui me séparait des montagnes où je comptais passer l'été. Samalkah est à vingt lieues au nord de Delhi.

A quelques jours de marche au nord-ouest de Calcutta, j'ai rencontré les jungles qui couvrent les plaines étendues au pied des basses montagnes du Rohar. Là sont placées les houillères de Rannigung, les seules qui soient encore exploitées dans l'Inde. Je commençai à y former des collections géologiques.

L'allure de ces bancs houillers, et les schistes carburés auxquels ils sont subordonnés, les impressions végétales de leurs schistes, les rapportent avec évi-

dence à la grande formation houillère. La seule ano-
malie qu'offre ce gisement aux caractères si bien connus de cette formation, est la présence de troncs
pétrifiés qui me paraissent avoir appartenu à des
plantes dicotylédones; mais il est probable qu'une
comparaison attentive avec les fossiles de ce terrain
que renferment vos collections démentira cette apparence.

Je rejoignis à Rogonautpoor la route ouverte, il y a
une quinzaine d'années par l'État, entre Calcutta et
Bénarès. C'est une étroite percée dans des forêts dé-
sertes.

Quoique cette contrés montueuse s'appuie au sud à
la ligne même du tropique, les forêts dont elle est
couverte n'ont rien de la magnificence et de la variété des traits de la végétation intertropicale. L'hiver,
que leur élévation au-dessus du niveau de la mer, bien
que très-médiocre (de cinq cents à huit cents mètres),
y rendait très-sensible, avait dépouillé de leurs feuilles
plusieurs des espèces végétales qui dominent dans la
flore de cette contrée. L'excessive sécheresse de cette
saison, combinée avec la température froide des nuits,
avait suspendu la végétation. Mes herbiers ne s'y en-
richirent que d'un petit nombre d'espèces.

Les mêmes causes exerçaient la même influence sur
la vie animale, et mes collections zoologiques durent
s'en ressentir également.

Je regrettai moins cette pauvreté et cette monotonie
de la nature, parce que l'extrême exiguïté de mon ap-

pareil de voyage ne m'aurait que bien difficilement permis de conserver et de transporter avec moi les richesses qu'elle eût pu m'offrir. Mon but était de voyager vite et à peu de frais, afin de réserver mon temps et mon argent pour des lieux plus dignes d'intérêt, où, fixé à demeure, j'emploierai l'un et l'autre avec plus de fruit.

Parti de Calcutta le 20 novembre, ce n'est qu'à force de diligence que j'arrivai à Bénarès le dernier jour de l'année. J'y restai six jours pour refaire mes gens et mon équipage, fatigués par les marches forcées sur des routes détestables.

La route directe de Bénarès à Delhi, celle que suivent les voyageurs dont l'unique objet est d'arriver au but, m'eût fait passer à Allahabad, et ensuite dans le long delta sablonneux et cultivé qui sépare le Gange de la Jumna, dans le Doâb, jusqu'en face de Delhi.

Cette immense plaine, où, dans l'été, mes collections zoologiques auraient pu seules s'enrichir, ne me promettait, aux mois de janvier et de février, aucune espèce d'intérêt : je résolus donc de faire le sacrifice d'une douzaine de jours en suivant une route plus longue, bien plus pénible, mais plus intéressante. Mirzapoor, Rewah, Lohargong, Punnah, Adjighur, Kalinger, Bandah, Hammerpoor et Kulpi en sont les points principaux.

Rewah, Lohargong, Punnah, Adjighur, sont des territoires indépendants situés sur un immense plateau élevé perpendiculairement de trois cents à quatre cents mètres au-dessus de la vallée du Gange et des plaines du Bundelkund.

Ce plateau n'est séparé de la chaîne septentrionale des montagnes du Bohar que par la grande excavation où coule la Sône sous Rotasghur. Il est formé des mêmes grès qu'on observe sur les pentes septentrio- nales des montagnes du Bohar, depuis Radjemal et Monghir jusqu'à Sasseram. Mais on y voit le déve- loppement complet de cette formation de grès, réduite, dans Radjemal-Pâr, à quelques termes disloqués. On en a publié en ces pays, dans le dernier volume des *Asiatic Researches*, une description que je trouve peu exacte. Je me flatte, messieurs, qu'en voyant la collec- tion considérable que j'y ai formée, accompagnée de coupes où vous retrouverez la position de tous les échantillons dont elle se compose, vous partagerez l'opinion différente que je me suis faite de la nature de ces montagnes.

Un de leurs districts, Punnah, est célèbre par ses mines de diamants. Je l'ai visité avec soin, et j'ose croire que le gisement mystérieux de ce minéral est enfin bien connu.

Presque toutes les variétés de forme et de couleur du diamant se trouvent à Punnah. Comme ils sont pe- tits en général et ont peu des qualités que les joailliers recherchent, ils sont d'un prix assez médiocre. J'au- rais pu, pour une somme assez faible, y faire une col- lection complète de toutes leurs variétés : elle eût em- prunté une grande valeur de la connaissance précise

de leur position géognostique. J'ai regretté vivement,
messieurs, que la prudence m'interdît de faire cette
avance, incertain que je suis du résultat de mes démarches pour obtenir des crédits supplémentaires.
J'éprouve souvent ainsi le regret de ne pouvoir profiter pour vous de l'occasion d'acquérir à peu de frais
des objets intéressants. Je ne saurais le faire présentement, sans m'exposer peut-être à manquer bientôt du
nécessaire. Je n'ai donc acheté à Punnah que deux des
nombreuses variétés de forme et de couleur des diamants qu'on y trouve. Je les ai joints à la collection
de roches auxquelles est subordonné le conglomérat
adamantifère.

Le vieux terrain de grès rouge, *rothe todte liegende*,
qui forme la base, sinon la masse entière de la formation des grès des montagnes du Bundelkund, se
lie d'une manière obscure à la formation de syénite
qui le supporte dans les escarpements septentrionaux
et occidentaux de ces montagnes, au-dessus des plaines
adjacentes. La connexion de cette formation avec
celle qui lui sert de base est un de ses caractères géographiques généraux. Il ne manque pas dans l'Inde,
où cette formation elle-même avait été jusqu'ici mé-
connue.

Au sud, dans les eaux du bassin de la rivière Dammoodah, où la formation houillère se montre sans le
cortége des roches porphyriques du vieux grès rouge,
elle est, au contraire, parfaitement indépendante de
celle du gnéiss qu'elle recouvre.

L'hiver, très-sensible au mois de janvier dans les montagnes du Bundelkund, ne m'a point permis d'accroître mes collections zoologiques et botaniques dans la même proportion que celles de géologie. Les poissons conservés dans la liqueur spiritueuse ne peuvent voyager sur des voitures pareilles à celles que j'ai dû employer sur de telles routes. Ils doivent être transportés à dos d'homme. C'est ainsi que chemine presque tout le mobilier considérable dont les Anglais ne se séparent point dans leurs voyages. Leur opulence s'aperçoit peu de cette dépense, qui, pour moi, est ruineuse.

Rentré dans la plaine à Kalinger, j'ai passé à Bandah la rivière Kène, à Hammerpoor la Betwah, à Kulpi la Jumna, dont j'ai suivi à peu près les bords dans le Doâb, jusqu'en face d'Agrah, où je l'ai traversée de nouveau et où j'ai donné à mon équipage trois jours de halte. La fin de l'hiver, au mois de février, avait été marquée par de violents orages que j'avais essuyés dans le Doâb. Je me séchai à Agrah. En dix jours, je vins de là à Delhi, au travers d'une contrée non moins monotone que le Doâb, mais moins généralement cultivée. J'y ai acquis un nombre assez considérable de plantes et plusieurs animaux.

Delhi, que je viens de quitter, a été ma plus longue station. J'y suis resté huit jours, occupé à mettre en ordre tout ce que j'avais recueilli jusque-là, et à assurer la conservation de mes collections pendant mon absence. Les soins qu'on m'offrait de lui donner jus-

qu'à mon retour de l'Himalaya devant être plus bienveillants qu'intelligents, j'ai pris moi-même tous ceux
qui devaient rendre inutiles ceux d'autrui, et je pars
sans crainte sur leur efficacité.

Quant à expédier les objets à Calcutta par la
Jumna et le Gange, afin qu'ils soient embarqués sans
délai dans la capitale pour un port de France, l'opération faite loin de mes yeux serait une perte assurée.
Delhi est à plus de quatre cents lieues de la mer. Des
deux maux de l'éloignement, je choisis le moindre sans
hésiter.

La proximité de Delhi aux montagnes y conduit
souvent les Anglais qui résident dans cette station.
Par eux, j'ai acquis toutes les informations désirables
sur la manière d'y voyager. Je me propose d'entrer
dans l'Himalaya par la vallée de Dhoon, au-dessus du
Serampoor, où, chemin faisant, je visiterai, non sans
profit, la succursale montagnarde du jardin botanique
de Calcutta.

Dheïra est le chef-lieu du Dhoon et la résidence d'un
officier militaire et politique, qui épuisera pour moi les
procédés bienveillants de l'admirable hospitalité de sa
nation. Je passerai tout de suite du Dhoon, qui a été
souvent visité, à Sabathoo, où j'ai lieu d'espérer le
même accueil et où je ne séjournerai pas davantage
par la même raison. De là à Kotgerk, sur le second
étage des montagnes et par l'étroit sentier suspendu
au-dessus des bords escarpés de la rivière Sutledge,
je passerai de l'autre côté de la chaîne centrale de l'Hi-

malaya, que cette rivière a coupée. Un très-petit nombre de curieux sont allés dans ces lieux, dont le capitaine Herbert a le premier trouvé la route en 1849. Ils y ont bâti deux maisons dont j'espère occuper une. Si l'hiver les avait détruites, ou si des premiers venus s'en étaient emparés pour cette saison, je m'arrangerais avec un villageois pour la location de la sienne. Ce petit pays de Kannawar, à moitié indou et à moitié tartare de religion, est indépendant des Chinois. Il appartient à un radjah (le radjah de Bissahir) fort jaloux de l'amitié des Anglais. J'y jouirai, pour mes recherches, de la sécurité et de la liberté les plus absolues. Par sa position géographique au nord de la chaîne des neiges éternelles de l'Himalaya, par son climat, et, comme une conséquence de ces conditions, par ses productions naturelles sans doute, il appartient en quelque sorte à cette région mystérieuse du plateau du Thibet. Ses hivers hyperboréens doivent rendre sa faune et sa flore peu variées; mais il est à espérer que l'une et l'autre se composent d'espèces pour la plupart inconnues, et que la nouveauté des objets que j'en rapporterai compensera heureusement la médiocrité de leur nombre.

Je descendrai avec eux à Delhi à la fin du mois de novembre, et, là, suivant les nouvelles d'Europe que j'y trouverai, suivant les moyens pécuniaires dont je me verrai pourvu pour l'année suivante, je réglerai mes marches ultérieures, auxquelles je m'interdis de songer actuellement, dans l'incertitude où je suis de la possibilité financière de réaliser aucun projet au delà de cette année.

Au prix d'une économie personnelle que je regarde comme un devoir jusque dans son excès, et, je dois vous le répéter, messieurs, au prix de la perte d'occasions précieuses à l'accroissement de mes collections, de mon double crédit de six mille francs pour l'année 1829 et celle-ci, il me reste environ sept mille cinq cents francs. Comme j'ai été assez exact dans l'estimation anticipée de mes dépenses de Calcutta jusqu'ici, pendant près de quatre mois, je me fie au devis que j'ai fait de celles de mon voyage et de mon séjour dans l'Himalaya, et je l'entreprends avec joie, sans crainte de manquer d'argent.

Je ne puis terminer cette lettre sans vous dire, messieurs, combien j'ai lieu de me féliciter chaque jour du court voyage que je fis à Londres avant de m'embarquer pour l'Inde. Sans les relations puissantes que j'eus le bonheur d'y former, dont les recommandations me valurent ensuite tant d'accueil à Calcutta, je n'aurais eu qu'à quitter ce pays aussitôt après y avoir débarqué. Un homme isolé n'y pourrait rien sans une dépense énorme. Les égards dont je fus comblé dans la famille du gouverneur général, et le hasard heureux de quelques amitiés contractées avec des hommes qui gouvernent sous lui, me valurent une exemption de richesse, que je trouve plus flatteuse que la richesse elle-même ne serait commode. On ne m'a jamais laissé voyager sans une escorte, et, quand j'ai passé au tra-

vers des territoires indépendants du Bundelkund,
province turbulente, les radjahs, avertis par les agents
anglais qui exercent sur eux un contrôle politique,
m'ont fait trouver chez eux les mêmes attentions que
dans les États de la Compagnie. Je dois à cette vigi-
lante protection une sécurité précieuse, désormais
fondée sur l'expérience de son efficacité absolue. Ma
santé n'a point souffert des fatigues habituelles et des
privations accidentelles de ma longue marche. Je n'ai
encore eu l'honneur de recevoir aucune lettre de vous.
Je continue à vous recommander de m'écrire sous le
couvert de

> *The honorable sir Edward Ryan, etc.,*
> *à Calcutta.*

Le chevalier Ryan saura toujours où me trouver, et
sa qualité de juge me sauvera des ports de lettres,
extrêmement dispendieux.

J'ai l'honneur d'être, etc.

LV

A M. JOSEPH HEZETA, A CALCUTTA.

Dheïra en Dhoon, latit. 30° 20', 21 avril 1830.

Tout au bout de la carte de l'Inde, au pied de l'Himalaya, et déjà engagé dans ses bases, cherchez-moi,
mon cher Hezeta. Quand vous m'y aurez trouvé, regardez la distance qui nous sépare, et souvenez-vous

qu'il faut de l'indulgence pour les absents. Je trouve
ici, en faisant la revue de mes papiers, une lettre,
vieille de trois mois et qui vous était destinée. —
Toute vieille qu'elle est, je vous l'envoie. Je passai
bien agréablement une couple d'heures à vous l'écrire,
parce que ma pensée aime à s'occuper de vous; par-
donnez à ma négligence qui l'a retenue si longtemps.
— Depuis, j'ai vu Delhi, Agrah, et leurs merveilles,
comme on dit. — Ah! le grand peuple que nous sommes, nous autres Européens! — J'ai vu à Delhi ce qui
reste du Grand Mogol, qui, moyennant cent roupies, a
bien voulu jouer pour moi la farce impériale. C'est
exactement le même prix que madame Pasta a demandé pour chanter dans un concert à Paris ; à Londres, elle demande le double. — De là, j'ai été faire de
la botanique et chasser aux lions chez les Sykes indépendants, qui me volèrent ma seringue pendant la
nuit sous ma tente. Ces peuples barbares, qui ignorent
les usages de cette admirable invention, comprenaient
mal la description que je leur faisais de l'objet volé. Je
l'ai donc dessiné, plan, coupe et élévation de grandeur
naturelle, et les gendarmes du radjah de Pattalwa,
munis de ce signalement, battent les jungles depuis
un mois pour trouver le voleur.

Je suis ici depuis huit jours dans le plus beau lieu
de l'Inde. Malgré sa latitude et son élévation, les
formes tropicales de la végétation s'y déploient magnifiquement. Cependant, les formes alpines, les roses,
les primevères, y descendent des montagnes, et me

rappellent avec attendrissement les Alpes de France, de Suisse et d'Italie, que je parcourus seul pendant six mois il y a dix ans, à une époque où je ne connaissais la vie que par le bonheur.

Mon bagage, traîné jusqu'ici par des bœufs, et divisé en petites parties, enfermées dans des paniers garnis de cuir, sera désormais porté à dos d'homme. Je renvoie dans les plaines mon admirable cheval rouge, quatre de mes huit domestiques, et, demain, un bâton à la main, je commence un rude voyage. Je vais aux sources de la Jumna; de là, à Simlah, courant des bordées entre Snowy-Chain et les bases des montagnes, traversant plusieurs fois, à des hauteurs diverses, ce qu'on appelle la *second range*. De Simlah, je passe de l'autre côté de l'Himalaya, dans le pays de Kannawar, et ne m'arrête qu'à la frontière de la Chine. Je reviendrai au mois de novembre ou d'octobre.

Ma santé est excellente et n'a jamais été troublée depuis que j'ai quitté Calcutta.

Il y a bien longtemps que je n'ai reçu des lettres d'Europe. — Écrivez-moi, mon ami : *V. J., care of J.-J. Metcalfe, Esq.*, à *Delhi* — M. Metcalfe m'enverra mes lettres en Kannawar; il est mon unique moyen de correspondance avec le monde civilisé. — Écrivez-moi longuement, j'ai besoin de lettres. Parlez-moi des personnes auxquelles vous savez que je m'intéresse. Parlez-moi de vous surtout, de votre bleu, de votre chance de succès. Si vous le faites sans délai, dans un mois, j'aurai votre lettre à Simlah.

J'ai dîné hier avec le général sir Samford Witting-
ham. Il dit qu'il vous a connu en Espagne. Comme il
m'a paru un homme distingué, j'ai été charmé de ce
que je lui ai entendu dire de vous. Si vous allez quelquefois à la ville des grandes maisons, ne vous embar-
quez pas dans un appareil compliqué d'hommages et de
respects de ma part près de lady William Bentinck;
mais dites-lui que je conserve un souvenir bien recon-
naissant et bien agréable des bontés qu'elle m'a témoi-
gnées, et des moments qu'elle m'a permis de passer
auprès d'elle. Mes compliments à Packenham, et au capitaine Froyer beaucoup mieux que cela. Pour vous,
mon cher ami, au mépris de la *durtour* [1] puritaine de
nos hôtes les Anglais, je vous embrasse sans rien ajouter. Vous savez ce que je pourrais dire de plus.

Adieu donc, adieu.

LVI

A M. DE MESLAY, A PONDICHÉRY.

Camp de Bounâssa, sur les bords de la Jumna,
à 2,248 mètres (et, en faveur de vos cinquante
ans, à 6,921 pieds) au-dessus de votre jardin.
Le 14 mai 1830, 31° de latitude.

Cher monsieur,

Je profite d'un jour où le mauvais temps, radouci,
me donne moins d'embarras, où ma route du matin a
été moins longue, où ma chasse aux pierres et aux

[1] Coutume.

herbes a été moins fructueuse, pour vous écrire quelques lignes qui voyageront un mois dans les neiges éternelles de l'Himalaya avant que je redescende en un lieu d'où elles pourront se mettre en route pour Pondichéry. Si vous saviez ce que c'est que les misères du genre où je m'éprouve, la froidure des nuits, la tempête des jours sur les cimes, le déboire mortel d'un homme qui voit inonder tout à coup par des torrents ce qu'il a pris des peines infinies à dessécher, son écriture effacée, lavée sur le papier; tout à recommencer!... l'inertie très-naturelle de trente-cinq pauvres montagnards qui portent mon bagage, roides le matin comme des pieux, le ventre vide, et que cependant il faut faire marcher pour atteindre un gîte offrant quelque chance de blé ou d'orge pour eux, pour moi de chevreau et de lait; la roideur des montagnes, et le froid glacial des torrents qu'il faut passer à gué! la besogne dont, chemin faisant, j'amasse provision pour la halte de l'après-midi et l'après-dînée solitaire de ma petite tente, jusqu'à ce que le froid vienne me prendre par les pieds, me distraire du travail, et me rendre impropre à toute autre chose que de vivre animalement, vous pardonneriez à la brièveté décousue de ces lignes. Cependant, au temps qu'il est, je doute fort que, sous votre magnifique varangue, vous puissiez comprendre la peine d'avoir froid, et ne pas envier plutôt mon sort que le plaindre; car, depuis quelques jours seulement que je gèle, voici déjà que très-sincèrement je ne comprends pas que la chaleur puisse être incommode.

J'ai si peu de mémoire, que j'ai oublié quand et où
je vous ai écrit pour la dernière fois. C'est de Bénarès
cependant, si je ne me trompe, vers le 1er janvier.
J'avais heureusement débuté de Calcutta jusqu'à la
ville sainte. Depuis, je n'ai pas été moins heureux. J'ai
vu Agrah, Delhi, les montagnes du Bundelkund, où j'ai
fait d'excellente géologie; le Grand Mogol, auquel le
résident de Delhi, mon hôte en cette ville, me présenta
avec toutes les farces du genre; il va sans dire que
j'ai été, comme M. Jourdain, habillé à la turque en
grande cérémonie sous l'inspection du résident et du
visir, celui-là comptant le nombre des pièces de mon
burlesque accoutrement; car cela était stipulé d'avance
par lui, dans sa requête à l'empereur, pour lui demander de me mener à son *durbar*. Comme au temps
d'Ackbar et d'Aurung-Zeb (ce dernier le plus grand,
et, comme roi, le meilleur de la race de Timour), Mou-
hammed Acker Rhasy Badchâh, comme il s'appelle, ou,
comme les Anglais bénévolement le nomment, le roi
de Delhi, un beau vieillard dont la contenance exprime
bien les infortunes passées et l'abaissement actuel, de
ses royales mains daigna terminer ma toilette turque
en attachant une grosse fleur de diamants (diamants
comme lui est roi, tout ceci n'est plus qu'une affaire
de forme et de nom) à mon chapeau, que le vizir avait
de son mieux converti en turban, à force de rouleaux
de mousseline à l'entour. La mascarade terminée, je
vins prendre place à la droite du roi, sous le résident,
qui entra en conversation avec lui, et je m'amusai à

considérer les débris de cette cour, jadis si magnifique,
convoquée aujourd'hui à la prière (à l'ordre) d'un particulier anglais, pour satisfaire la curiosité d'un obscur
étranger. Le résident de Delhi me montra *son roi*,
comme il me montra sa bibliothèque française et ses
gravures, qni sont des plus belles, comme une chose à
lui. C'est une politesse que lui seul peut faire dans
l'Inde.

Ce qui se dément le moins dans le cours de mon
voyage, c'est ma situation près des Anglais. J'ignore
vraiment auquel de mes mérites je la dois, car je n'en
vois pas de saillants à leur usage. Une certaine roideur
élégante de manières qui les séduit au premier abord,
je ne saurais chercher à l'imiter : elle est le véritable
antipode de l'habitude de mon maintien ; quelque chose
d'analogue dans le tour de la pensée, est considéré chez
eux comme une de ses formes les plus distinguées, les
plus *genteel* : elle m'écrase. Que faire donc ? Être parfaitement naturel ; nous ne pouvons mieux. Je m'ima-
gine que la vanité de beaucoup de gens souffrirait
cruellement, là où la mienne ne trouve plutôt que des
motifs de jouissance. Le mieux renté des savants, le
botaniste de la Compagnie (et notez qu'il est des moins
savants), Wallich, aux appointements de trois mille
roupies par mois, n'est pas mieux accueilli des autorités dans leur caractère officiel, s'il l'est autant que
moi, dont le titre public est généralement ignoré ; et
certainement, comme individu, il n'a jamais pu recevoir plus de marques de considération. Ce qu'il y a

de bizarre, c'est qu'avec mes herbes, mes pierres et mes bêtes mortes, je fais fortune aussi parmi les fashionables. A Delhi, ils voulurent me donner le spectacle d'une chasse au lion, et, comme je me promettais quelques squelettes de cette partie, je m'y laissai entraîner sans opposition. Le sous-résident, un colonel de cavalerie royale anglaise et un autre grand seigneur d'une province voisine étaient les boute-feu de notre partie. Nous parcourûmes pendant quinze jours le pays des Sykes indépendants, assez gros de nous-mêmes par nos éléphants, nos chameaux, etc., etc., grossis de dix-sept éléphants et quatre cents cavaliers, — l'armée du radjah indépendant de Pattialah, dont le *vâkil* et quelques courtisans ne quittaient pas les pas de notre jeune ami, le sous-résident. — Zoologiquement, je fus désappointé, car nous ne vîmes pas un seul lion, et ne pûmes approcher d'aucune des espèces rares d'antilopes que nous vîmes sur les confins du désert; mais, après quatre mois d'une vie toute solitaire et passablement austère, je jouis pleinement de ce retour passager aux plaisirs de la civilisation, du luxe de l'Europe, dans le cadre le plus oriental qui se puisse imaginer.

J'étais éveillé avant le lever du soleil par le maître d'hôtel ou chef de gamelle, avec une tasse de café *français*. Tous debout en un instant, et les autres lestés de leur thé, nous montions à cheval et galopions à crever les chevaux, pendant deux heures et demie ou trois heures, le temps de faire huit à dix lieues. Nous trouvions l'autre suite de tentes dressée, le couvert

mis pour déjeuner; les éléphants, l'armée du radjah,
partie la veille au soir, réparés, rangés en bataille.
Toilette, déjeuner; on monte sur les éléphants, ils forment une ligne très-étendue, les six seigneurs farin-
ghis au centre, les autres animaux à vide ou portant
les accrédités des radjahs voisins, déployés sur nos
ailes; et cette ligne, flanquée de part et d'autre d'une
nuée de cavaliers armés de lances et de fusils à mèche,
vêtus tous diversement, tous de couleurs éclatantes,
s'ébranle, précédée de deux tambours à cheval du
radjah de Pattialah qui battent la marche royale devant
nous. La contrée déserte; l'horizon immense; du sable
salé semé çà et là de quelques arbustes épineux;
ailleurs, des steppes à perte de vue; l'ardeur de la
chasse chez les autres, chez moi le plaisir de contempler une scène si nouvelle, faisaient oublier un sol-
leil brûlant. Le soir, on revenait en bon ordre, sans
lions, mais avec des centaines de lièvres et de perdrix.
L'adresse de mes compagnons était surprenante, et
notre nuée de cosaques jetait sous leur feu tout le
gibier de la contrée.

Bain, toilette au retour; puis, dans une vaste tente
illuminée, un dîner splendide qui se prolongeait bien
avant dans la nuit. La même gaieté, la même cor-
dialité parfaite y régnaient que parmi nos compatriotes. Le lendemain, même fête; le jour d'après, fête pa-
reille, et cela, pendant quinze jours. On m'accompagna
ainsi jusqu'au pied de l'Himalaya, où je réduisis de
moitié mon mince bagage, me vêtis comme un ours

blanc de vêtements épais les plus chauds, changeai contre un bâton mon fidèle bidet persan, et, serrant de bon aloi la main à mes aimables compagnons, je vins camper, ce jour-là même, à six mille pieds au-dessus du niveau de la mer, parmi les plantes des Alpes, sous leur ciel, environné de leurs scènes les plus âpres et les plus désolées.

Demain, j'atteindrai le dernier village de cette vallée; et, le jour d'après, je monterai aux sources de la Jumna; de là, j'irai à Simlah, à vingt jours de marche d'ici, sur les bords du Sutledje, mais à six mille pieds au-dessus de ses eaux; et, de Simlah, remontant le long des pentes de ce plus grand fleuve de l'Inde, je passerai de l'autre côté de cette barrière, naguère encore réputée infranchissable, des neiges éternelles de l'Himalaya. Je vivrai tout l'été sur quelque point très-élevé de leur penchant thibétain, et j'en reviendrai à l'automne avec les collections, peu nombreuses sans doute, mais très-nouvelles probablement, que j'y aurai rassemblées. Je redescendrai à Delhi, où j'ai laissé une partie de mon équipage, et, de là, au commencement de l'hiver, j'entreprendrai une nouvelle campagne au travers des plaines de l'Indoustan.

Je suis réduit à vous parler de moi seulement, cher monsieur de Meslay, parce que, si je risquais un mot sur les choses, j'en ai tant vu depuis six mois, que cette lettre n'aurait pas de fin; mais je me flatte que le hasard auquel je dois le plaisir de vous avoir rencontré pour la première fois, presque sous le méridien opposé

I.

au nôtre actuel, nous réunira quelque jour sous une méridienne intermédiaire, et, alors, vous aimerez peut-être à causer d'une contrée étrange, où vous aurez vécu quelques années dans un palais comme un roi, mais comme un roi prisonnier. Et, d'ailleurs, que ne peut ce dieu du monde, le hasard? qui sait si nous ne nous reverrons pas en Asie? De grâce, oubliez pour quelques instants votre juste horreur pour l'encre et le papier, laissez couler l'eau sous les ponts pendant un petit quart d'heure, et envoyez-moi quelques lignes que je recevrai au Thibet, si vous les adressez ainsi :

Victor Jacquemont, Esq.
Care of J.-J. Metcalfe, Esq.
Delhi.

LVII

A M. JOSEPH HEZETA, A CALCUTTA.

Simlah, 17 juin 1830.

Je ne puis qu'être touché, mon ami, de la sincère expression de votre humeur contre moi, et je suis vraiment chagrin d'avoir acquis cette preuve surabondante de votre amitié; je m'empresse de vous en demander le pardon et vous promets de ne pas emporter en Chine le placet pour l'obtenir.

Depuis que je ne vous ai écrit, j'ai souffert du froid, de la pluie, de la neige. Vous m'enviez peut-être; cepen-

dant, c'est un noble défaut du climat que la chaleur.
Avant de passer de l'autre côté des montagnes, j'ai
voulu voir celui-ci. J'ai employé une couple de mois à
le visiter, gravissant d'abord une multitude de montagnes médiocrement élevées jusqu'aux bases de la
chaîne centrale de l'Himalaya, puis, de là, montant sur
les arêtes qui en dépendent, jusqu'à cette grande trouée
que fait le Sutledje au travers. Je n'ai pas rencontré
un seul Européen dans ce long intervalle. Mon isolement, au reste, m'a été moins pénible que vous ne
pourriez le croire. J'ai vu de belles choses. Les aspects
de la nature qui se sont ouverts successivement devant
moi n'ont excité dans mon âme aucun de ces sentiments
d'admiration et de rêverie tendre que j'éprouve encore
au seul souvenir des Alpes, des plus humbles montagnes du centre de la France et des mornes de Saint-
Domingue. L'excessive hauteur de l'Himalaya est
masquée par une foule de causes. J'ai souvent campé
dans des vallées à dix mille pieds au-dessus du niveau
de la mer; que restait-il d'élévation aux montagnes qui
m'entouraient? Dix mille pieds environ, et jamais je ne
les voyais s'élancer d'un seul jet vers le ciel de toute
cette hauteur; point d'escarpements verticaux, comme
aussi point de vallées à fond plat ni de cimes unies.
L'horizon est de toutes parts limité par une ligne dont
les ondulations n'ont rien de saillant. La végétation est
rarement belle. Les formes dominantes sont plutôt celles
du nord de l'Amérique que celles des Alpes; elles sont
aussi peu variées que les sites. J'éprouve quelquefois

le déplaisir d'un peintre occupé d'un portrait, qui ne peut plaire, s'il est fidèle. Je m'inquiète des formes, du style qui peuvent convenir à peindre les tableaux que m'offre la nature pour qu'ils soient en même temps fidèles et intéressants. Comment y introduire de la variété lorsqu'il n'y a réellement qu'une monotonie sans exemple ailleurs? Si j'avais le bonheur de vous avoir pour compagnon, mon cher Hezeta, je suis assuré qu'après avoir fait en conscience notre métier d'observateurs tout le jour, ce ne serait pas des objets environnants que nous aimérions le plus à parler dans les loisirs de nos soirées. — Oh! que j'envie à M. de Humboldt ses Cordillères, ses terres vierges comme il n'y en a plus. Ce qui décide surtout des traits du paysage, c'est l'éclat et l'espèce de la végétation. Je savais quelles formes végétales dominaient dans l'Himalaya, et je n'étais pas entièrement ignorant de leur distribution; j'étais donc à même de me représenter d'avance, avec quelque chance de ressemblance, l'aspect de ces montagnes; en les voyant, il me sembla les reconnaître, tant était exact le portrait que je m'en étais fait d'après quelques éléments, et c'est à cette circonstance seule que je dois de n'avoir pas été désappointé. Je suis, d'ailleurs, satisfait des objets d'étude qu'elles m'offrent. Quelques-uns ont été l'objet d'observations si superficielles et si mal faites, que je les trouve neufs. Ne dites cela à personne, car on me trouverait bien impertinent à Calcutta. Je ne reviendrai pas sans quelques bons mémoires de géognosie et de

physique générale. En tête, je mettrai le grand nom
d'Himalaya, et c'est là tout ce que je pourrai faire.

J'ai trouvé ici une année de correspondance. Des
lettres de France, d'Angleterre, d'Allemagne, des Etats-
Unis, du Brésil et des Antilles, d'Afrique et de ce pays-
ci. Aucune de gens qui me soient indifférents, il faut
répondre à toutes, et, après un silence prolongé, je ne
saurais le faire brièvement. Adieu donc, cher ami; tout
ce que je ne vous dis pas, vous savez que je le sens!
Votre lettre, qui est pleine de vous, je l'ai relue bien
des fois et la relirai en Kannawar jusqu'à ce qu'il m'en
arrive une autre. Il est plus simple de les adresser désormais ainsi : *V. J.*, *care of Captain Kennedy*, etc., etc.,
Sabathoo, puisque c'est à lui qu'elles reviennent de
Delhi. C'est le roi de cette contrée. Il me comble de
politesses cordiales et utiles. Adieu, mon ami; j'ai du
regret de ne pouvoir passer l'après-midi à causer du
cœur avec vous, mais je penserai à vous. On m'appelle;
adieu encore, je vous embrasse.

LVIII

A M. DE MESLAY, A PONDICHÉRY.

Simlah, 20 juin 1830.

Cher monsieur,

Après un voyage de cinquante jours à travers l'Himalaya, me voici enfin mouillé, comme l'arche de Noé,

sur le sommet d'une montagne, mais très-préférable à
la sienne, car j'y trouve le confort anglais, le luxe, l'é-
légance de l'Europe, et la bienveillance inouïe que j'ai
souvent éprouvée, condensés sous la plus haute pression. Il y a dix ans que l'officier (un capitaine d'artillerie) qui règne en cette contrée (il commande un régiment de Gorkhas; il est juge, magistrat, collecteur,
a pouvoirs de l'évêque pour marier les gens, et d'agent
politique pour surveiller, gouverner tous les petits
États voisins; et tout cela l'occupe une couple d'heures
par jour); il y a, dis-je, dix ans que le roi de cette
contrée, trouvant fort chaud son palais à la base des
montagnes, imagina de faire monter ici, à dos d'homme,
quelques grandes tentes doubles, pour divertir cer-
tains amis dont il attendait la visite. Un soir que la
bande joyeuse, en devoir de bien faire, avec un horizon indéfini de champagne et de *night girls*, bénis-
sait la Providence, une bourrasque renversa la tente
du festin, et, pris au piége, à grand'peine les convives
se débarrassèrent. Le lendemain, quelques centaines
de montagnards abattaient les cèdres d'alentour, et,
quinze jours après, pour deux ou trois mille roupies, on avait une grande, élégante et très-solide maison, parfumée comme l'arche sainte et faite du même
bois. Les voisins, à quarante ou cinquante lieues de
là, entendant parler de fraises, de framboises, de gro-
seilles, d'ombre, de fraîcheur, prirent feu sur-le-
champ, et, l'année d'après, il y avait une dizaine de
bonnes maisons bâties non loin de la première. Il n'y

en a pas moins actuellement de soixante ou quatre-
vingts dispersées sur les cimes d'alentour; deux villages se sont élevés comme par enchantement, peuplés
de marchands de toute espèce; et, à plus de sept mille
pieds au-dessus de la mer, dans la zone magnifique
des cèdres, à l'extrémité septentrionale de l'empire
anglais, je galope le matin avec les élégants de Calcutta, qui ne font pas à l'étrangeté de ces lieux, à leur
éloignement, le sacrifice d'un seul ruban; lettres et
journaux arrivent à l'heure du déjeuner, qui est aussi
magnifique chez mon hôte (le roi) qu'il peut l'être à
Calcutta, et, après une journée de travail solitaire, nouvelle cavalcade au déclin du jour, pour se préparer
au sacrement du dîner, qui serait des plus recherchés
à Paris, et qui dure jusqu'à onze heures du soir, sans
paraître long, moyennant l'écoulement modéré, mais
continuel, du vin du Rhin et du vin de Champagne, la
circulation du café que j'ai enseigné à faire, et le babil
qui s'ensuit entre cinq ou six *bachelors* très-satisfaits
d'être au monde. Après mes cinquante détestables dîners sans société, je trouve cela charmant. Je me
venge du passé, et du futur aussi, par anticipation.
Car mon voyage en Kannawar se prépare; mon ami le
roi, c'est-à-dire le capitaine Kennedy, a sommé son al-
lié le radjah de Bissahir, radjah indou, tartare et chinois tout ensemble, de me faire trouver dans son ché-
tif empire le laissez passer et circuler librement, et,
mieux que cela, le boire et le manger, grande difficulté d'un voyage en un pays si misérable!

Quoique la cherté de la multitude de gens qu'il faut soit moindre que je ne le craignais, les roupies cependant défilent au pas de charge. Et ce me serait une très-agréable surprise que de recevoir de vous, cher monsieur de Meslay, quelque poulet financier, à mon retour des montagnes. Mais, dans la situation des choses en notre pays, comment l'espérer? Je me flatte au moins que vous me laisserez connaître de vos nouvelles personnelles. Adieu. Gardez-moi le souvenir que vous m'avez exprimé si aimablement dans votre première lettre, et croyez que j'en conserverai toujours un infiniment agréable de nos arrêts forcés pendant six mois. Permettez-moi d'y ajouter l'expression de ma grande considération et de mon attachement.

LIX

A MM. LES PROFESSEURS ADMINISTRATEURS DU MUSÉUM, A PARIS.

Tchini, en Kannawar, 15 juillet 1830.

Messieurs,

C'est de Samalkah qu'était datée la dernière lettre que j'ai eu l'honneur de vous écrire en mars dernier (numérotée 6), et qui fut expédiée de Kythul, dans le pays des Sykes le 22 du même mois. Je venais alors de m'associer à quelques personnes de Dehli qui avaient bien voulu organiser pour moi une grande chasse, que j'espérais devoir enrichir considérablement ma collection zoologique. Nous parcourûmes, pendant une quinzaine de jours, les principautés de Kythul et de Pattialah, étendues jusqu'au désert de Bikamer, suivis comme nous l'étions de dix-sept éléphants, de quatre cents cavaliers et du double de gens à pied, et j'eus le regret de revenir de cette fatigante excursion sans autre chose que quelques plantes nouvelles.

Reprenant aussitôt ma marche solitaire, je vins à Saharunpoor, où le gouvernement possède un jardin botanique. Accueilli par le directeur de cet établissement le docteur Royle, je concertai avec lui mon voyage dans les montagnes, et, après lui avoir laissé en dépôt les collections que j'avais faites depuis Dehli, et la majeure partie de mon bagage, formé un équipage de marche nouveau, adapté aux chemins difficiles ouverts seuls désormais devant moi, et où tout doit être porté à dos d'homme, je quittai les plaines et entrai dans l'Himalaya le 12 avril, trois jours après le renversement de la mousson et le commencement des vents du sud-ouest, qui rendirent excessive la chaleur, déjà très-forte depuis le mois de mars dans les plaines sablonneuse du nord de l'Indoustan. La première chaîne de l'Himalaya n'est qu'une rangée fort continue de collines diversement élevées, derrière lesquelles est creusée au pied des montagnes une longue vallée longitudinale qui jouit, à raison de sa position, d'un climat particulier, où le calme habituel, l'humidité et la chaleur de l'atmosphère provoquent tous les développements organiques, mais où ces mêmes causes produisent, en automne, des miasmes délétères si dangereux dans quelques parties de l'Himalaya, entre Almora, par exemple, Katmandou et les plaines, que ces lieux sont réputés alors absolument inaccessibles aux Européens.

La saison où j'entrais dans le Dhoon ne m'imposait aucune des précautions que je devais prendre pour traverser de nouveau, après l'été, cette zone redoutable. J'y demeurai huit jours, très-utilement employés à l'accroissement de mes collections.

J'y complétai en même temps mon appareil de voyage dans les montagnes, et je vins camper le 23 avril sur les cimes de Mossour, sous le climat des Alpes et parmi les productions spécifiquement différentes des lieux, mais qui semblent souvent calquées sur elles. Des orages d'une violence et d'une continuité tout à fait inconnues jusque-là dans ces lieux, à cette époque de l'année, m'obligèrent d'y prolonger mon séjour, sans me permettre de le faire tourner très-considérablement au profit de mes collections. Le 2 mai, je me remis en marche, pour monter aux sources de la Jumna, près desquelles je campai plusieurs jours, à une élévation considérable, près du hameau de Cursali, le plus élevé de cette vallée, et une des stations les plus favorables sous tous les rapports de l'histoire naturelle.

Quelque petite que soit sur la carte la distance entre Juminioutre et Simlah, l'extrême âpreté des montagnes qui y entassent les unes sur les autres, tout le

long de la chaîne, des neiges éternelles, y rend la
marche si pénible et si lente, que je ne pus la parcourir en moins de trois semaines. J'arrivai à Simlah
épuisé, sinon malade encore des suites d'une indispo-
sition produite par le changement obligé du régime
alimentaire dans la contrée misérable où je venais de
voyager.

Je fus accueilli à Simlah par l'officier qui gouverne
le territoire d'Alinstoun, soumis à la Compagnie et
dont l'influence est toute-puissante sur les petits États
soi-disant indépendants de cette partie de l'Himalaya.

Je laissai dans la demeure hospitalière de cet officier, M. Kennedy, toutes mes collections amassés depuis Saharunpoor, et, rétabli par une dizaine de jours
de repos, et un retour passager aux commodités de la
vie européenne, je la quittai le 28 juin, pour passer
de ce côté des montagnes. Je descendis par Kotgerk
sur les bords du Sutledge, que je suivis jusqu'à Bam-
poor, capitale de Bissahir. C'est là que débouche le
Sutledje au travers de la chaîne centrale de l'Himalaya. En montant des bords de cette rivière, élevée
déjà de mille mètres, jusqu'à deux mille mètres plus
haut, j'ai eu l'occasion de voir un grand nombre de
coupes du terrain qui mettent à nu la composition
géologique de toute la base et d'une portion considérable de la hauteur de cette chaîne. Je compléterai
cette reconnaissance en retournant à Simlah, par un
des cols les plus voisins de cette immense ouverture, le Bourouneghanti (Barunda des Anglais), pro-

fondément excavé lui-même entre ses cimes, puisque son élévation n'excède guère quatre milles mètres, tandis que leur niveau moyen est de cinq milles mètres environ.

Tchini, d'où j'ai l'honneur de vous écrire aujourd'hui, est le lieu le plus élevé de la vallée du Sutledje où se fassent sentir les pluies solsticiales, qui inondent depuis un mois le versant méridional des montagnes et dont j'eus beaucoup à souffrir depuis Simlah. Je suis maintenant presque en dehors de leur influence, et ma première marche me conduira dans cette region du Kannawar, si remarquable par la sécheresse extrême de son climat. Au reste, il y a déjà une assez grande différence entre celui de cette partie de la vallée et les vallées indiennes, pour que j'en observe une considérable entre leurs productions diverses. Mes collections botaniques surtout s'accroissent rapidement. J'ai eu le malheur de perdre dans le transport la liqueur spiritueuse que j'avais fait venir à Simlah de Sabathoo, avec les bocaux de verre qui la contenaient; mais j'espère être à même de la remplacer à Loongnum par le faible esprit qu'on y distille du marc fermenté des raisins, et d'y faire faire des vaisseaux de bois capable de la renfermer en sûreté. Muni de ces moyens et favorisé par la sécheresse du climat, je pourrai alors accroître mes collections de zoologie, dans la même proportion que celles de botanique et de géologie. En remontant le cours de la branche principale du Sutledje, je ne saurais dépasser Shipki, premier poste de la tartarie chi-

noise, tandis qu'en marchant au nord le long de son
affluent septentrional, le Spiti, j'ai lieu de pouvoir
sortir des possessions du radjah de Bissahir et de pénétrer sur le plateau de Ladak, petit pays indépendant des Chinois et quelque peu tributaire du radjah
de Bissahir, qui m'a montré jusqu'ici toute sorte
d'attentions et a écrit sur sa frontière et en Ladak,
pour faciliter mon passage, autant qu'il est en son pouvoir. J'ai vu des débris organiques fossiles de terrains
secondaires qui proviennent de cette contrée, où ils se
trouvent, me disent les montagnards, en immense
quantité, épars à la surface du sol, à une hauteur
énorme. La végétation y est réduite à des herbes et à
quelques rares arbrisseaux. Le chien, le yak et la
chèvre qui produit le duvet de cachemire, sont les seuls
animaux domestiques. Il y a sans doute bien peu d'espèces sauvages; mais il me semble que la nature du
pays donne à tout ce que j'en pourrai rapporter un
intérêt qui compensera le petit nombre probable des
espèces. C'est au mois d'octobre que je repasserai l'Himalaya par le col de Bouroun. De là à Simlah, il
n'y a qu'un petit nombre de marches. Rassemblant et
poussant devant moi toutes les collections que j'aurai
successivement laissées derrière, je descendrai à Sabathoo et, de là, dans les plaines, sur le sommet desquelles je marcherai à Saharunpoor, où je reprendrai
mon lourd équipage de voyage accoutumé, pour redescendre à Delhi avec tout ce que j'aurai recueilli depuis
le mois de mai dernier.

C'est à Delhi seulement, messieurs, que je pourrai déterminer la suite de mon voyage, selon les lettres que j'espère y recevoir de vous. Il m'est extrêmement pénible de n'en avoir reçu encore aucune, depuis plus de vingt-trois mois que j'ai quitté l'Europe, tandis qu'il m'en est parvenu jusqu'à douze paquets différents de ma famille. Cependant, toutes mes précautions sont prises de façon à ce qu'aucune de celles qui arriveraient dans l'Inde à mon adresse ne puisse s'égarer, et j'ai lieu de m'affliger de la fatalité qui détourne les vôtres presque seules. Je ne puis être en même temps que bien surpris d'une circonstance que j'ai apprise par la correspondance de ma famille. Je suis informé par elle que le voyage de M. d'Urville commence à s'imprimer, et, quelques lignes plus bas, on me parle de votre déplaisir de n'avoir encore reçu aucune lettre de moi. Cependant c'est à M. d'Urville que j'ai remis au cap de Bonne-Espérance mon numéro 1, qui vous était adressé. Comment se peut-il faire que, même à cette époque, vous n'eussiez pas reçu ma deuxième lettre, datée de Bourbon le 24 février, lorsque, plus de trois mois auparavant, plusieurs autres lettres à la même date et confiées au même navire, étaient fidèlement parvenues à ma famille et à mes amis?

J'ai l'honneur d'être, messieurs, avec la plus grande considération,

Votre très-humble et très-dévoué serviteur.

LX

A MADAME FANNY DE PEREY, A PARIS[1].

Camp at Tassigung on the frontier of Ladak and
Chinese Tartary, 24 August 1830.

My dear Fanny,

A Tartar from the of Loongnum came in this morning and brought me on the threshold of the Celestial Empire, where I have made lately a very successful invasion, your amiable letters of december and february. It gives me much trouble to see that owing to the wandering, or perhaps to the total loss of my first letters from Calcutta, my father and my friends are alarmed on my account. Moreover as they cannot fail of having received very long since satisfactory news from me, after grieving a little for the uneasiness

[1] Camp de Tassigung, sur la frontière du Ladak et de la
Tartarie chinoise, 24 août 1830.

Ma chère Fanny,

Un Tartare de Loongnum est arrivé ce matin, et m'a apporté, au seuil du Céleste Empire, où j'ai déjà opéré dernièrement une invasion couronnée de succès, vos aimables lettres de décembre et de février. Il m'a été très-pénible d'apprendre que, par suite des fausses directions, et peut-être de la perte totale de mes premières lettres de Calcutta, mon père et mes amis ont été alarmés à mon sujet. Cependant, comme il est impossible qu'ils n'aient pas reçu depuis longtemps des nouvelles satisfaisantes de moi, après m'être désolé un peu à

I am the cause of, for them, I rejoice heartily at the goods tidings that have reached me this morning. I greatly feared that the unprecedented coldness of the last winter should have tried severely my father's health and I am delighted to hear by himself and to have it confirmed by you, that he did not suffer much by it.

Many thanks for all your tidings, but although Porphyre might be a *fanatico per la musica* as much as M. G***, don't assimilate them too far, after you have called the latter *a vampire.*

You speak out of musical mornings at M^rs C***. This it a complete enigma for me. And when you were expatiating on the concerns of our acquaintances and friends, why did you not give me the word of it. It is true, I was quite unwilling to inquire about her when I was in France. I knew little about her, but I thought

cause des ennuis dont je suis la cause pour eux, je me suis vivement réjoui des bonnes nouvelles qui me sont parvenues ce matin. Je craignais beaucoup que les froids sans précédents de l'hiver dernier n'eussent affecté sérieusement la santé de mon père, et je suis très-heureux de le voir affirmer qu'il n'en a pas trop souffert, et de vous entendre me le confirmer.

Mille remercîments pour toutes vos nouvelles; mais, quoique Porphyre puisse être un fanatique de musique tout aussi bien que M. G***, ne les assimilez cependant pas trop l'un à l'autre, car vous avez appelé autrefois M G*** *vampire.*

Vous me parlez de matinées musicales chez madame C***. C'est pour moi une véritable énigme, et, lorsque (à Paris) vous me donniez des détails sur nos connaissances et nos amis, pourquoi ne m'avez-vous jamais parlé d'elle? Je n'étais guère disposé, il est vrai, à demander de ses nouvelles pendant que j'étais en France, et je ne savais sur elle

she was rather in bad circumstances, living in retirement.

I heard you had intended Porphyre for an english scholar and begun the office of his teacher. However I do not think it prudent of writing to him in his newly acquired language.

I am overstocked with business, and cannot indulge in a longer epistle. Since two months that I enjoy the climate of Tartary, I feel uncommonly well.

Believe me, my dear Fanny, yours most sincerely.

que fort peu de chose; je croyais seulement qu'elle était gênée, et qu'elle vivait dans la retraite.

J'ai appris que vous vouliez enseigner l'anglais à Porphyre, et que vous aviez déjà commencé l'office de professeur; toutefois, je ne pense pas qu'il serait prudent de lui écrire aujourd'hui dans la langue avec laquelle il a si récemment fait connaissance.

Je suis accablé de besogne et ne puis me donner le plaisir de vous écrire une plus longue lettre. Depuis deux mois que je jouis du climat de la Tartarie, je me sens extraordinairement bien.

Croyez-moi, ma chère Fanny, à vous bien sincèrement.

FIN DU TOME PREMIER.

TABLE

DU TOME PREMIER

1824

1825

1826

1828

1829

FIN DE LA TABLE DU TOME PREMIER

F. Aureau. — Imprimerie de Lagny.